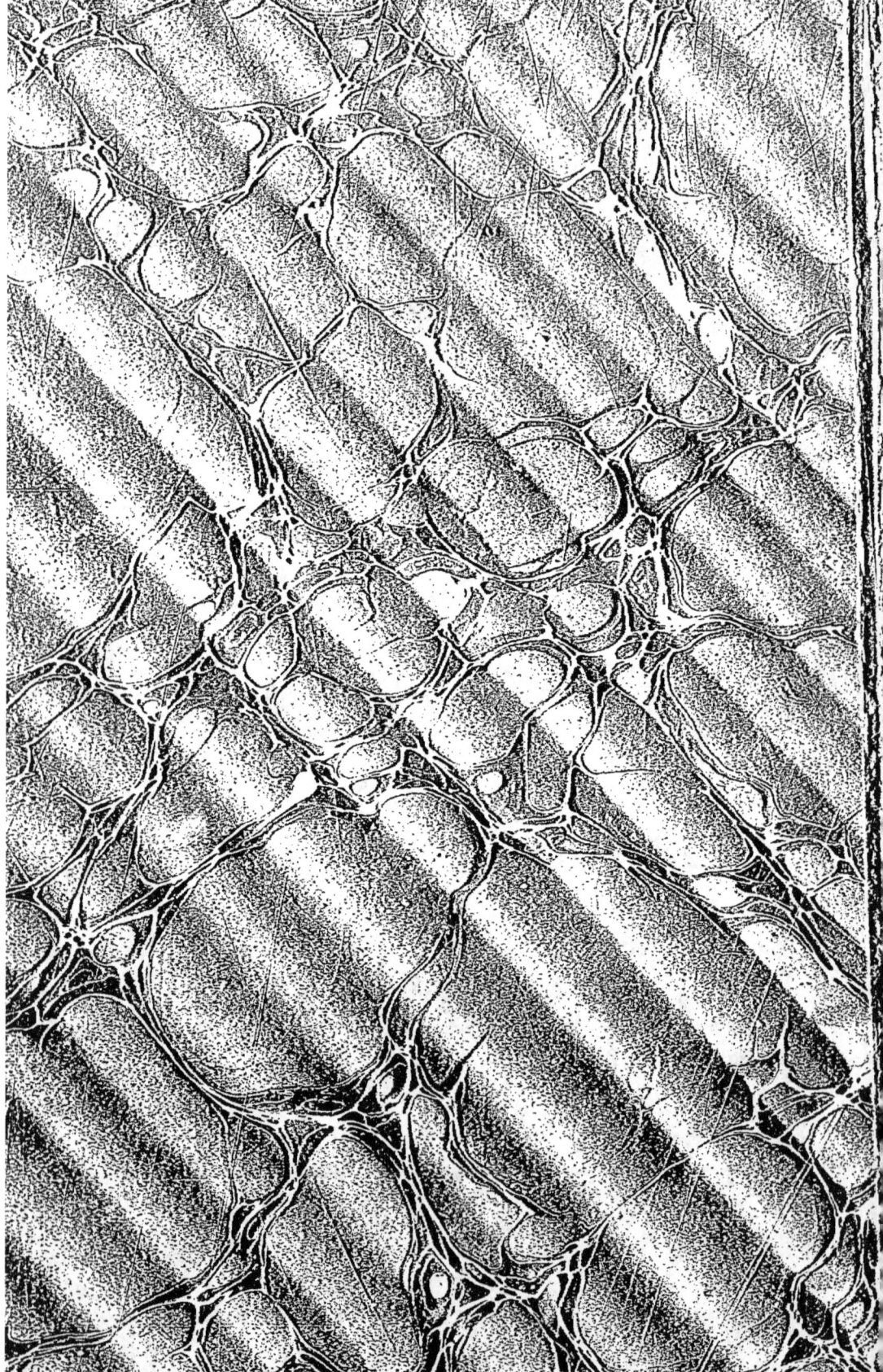

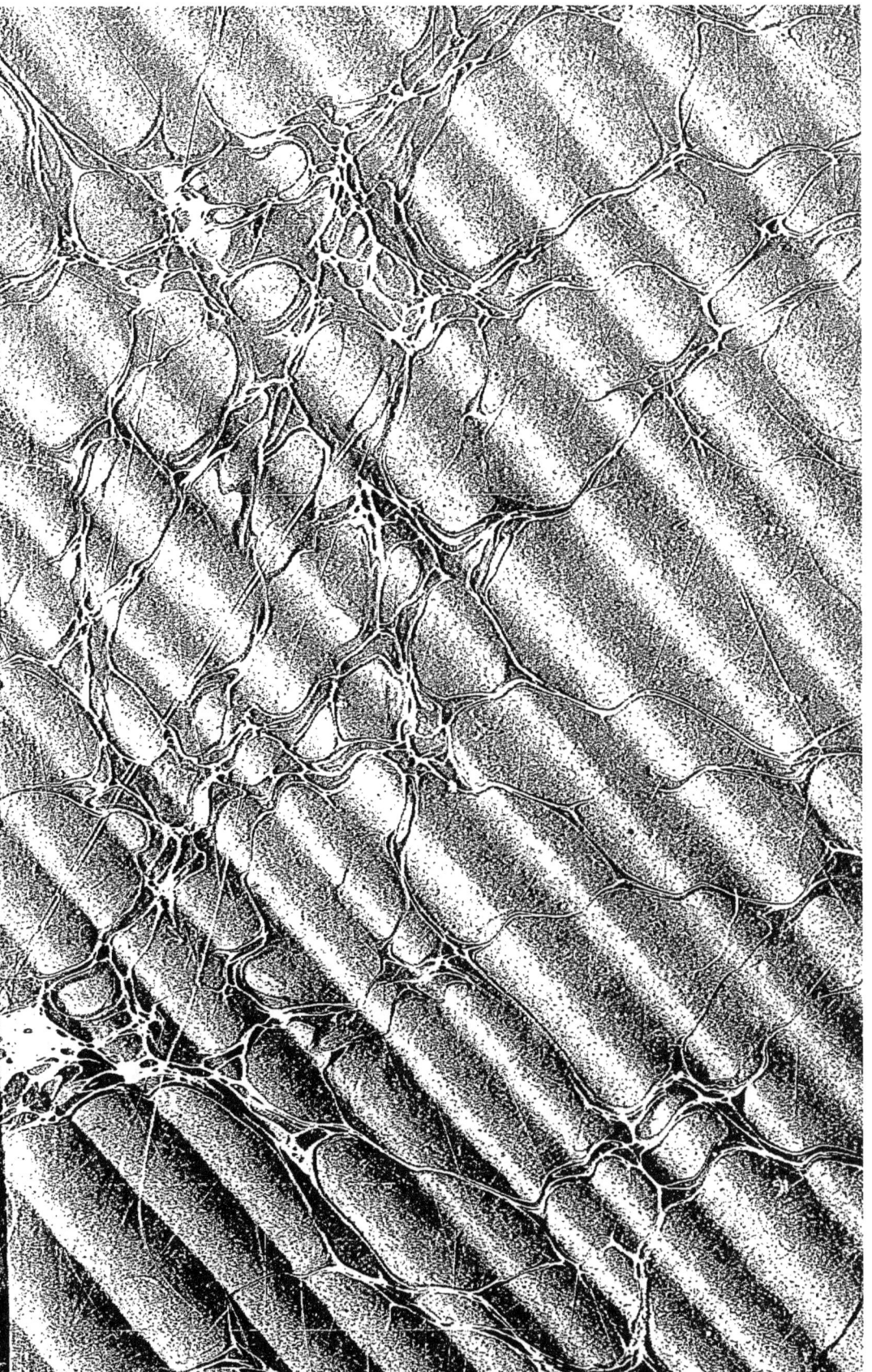

CONFÉRENCES DRAMATIQUES

(ODÉON, 1888-1898)

DU MÊME AUTEUR

Beaumarchais et ses Œuvres. Paris, Hachette........ 1 vol.
  (Ouvrage couronné par l'Académie française).

La Poétique de J.-C. Scaliger. Paris, Hachette......... 1 vol.
Précis historique et critique de la Littérature française depuis les origines jusqu'à nos jours. Paris, André-Guédon.................................... 2 vol.
Études littéraires sur les Classiques français (En collaboration avec G. Merlet). Paris, Hachette........... 2 vol.
Lesage (Collection des grands écrivains français). Paris, Hachette.. 1 vol.
  (Ouvrage couronné par l'Académie française).

Les Félibres: *A travers leur monde et leur poésie.* Paris, A. Lemerre.................................... 1 vol.
Le Miracle grec d'Homère à Aristote: *Essai sur l'évolution de l'esprit grec et sur la genèse des genres classiques,* Paris, Cerf............................... 1 vol.
Michelet. *Conférence du centenaire.* Paris, Paul Ollendorff.. 1 vol.
Le Problème de l'Enseignement secondaire. Paris, Paul Ollendorff.. 1 vol.

Châteauroux. — Impr. A. Majesté et L. Bouchardeau.

EUGÈNE LINTILHAC

Conférences dramatiques

(ODÉON, 1888-1898)

Avec des Observations techniques sur l'Art de la Parole

A L'USAGE DES CONFÉRENCIERS ET PROFESSEURS

> Les Petits secrets de la parole publique : conférences et conférenciers d'après nature : la cuisine d'une conférence. — Au Théâtre antique d'Orange. — Shakespeare et Shylock. — Corneille et le Cid. — Racine et Athalie — Dancourt et Le Chevalier à la mode. — Marivaux et Le Prince travesti. — Voltaire et Mérope et l'Écossaise. — Beaumarchais et le Barbier de Séville. — Schiller et don Carlos. — Gœthe et Clavijo. — Étienne et Les Deux Gendres.

PARIS
PAUL OLLENDORFF, ÉDITEUR
28 bis, RUE DE RICHELIEU, 28 bis

1898

Tous droits réservés.

Il a été tiré de cet ouvrage 25 exemplaires sur papier de Hollande, numérotés à la presse.

A M. GEORGES LEYGUES

Ministre de l'Instruction publique et des Beaux-Arts

A L'ORATEUR

HOMMAGE

d'affectueux dévouement et de sympathie admirative.

Eugène Lintilhac.

AVERTISSEMENT

Les conférences de ce recueil, sauf la première, furent faites à l'Odéon, avant la représentation des pièces qui en sont le sujet. Nous devons donc compte au lecteur de nos raisons pour solliciter aujourd'hui son attention par delà l'applaudissement facile des publics d'un jour.

D'abord chacune de ces conférences fut, pour la circonstance — ou antérieurement à elle : voilà près de vingt ans que le théâtre est le centre de nos études — l'occasion de recherches dont il importait peut-être que les résultats restassent acquis.

Celles-ci ont eu pour objet principal la composition ou, comme on dit, la genèse et, à l'occasion, la filiation exacte des pièces et des genres. Nous avons cru, — et la critique du lendemain nous l'a laissé croire — qu'elles avaient été assez heureuses pour apporter à l'histoire du théâtre des contributions sérieuses ou curieuses, parfois même inédites (Voir Le *Prince travesti*, le *Barbier de Sé-*

ville, *don Carlos*, *Clavijo*). On en jugera, en y apprenant par exemple tout ce que l'auteur de *don Carlos* doit à Sébastien Mercier évidemment, celui des *Deux Gendres* à Piron et à *Conaxa* certainement, et celui du *Chevalier à la Mode* à Saint-Yon très probablement. Au reste une curiosité du même ordre sera éveillée, et peut-être satisfaite par les études sur la genèse de l'*Ecossaise*, du *Barbier*, de *Clavijo*, voire de *Mérope* et du *Cid*.

Sur l'intérêt historique de ces recherches est venu s'en greffer un autre, moins certain et plus ambitieux.

Elles nous ont en effet conduit à risquer, en conscience, nombre d'aperçus qui tendaient à modifier peu ou prou les jugements courants sur le talent ou le caractère des auteurs, sur la valeur absolue des œuvres ou sur leur rôle dans l'évolution du genre et du goût public.

C'est ainsi que nous avons dû agiter, chemin faisant, et résoudre de notre mieux ces petits ou gros problèmes littéraires : *le Public et le répertoire du Théâtre antique d'Orange, à l'époque gallo-romaine* ; — *Le Public français et le théâtre de Shakespeare, y compris ses comédies* ; — *De la véritable originalité de Corneille à l'égard de ses modèles espagnols* ; — *Du sentiment chrétien et « néo-chrétien » au théâtre* ; — *Des véritables origines de la grande comédie de mœurs* ; — *Le marivaudage et le sérieux de Marivaux ; — Évolution du personnage d'Arlequin des origines jusqu'à nos jours ; — Filiation de « Mérope » et pourquoi elle peut être regardée comme la plus pseudo-grecque des tragédies françaises ; — De « l'Ecossaise » considérée comme première et déjà complète formule du drame populaire ; — Du « Barbier de Séville » et de la Comédie italienne ; — De « Don Carlos » considéré comme ébauchant la formule future du théâtre social ; — Clavijo et le vrai Goethe avec sa conception intime de la vie, de la femme et de l'art ; — les « Deux Gendres » et les mœurs réelles de la haute société sous le premier Empire.*

Enfin nous devons un avis à la catégorie de lecteurs pour lesquels à l'intérêt des choses dites s'ajouterait celui de la manière dont elles furent dites.

Cette manière est celle que nos aînés dans la critique théâtrale appelaient *à l'improvisade.*

On verra par l'introduction de ce recueil quel prix nous attachons à une certaine improvisation qui nous paraît être, à dire vrai, la probité du conférencier. Or nous y visons scrupuleusement depuis de longues années, mais il y en a quatre ou cinq à peine, avouons-le, que nous avons la conscience tranquille là-dessus, et que nous osons franchement jouer le jeu, face au public, y étant encouragé par l'éclatant et instructif exemple de

M. Sarcey : et avec quel secret émoi chaque fois ! Nous ne disons pas cela pour que le public y vienne voir, mais pour qu'il devienne plus connaisseur, en contractant un goût spécial qui aiguisera son plaisir, sans nuire à son profit ; nous ne le disons pas pour piquer au jeu, avec malignité, certains de nos confrères, mais pour les pousser, par amour de l'art, à acquérir une qualité professionnelle grâce à laquelle, le reste de leur talent aidant, ils n'auront pas de peine à reculer les bornes d'un genre qui en est encore à se définir.

Continuons donc cette confession au moins pour qui est de la profession.

Les conférences qui suivent étant datées, les curieux de la chose sauront ainsi celles où le travail de la plume a précédé plus ou moins celui de la langue. Les *professionnels* pourront y suivre peut-être l'élimination graduelle de la rédaction et du rôle de la mémoire verbale, depuis la conférence sur le *Barbier* qui a dix ans de date, jusqu'à celles sur l'*Ecossaise* et *Clavijo* qui sont de cette année même.

Ainsi nous avons dû, d'après notre conception de l'art de la conférence, apporter autant de conscience à improviser progressivement la forme qu'à élaborer le fond. Nous recevions, après chaque conférence, un compte rendu sténographique : nous l'avons retouché le moins possible, et c'est lui que nous publions, à l'état d'improvisation figée. Certes nous en ôtions les scories du premier jet, effaçant les redites — souvent nécessaires devant un public d'un millier et demi de spectateurs, très diversement capable d'attention, *bellua multorum capitum*! — et rapiéçant les ruptures accidentelles de la trame logique ou du lien syntaxique. Mais nous nous sommes interdit les coutumières coquetteries d'auteur : elles eussent été non seulement illégitimes, mais en désaccord ridicule, pour les connaisseurs, avec l'essence même du genre dont nous risquons des échantillons qui ont eu et garderont pour mérite, à défaut d'autre, celui d'une sincérité croissante.

C'est donc ici du style parlé — et parlé au théâtre et devant un vaste public de théâtre, — avec ses parenthèses multiples et ses longueurs d'haleine, avec ses ambitions d'effets instantanés, ses grossissements commandés par l'acoustique et l'optique théâtrales et par la froideur ou l'inattention accidentelles d'une partie des auditeurs ; avec les sinuosités enjouées ou les brusques élans d'une causerie susceptible d'ornements tour à tour égayés ou sérieux ; avec l'insistance intéressée d'un couplet qu'on sent bien *porter* par delà la rampe : avec le va-et-vient dialectique, ou la véhémence oratoire, même, çà et là, avec la hardiesse des saillies au petit bonheur et des actualités éphémères mais datant l'état d'esprit de l'auditoire qui vibra à l'unisson ; enfin avec toutes les trépidations du corps qui parle au corps et creuse dans la salle un lit à la parole : soit dit à titre documentaire, de bonne foi et sans modestie de préface.

Non, en esquissant plus loin notre idéal du conférencier, nous n'avons pas voulu donner à entendre que nous avions pris mesure sur nous-même. Nous sentons très bien tout le ridicule qu'il y aurait à faire ici notre petit *De Oratore*. Nous y avançons simplement, avec de diligentes remarques à l'appui, qu'une condition nécessaire à la réalisation de cet idéal — nécessaire mais non suffisante certes ! — c'est l'improvisation.

Nous espérons que le lecteur impartial verra maintenant dans quel dessein aussi technique que vraiment désintéressé, nous publions les observations et portraits qui ouvrent ce volume. Nous avons poursuivi les unes et tracé les autres, sans vanité comme sans malignité, avec la seule mais ardente préoccupation d'aider ainsi au progrès d'un art qui est peut-être encore dans l'enfance, mais qui doit devenir digne de son rôle si beau dans l'œuvre si nécessaire de la mutualité intellectuelle et morale.

EUGÈNE LINTILHAC.

Neuilly, 9 octobre 1898.

CONFÉRENCES DRAMATIQUES

LES PETITS SECRETS DE LA PAROLE PUBLIQUE

Conférences et conférenciers d'après nature.

Jamais, à Paris, on n'a tant parlé en public. Des scènes subventionnées aux tréteaux des *soupes-conférences,*

<blockquote>De l'Odéon pensif aux tristes Batignolles,</blockquote>

conférences à foison. Autour des innombrables chaires officielles ou libres qui hérissent, du haut en bas, le quartier Latin, se pressent des foules d'auditeurs telles qu'il n'en avait plus vu, depuis les temps légendaires où les longues théories d'étudiants cosmopolites escortaient les grands docteurs, et l'impétueux et charmant Abélard pérorant parmi les vignes de la montagne Sainte-Geneviève. Cependant, à travers les solitudes ascétiques des cloîtres, s'exerce, pour la chaine *chasse des âmes*, le chœur nourri des prédicateurs de carême. Et voici que l'arène politique vient de se rouvrir et que de jeunes voix très ambitieuses de suppléer celles dont les deux tribunes sont veuves, vont chercher et peut-être trouver de nouveaux échos dans les vieilles enceintes parlementaires. Et partout et en tout temps c'est autour des longues nappes la foule plus ou moins obscure des toasteurs. Que de piques-niques d'anciens élèves d'ici ou de là ! Que d'associations dites amicales ! Que de syndicats dits ouvriers ! Que de comités électoraux dits politiques ! Que de groupements avec ou sans agapes ! Et ainsi que d'auditoires tout prêts et combien tentants !

Aussi que de parleurs ! En vérité, grâce à l'expansion toujours croissante du nouvel esprit de confrérie et de frairie, la parole publique ne serait-elle pas un cinquième pouvoir en formation au sein de notre démocratie, le quatrième étant la presse, comme chacun sait ?

Voyons donc comment s'exerce à Paris ce pouvoir naissant ; comment les parleurs en vue y pratiquent devant leurs divers auditoires ce grand art de la parole qui a tant de petits secrets ; et surtout comment, par la vertu de ces petits secrets dont nous essayerons de deviner une partie, se joue, face au public, l'éternelle comédie de l'improvisation.

Nous observerons d'abord deux conférenciers en vogue dont les manières sont diamétralement opposées.

Nous voici dans le grand amphithéâtre de la Sorbonne. Le vaste hémicycle est comble depuis le pied de la grande fresque jusqu'aux soubassements des tribunes, sur la blancheur desquels se plaquent en noir, formant couronne, les cent cinquante têtes du dernier des trente cercles d'auditeurs. Du cintre une large nappe de lumière tombe d'aplomb sur la foule dense et muette. Une voix stridente et chaude, nerveusement martelée mais nettement articulée, avec le timbre du baryton martin, posée sur le haut du registre, mais vigoureusement soutenue et largement scandée, remplit l'enceinte.

Cette voix qui s'aiguise et vibre comme un glaive

est celle de M. Brunetière, qui parle sur Bossuet. Le voilà assis devant une petite table, au centre de l'hémicycle. Son buste, mince et nerveux, est dans une perpétuelle agitation, pivotant brusquement sur lui-même, ou faisant avec l'horizontale de la table des angles aigus. Les mouvements de ses bras sont rapides et fréquents et partent des deux côtés. Notons surtout un geste caractéristique du bras droit, lequel consiste en un mouvement largement arrondi, qui se termine par une projection rectiligne à toute vitesse, pareil à celui d'un escrimeur qui, ayant *ramassé un contre enveloppé,* darde un coup droit. Cependant, la tête de l'orateur portée, projetée pour ainsi dire, elle aussi, en avant du buste, avec son masque énergique, l'arête vive du nez, le feu des deux grands yeux très mobiles, cingle l'auditoire d'un regard circulaire et semble y flairer, y traquer et y défier quelque invincible adversaire.

Tout le discours du conférencier est en harmonie avec cette action passionnée : longueur inouïe des périodes, plein relief des termes, hardiesse pittoresque des images, et, par-dessus tout, logique hautaine et qui s'étale. Il a dit en commençant d'où il part et où il va, et vous ne cessez jamais de voir par où il passe, et il s'inquiète fort de vous compter les étapes faites ou à faire, et de vous prouver, à tous moments, que vous n'avez pas quitté la bonne route. L'auditoire est subjugué, entraîné, marque le pas avec lui, pour ainsi dire, en colonne serrée. Toutes les faces, avec beaucoup d'yeux élevés et de bouches ouvertes, convergent vers sa personne. Cette foule prend à peine le temps de respirer ; celui même d'applaudir lui est disputé par la parole toujours sonnante de l'infatigable orateur. Quand il s'arrête enfin et qu'on peut analyser son émotion, on sent nettement que l'on vient d'assister à un phénomène très rare, et que devant vous, suivant le mot des maîtres d'autrefois, s'est faite la *grande besogne oratoire.*

Une réserve pourtant : n'avez-vous pas vu, à

intervalles presque réguliers, s'envoler de gauche à droite, sur la table du conférencier, une feuille de papier blanc? Avouez que l'apparition périodique de ce papier vous a gênés, qu'un soupçon choquant vous venait et que vous le repoussiez avec une sorte d'indignation. Non, un homme si évidemment éloquent et sincère, d'une telle spontanéité de gestes et d'accent, ne récite pas. Il croirait, en le faisant, faire injure à son sujet et à sa conviction. Vous êtes sûr, d'autre part, qu'il n'a pas lu : à peine s'il a jeté quelques regards francs et rapides sur ses notes. Pourquoi donc ce vol serré de petits papiers?...

Un nageur prudent et qui sait le danger des crampes, si habile soit-il, s'il se risque au large, se fait suivre d'une barque : les notes de M. Brunetière sont cette barque. Il s'y appuierait en cas de défaillance au large, ce qui ne lui arrive jamais d'ailleurs. Elles atténuent le danger de l'entreprise, sans en diminuer l'effort. Mais vous aimeriez mieux le voir tirer sa coupe sans cette barque qui le côtoie et parfois vous le masque? Demandez-lui donc à lui-même pourquoi il s'en fait suivre, puisqu'il s'en sert si peu.

Il vous répondra, j'en suis sûr, que, comme son auteur, « il ne veut rien laisser à la fortune de ce qu'il peut lui enlever par conseil et par prévoyance ». Poussez-le et il s'écriera d'un trait avec cette longueur d'haleine oratoire qu'il garde dans la causerie comme dans sa chaire : « Ah çà, croyez-vous que, plaidant pour un homme presque méconnu, et plaidant au fond, et sur des questions aussi ardues que celle de savoir s'il a eu tort ou raison de prédire au protestantisme qu'il marchait au socialisme, ou que celle de savoir quelle est au juste sa doctrine des extases, depuis la première phase jusqu'à la *touche*, et cela devant deux mille cinq cents personnes au milieu desquelles, quand on entre, on se fait l'effet du dompteur dans la cage aux lions, et dont on sait qu'il y suffirait d'un ennemi ou d'un mauvais plaisant pour déchaîner une tempête, croyez-vous que l'on puisse, que l'on doive, pour plaire à quelques *dilettanti,* risquer d'en être réduit parfois au remplissage, à des *bourres,* comme disait Malherbe, sinon de rester court? Je parlerai sans notes, quand je m'adresserai aux passions de l'auditoire lesquelles creusent un lit à la parole; mais, dans la circonstance, serviteur de l'idée pure, je parle aux esprits, je parle aux consciences, je parle pour la vérité haute et nue. Que m'importe à moi, après cela et en regard de ma tâche, un degré de plus ou de moins dans le plaisir des *dilettanti* qui peuvent se trouver dans mon auditoire? Je parle pour laisser des aiguillons dans l'âme de mes auditeurs, non pour leur procurer le plaisir mondain d'une audition fugitive.»

Sur quoi il ne vous reste plus qu'à vous incliner très respectueusement et à reprendre place dans le bel hémicycle, en souhaitant tout bas, mais sans aucune impatience, que M. Brunetière, sa *mission* finie, aborde en public quelque sujet où il se croira libre d'ouvrir la voile toute large au vent de sa parole, sans en craindre les caprices, libre enfin de déployer toutes les ressources de sa verve oratoire, comme il l'a fait, nous le savons, dans ses conférences de l'Ecole normale.

Nous nous portons garant qu'il réalisera alors l'idéal du conférencier, et nous fera goûter pleinement l'espèce de plaisir que le genre promet. En attendant, et pour mieux nous rendre compte de ce plaisir spécial, allons voir une fois de plus comment M. Francisque Sarcey nous le donne.

En se levant, le rideau de l'Odéon a laissé apercevoir une table n'ayant derrière elle ni conférencier, ni chaise, mais dans le voisinage de laquelle vous découvrez bientôt un personnage debout, court, trapu, au poil hérissé et blanc, à la face vermeille, aux traits joyeusement heurtés, ceux d'un Socrate très gras, y compris ce regard de taureau que le bon Platon notait chez son maître : c'est le conférencier cherché.

Il s'avance d'un air bonhomme, avec un mouvement de roulis dans tout son gros buste, les bras pendants, les mains nues, sur la scène nue. Il commence : sa figure et son cou se congestionnent à vue d'œil, son débit est embarrassé, les *r* râclant bruyamment le gosier ; les mots, comme les gestes, sont lents, en retard visible sur les idées qui se pressent et bourdonnent sur ses bonnes grosses lèvres. Volontiers, comme certaine dame dont lui-même nous a rapporté le propos, vous lui diriez, en demandant pardon de la liberté grande : « Vous êtes insupportable, cher maître ! Vous avez l'air si peu sûr de vous, quand vous commencez, qu'on ne respire plus ; on a peur de quelque horrible couac ; on souffre du malaise dont vous semblez tourmenté. »

Mais attendez ! Faites comme lui ; ne voyez-vous pas qu'il s'attend lui-même, qu'il use les *frottements de départ*, comme disent les polytechniciens ? Sera-t-il bon ? Sera-t-il mauvais ? Il se le demande avec vous, depuis son fameux début de jadis, à l'Athénée, dans la *cave à Bischoffsheim*, et il ne renoncerait pour rien au monde au plaisir de se donner l'émotion de cette aventure. Il aime le danger : y périra-t-il ? Rassurez-vous : il sera bon.

En effet, voilà que la parole se dégage, que la brume se lève, que le champ de la conférence se précise, que les thèmes du développement surgissent clairement, se croisent, se chevauchent et se bousculent pittoresquement, mais ricochent finalement et savamment vers le but, parmi les cahots des anecdotes de haute et de petite graisse, parmi les circuits de tous les souvenirs d'une vie si pleine dans lesquels revivent scènes et gens, tandis que, de ses bras courts et de sa voix un peu enrouée alors, mais si rouée, le conférencier mime les gestes et les intonations des personnages évoqués, avec une verve vraiment *merrrveilleuse*, suivant son vocable favori en face des chefs-d'œuvre.

Tout compte fait, vous avez été prodigieusement amusé et beaucoup instruit. Aussi, en sortant de la savoureuse causerie, vous promettez-vous fort d'y revenir, modifiant à l'adresse du doyen des conférenciers le mot de Joubert : « *Écoutez les conférences* faites par les vieillards qui ont su y mettre l'originalité de leur caractère et de leur âge ».

Mais revenons un peu sur vos impressions. Vous vous rappelez notamment que, çà et là, dès le début, vous avez eu quelques inquiétudes sur le sort de la conférence et du conférencier, et aussi avec quelle ardente sympathie vous avez suivi le spectacle de ses hauts et de ses bas. Eh bien ! ce spectacle a été le ferment même de votre plaisir, et l'art suprême du conférencier a consisté précisément à vous intéresser à toutes les phases de cette sorte de drame qui se jouait dans sa tête. Mais que de petites habiletés il lui a fallu, venant au secours de tout son talent, pour créer vite et maintenir sans cesse entre vous et lui ce courant de chaude sympathie ! Avez-vous fait attention par exemple à tous ces *trucs* qu'improvisait sa malicieuse bonhomie pour vous échauffer autant qu'il l'était lui-même, ou qui lui ont servi à vous réchauffer quand un développement traînant *jetait un froid*? Il n'a pas perdu de temps à fondre la glace, il l'a cassée.

On l'a vu par exemple, dès le rideau levé, saisir sa table à pleins bras, la porter au bord de la rampe, préparer son verre d'eau sucrée et faire tout son petit ménage, avant d'avoir ouvert la bouche : et la salle de rire et de dégeler instantanément. On l'a vu rallumer les rires et se procurer une détente de l'attention, en versant innocemment l'eau de la carafe dans le sucrier que sa vue courte lui faisait prendre pour le verre. On l'a vu s'interrompre au beau milieu d'un développement pour demander à deux mille personnes l'heure qu'il était, laquelle lui a été bégayée risiblement de plusieurs coins. On l'a vu, tout en parlant avec feu, s'avancer peu à peu de son pas de myope, les pointes prudemment relevées et suspendues, toujours avec son dandinement, la houle lente de ses fortes épaules, jusqu'à venir buter d'un pied contre la rampe, ce qui faisait lever les bras aux deux premiers rangs de l'orchestre empressés à matelasser sa chute imminente. On l'a vu, parmi la grêle finale des applaudissements, ayant effectué plus d'un demi-tour sur lui-même, essayer de sortir par un portant. Nous le verrons un de ces jours faire une fausse sortie, et, ramené par la frénésie d'une ovation, partir sur quelque nouveau thème et recommencer une conférence *da capo*. En ce genre tout lui est permis, tout lui est possible, tout lui réussit, et c'est justice.

C'est, en effet, une audace méritoire, effrayante, à y bien regarder, que celle de venir ainsi, sans leçon apprise, sans notes, se donner en pâture à un grand public qui a payé sa place et qui attend du plaisir pour son argent, une heure durant. Or M. Sarcey pousse cette audace à ses dernières limites.

Il semble en effet certain, qu'avant l'heure de sa conférence, il s'est borné à tâter quelques thèmes de développement, qu'il en a à peine prévu les dimensions, qu'il n'en a nullement arrêté les termes, qu'il laisse entre chacun de ces thèmes assez de jeu pour y glisser au petit bonheur, — qui est presque toujours grand pour lui, — toutes les digressions qui se présenteront à son esprit et lui paraîtront opportunes, au moment même où il parlera. Car il excelle évidemment à se dédoubler, à noter le bruit de ses paroles dans la salle, le son qu'elles rendent pour ainsi dire dans les crânes de ceux qui l'écoutent, à percevoir, en vertu de ce qu'il appelle le *sixième sens*, le degré d'attention matérielle, de tension nerveuse et de température morale du *monstre à mille têtes*.

Aussi comme ce dernier s'apprivoise pour lui ! C'est qu'il sent bien, ce brave public des conférences odéoniennes, que ce n'est pas seulement par virtuosité pure, pour « se donner ces émotions qui sont la vie », que M. Sarcey joue cette formidable partie ; mais qu'en payant si hardiment de sa personne, suivant toute la rigueur du genre, il vise à procurer à son auditoire, et à la plus haute dose, l'espèce de plaisir inhérent à la conférence.

Le public, en effet, vient là comme au spectacle : le conférencier est pour lui un acteur-auteur lequel va penser tout haut et jouer sa pensée, comme une pièce, et sans souffleur, en vue de donner à l'esprit de ses auditeurs cette fête sans pareille qui consiste à faire éclore devant eux des idées neuves qu'instantanément il habillera de mots, ornera d'images, armera de logique, et qui prendront leur essor, frémissantes de la vie toute fraîche qu'il vient de leur souffler, séance tenante. Aussi est-ce pour la personne entière du conférencier que le public vient, autant que pour son sujet, et pour la paille des termes autant que pour le grain des choses.

Certes, parmi ce public encore neuf, il y a trop peu de connaisseurs pour qu'il se rende un compte exact de la manière dont on lui procure l'illusion toute dramatique d'assister à ce simulacre de génération spontanée des idées, mais il sent confusément les extraordinaires difficultés de l'entreprise, et qu'elle est un casse-cou pour qui ose franchement jouer le jeu.

De là son attention passionnée aux conférences de M. Sarcey, lequel exécute devant lui périodiquement, depuis trente ans, le saut périlleux de l'improvisation, se demandant avec bonhomie, quand il est en l'air, s'il retombera pile ou face, tandis qu'il finit par retomber gaillardement sur ses pieds, à la joie de l'auditoire et pour la plus grande instruction des autres conférenciers, comme nous allons voir.

La plupart des conférenciers actuels ont une troisième manière qui diffère sensiblement de celle de M. Brunetière et encore plus de celle de M. Sarcey. C'est proprement la manière professorale. Afin de l'étudier à sa source, allons en Sorbonne et entrons par exemple au cours de M. Alfred Croiset, pour l'amour du grec.

Derrière la longue chaire de chêne clair, le professeur s'est assis modestement. Sur un tableau noir, qui sert de fond, sa tête, légèrement argentée aux tempes et au menton, se relève en bosse, avec une face claire, un front large, un regard aigu, des traits droits dont la barbe s'effilant en pointe, accentue la structure rectiligne. « Nous nous amusons entre nous à retrouver l'image de son esprit jusque dans cette coupe linéaire de sa barbe, » me dit un étudiant mon voisin, que je fais causer. Cette première impression de simplicité élégante est confirmée par la voix qui a la netteté et le timbre d'un cristal léger, et elle s'accroît à mesure qu'on écoute.

Le professeur a installé son public dans le sujet avec discrétion et célérité. Puis, les liaisons des idées ont eu ce négligé coquet, du plus pur goût athénien, que Thucydide, par exemple, prête à Périclès dans ses plus éloquentes harangues : « Je dirai ceci, cela... J'ai encore à dire... Concluant, je dis enfin... » Et tout est dit et comme c'est dit ! Aucun fracas oratoire, et pourtant avec quelle flexibilité, se tenant toujours au cœur de son sujet, ce professeur d'atticisme rase la terre avec Socrate on s'envole avec Platon !

Au reste, nul manège de fausse improvisation : nous avons là, sous nos yeux, les notes autographes d'une de ses dernières leçons. On les lira plus loin. Il en a usé tranquillement, à découvert, ce qui était son droit et même son devoir. N'augmentait-il pas ainsi la sécurité d'esprit nécessaire à un auditoire d'étudiants ? Ces haltes dans le défilé des idées et dans l'improvisation des mots reposaient à point l'attention du public et rythmaient l'allure de la leçon. Elles étaient courtes d'ailleurs, et relativement rares. L'abeille attique se posait à fleurs de notes un instant, puis reprenait son vol léger, harmonieux et fécond.

C'est la pure tradition de l'école athénienne, celle qu'incarna longtemps dans la même chaire le maître de M. Croiset, M. Jules Girard, qui en resta longtemps conservateur vigilant et le juge incorruptible dans les hauts concours de l'Université, à l'agrégation des lettres notamment, cette forteresse du goût français.

Si nous étudiions ici le grand secret de l'éloquence, et non les petits secrets de la parole, nous aurions à nous associer longuement devant deux bonnes douzaines de chaires de Sorbonne. Mais passons vite, du moins pour aujourd'hui, car l'abondance socratique de M. Paul Janet, la flamme, l'esprit et la grâce de M. Gebhart, l'éloquence lapidaire de M. Lavisse, la dialectique persuasive et la véhémence si oratoire de M. Brochard, l'élévation onctueuse et si communicative de M. Boutroux, la vitesse lumineuse et le brio exquis de M. Mézières, la sûreté et l'ampleur de M. Rambaud, le nerf et le mordant de M. Aulard, le coloris et la fougue entraînante de M. Lenient, l'ardeur critique, diserte et volontiers humoriste de M. Crouslé, la dextérité et la gravité de M. Petit de Julleville, la plénitude savoureuse de M. Bouché-Leclercq, l'élégance de termes et l'intrépidité de pensée de M. Séailles, la fermeté imagée de M. Jules Martha, la finesse ondoyante et les picoteries spirituelles de M. Emile Faguet, etc., ne nous apprendraient rien de plus sur notre sujet que l'atticisme de M. Alfred Croiset.

Traversons donc la rue Saint-Jacques, montons à l'Ecole de droit, ou descendons jusqu'à l'École de médecine : c'est encore la même manière professorale que nous retrouverons au fond à travers toutes les différences des milieux, des sujets et des talents. Ainsi M. Gaston Boissier est l'Alfred Croiset du Collège de France, comme M. Alfred Croiset est le Gaston Boissier de la Sorbonne, etc., etc. Une exception pourtant et très curieuse : M. Pierre Laffitte, dans sa chaire du Collège « bâti en hommes », comme disaient les contemporains de sa fondation, court les mêmes aventures oratoires que M. Sarcey à l'Odéon, sans accident d'ailleurs, et avec une souplesse gasconne qui fait miracle dans une doctrine si rigide et une tête si chenue.

En revanche, M. Larroumet transporte à l'Odéon la manière professorale, et c'est là que nous voulions en venir, en faisant ce crochet par le pays latin.

Certes, l'aisance de parole du célèbre conférencier est grande, l'académie des termes exquise, le pétillement de l'esprit continu, l'ordonnance du développement parfaite et, brochant sur le tout, le timbre si musical de sa voix, cher au public comme à M. Sarcey, achève un ensemble délicieux. Mais soyons indiscret, puisque c'est notre mission avouée ; armons-nous d'une bonne lorgnette et braquons-la sur l'orateur. Son air est légèrement concentré, ses gestes un peu courts, son menton baissé un tantinet sur la poitrine, et le regard se dirige de temps en temps vers des papiers. Assurément, il ne lit ni ne récite ; il use de ses notes, tout comme M. Croiset, en professeur qu'il est et serait bien fâché de ne pas être et paraître même là. Sa leçon est très habilement adaptée au milieu nouveau où il parle. Elle se rapproche du genre de la conférence autant que possible. Elle est spirituelle, éloquente, charmante, vivante même, mais elle reste une leçon, sans devenir tout à fait une conférence proprement dite. Il s'en faut d'un rien, très sensible pourtant et que le premier venu discernera aisément une fois averti, ou après avoir entendu MM. Sarcey et Brunetière. Au reste, il en est de même des plus diserts, de tous ceux qui, comme M. Larroumet, seraient fort capables de se passer de leurs notes à l'occasion, et s'ils s'apercevaient seulement que le public leur en saurait gré. Nous ne critiquons pas, nous constatons, car cela importera fort à notre conclusion.

Allez écouter par exemple M. Jules Lemaître. Pourquoi cette tête penchée et cet air presque dolent au début, et cette voix sourde, et ces regards timides sur le public, alors que ce prince de l'esprit ne peut ignorer son prix, qu'il a d'ailleurs tant et de si fines choses à dire et un courage d'intelligence à l'épreuve de tout? Pourquoi, sinon parce qu'il a sous les yeux ou dans la tête un papier dont il est prisonnier, du moins en entrant? Mais quand il s'en affranchit[1], en s'échauffant, quel changement frappant d'attitude, quels clairs regards il assène à son auditoire, comme le geste devient plus large, la voix vibrante et le ton décisionnaire !

Mais vous pourrez faire ainsi le tour des confé-

1. Nous devons ici à l'exactitude dont nous nous piquons, de faire un *distinguo*.

Depuis quatre ans que ces observations furent faites, nous avons vu plusieurs fois M. Jules Lemaître comme M. Gustave Larroumet si bien *affranchis* de leurs notes, que leur action oratoire est tout autre, et qu'à vrai dire, les deux portraits ci-dessus n'offrent plus l'intérêt de l'actualité, mais seulement celui d'un document sur leur première manière. Il n'en est que plus instructif, par comparaison, et voilà pourquoi nous le conservons.

renciers de Paris, depuis les plus déliés et les plus spirituels péroreurs, jusqu'aux plus élégants et aux plus agréables préfaciers et commentateurs des exhibitions de *la Bodinière*, sans retrouver l'espèce de plaisir particulier, presque indépendant des choses dites, que vous ont donné la manière de M. Brunetière et surtout celle de M. Sarcey. Quelle en est la cause ? Le papier trop lu ou trop su ; le papier vous dis-je. Ce ne sont plus des conférences ; ce sont des *rallye-paper*.

Nous ne nous arrêterons pas au peuple des récitateurs, et encore moins aux parleurs, qui, sous le titre de conférences, font, à l'anglaise, de simples lectures de leurs rédactions. Ceux-là, du moins, en regard des purs récitateurs, ont le mérite de la franchise : leur genre sera même irréprochable, le jour où, poussant cette franchise jusqu'au bout, ces lecteurs avérés feront cesser un abus fâcheux des mots sur l'affiche, et nous convieront à des *lectures*, non à des *conférences*. Cet aveu dépouillé d'artifice ne leur nuira pas trop, car il y aura toujours un public désireux qu'on lui épargne la peine de lire lui-même, lequel d'ailleurs s'estimera dédommagé de son déplacement par le plaisir de se trouver assemblé et de se payer la tête d'un écrivain connu qui vient faire parler son papier.

Nous avons donc constaté trois manières de faire une conférence. Résumons et précisons leurs différences, au point de vue technique qui est le nôtre. La première manière est la professorale. L'orateur parle sur une trame plus ou moins étendue d'idées plus ou moins générales. Voici un échantillon des notes de M. Croiset, que nous avons pris pour modèle du genre.

PLATON ET LA CITÉ ATHÉNIENNE

Ainsi Platon met la science dans la vue de l'idée pure et rattache la morale à la science. — Donc il doit juger sévèrement les hommes réels, car bien loin de son idéal. — Mais dans la cité, en particulier, très curieux de voir son jugement sur les principaux maîtres de morale et les résultats de leur enseignement.

I. — *Les poètes*: Rôle religieux et moral des poètes dans une société sans clergé, sans religion à dogmes et à morale fortifiée. — Position de Platon. — Pourquoi? — 1. Sur les dieux, les poètes n'enseignent qu'un anthropomorphisme grossier. Exemples intéressants... — 2. Sur le monde, les poètes imitent surtout la partie inférieure de l'âme, plus amusante et variée (605). Exemples de faiblesses et d'idées fausses de héros homériques et tragiques (3861)... — Couronne de fleurs, mais exil.

II. — 1. *Les orateurs*: N'enseignent pas la vérité, mais l'apparence (εἰκός). — 2. Les maîtres de rhétorique: Tout Platon dirigé contre eux.

III. — *La démocratie*: Incompétence universelle *a fortiori*; démocratie anarchique; tableau (Textes de la *République*).

IV. — *Le sage dans cette cité*: dans une cité pareille, le sage qui devrait gouverner, réduit à l'impuissance et à l'inaction.

Ainsi rupture attristée = nécessité de mettre autre chose à la place de ce qui existe et d'orienter tout différemment. — Comment? etc.

On voit le procédé: c'est une juxtaposition d'idées essentielles et transparentes, dans leur ordre de succession logique. Le tout, notes, citations courtes et renvois à quelques citations étendues, tient en trois petites pages sur lesquelles l'éminent professeur a parlé une heure, ce qui équivaut à vingt-cinq ou trente pages de la même dimension. Sa parole a donc décuplé l'étendue de ses notes. Nous avons vérifié que la proportion de la parole aux notes est à peu près la même dans une conférence de M. Larroumet.

La deuxième manière est celle de M. Brunetière. Il a bien voulu composer devant nous le plan d'une de ses conférences, huit jours avant de la prononcer. Nous avons observé qu'il est entré d'abord dans son sujet par le centre, qui est l'idée marquée ci-dessous au chiffre II. Voici en effet le fac-similé de ce plan :

BOSSUET A LA COUR

EXORDE

I
LA COUR EN 1670

JEUNESSE — GALANTERIE — CORRUPTION
Éducation dauphin
(TEXTES)

II
DÉFAUTS DE BOSSUET

COMPLAISANCE — NAÏVETÉ
SUBDIVISION AD LIBITUM
La Vallière — Montespan — Maintenon

III
ACQUISITIONS DE BOSSUET
RAPPORTS AVEC LOUIS XIV
Le *Sens de la vie* remplace la *Méditation de la mort*

C'est sur trois thèmes, avec ce graphique expressif sous les yeux, que devait parler M. Brunetière. Il ne nous restait plus qu'à assister à la dilution oratoire de ce *Liebig* d'idées, et c'est le plaisir savoureux que nous avons eu le mercredi suivant.

Enfin, la troisième manière, celle de M. Sarcey, consiste à avoir dans la tête le graphique de M. Brunetière, les notes de MM. Croiset ou Larroumet et à en user avec l'aide de la mémoire dite oculaire, ou mieux avec cette mémoire des idées spéciale à l'orateur, dans laquelle les anciens voyaient la première des premières de ses qualités nécessaires.

En résumé, nous avons distingué trois manières de « creuser un lit » à la parole, avec ces différences que, pour les uns, ce lit est une canalisation savante qui s'alimente à de fréquentes prises d'eau, et ceux-là sont les professeurs-conférenciers; que pour les autres, ce lit est celui d'un torrent qui court et bondit à travers les accidents du sol et entraîne tout sur son passage, et c'est le cas de M. Brunetière; que pour d'autres enfin, le fleuve oratoire est un Nil aux débordements limoneux et fertilisants, tel M. Sarcey.

Or, le conférencier proprement dit doit passer de la récitation pure par laquelle les sages débutent toujours dans la carrière, à la manière professorale: de la manière professorale à celle de M. Brunetière; et de celle de M. Brunetière à celle de M. Sarcey pour s'y tenir. S'il ne le peut, c'est qu'il n'était pas né conférencier et que par conséquent il ne le deviendra jamais.

Voici en effet, et pour éviter tout malentendu, l'idée que nous nous faisons du conférencier parfait.

Il n'improvise ni les idées essentielles, ni leur ordre, ni même tous les termes de sa conférence : cela est impossible sous peine de galimatias. Mais il est capable de saisir une idée accessoire et moyenne au passage et de l'exprimer instantanément ; d'utiliser séance tenante les retailles de la composition préalable ; d'improviser des traits d'esprit, des images, des mouvements, même des développements de longue haleine, la plupart des mots, *et par-dessus tout la construction de ses phrases*. Sa parole est au plan linéaire qu'il a dans la tête ce que le chant est à la déclamation, selon Diderot : « Il faut, dit ce dernier, considérer la déclamation comme une ligne, et le chant comme une autre ligne qui serpenterait sur la première. » C'est ce chant que le conférencier digne de ce nom doit improviser, pour donner au public le plaisir propre au genre que nous définissions plus haut, à propos de M. Sarcey. La conférence proprement dite sera cela ou elle ne sera pas.

Or, pour approcher de cet idéal, si nous en jugeons par des observations réitérées et des confidences aussi nombreuses que qualifiées, il ne faut pas aux apprentis conférenciers, je dis aux mieux doués, moins de cinq à dix ans d'entraînement, d'essais devant de petits auditoires indulgents, comme l'est celui d'une classe, et poursuivis *in anima vili*, à travers les provinces d'abord, la banlieue enfin. Alors seulement on peut sans outrecuidance aborder le grand public de Paris, et voir si l'on est digne d'en être écouté.

Cinq à dix ans d'entraînement! On ne paraît guère s'en douter parmi nos conférenciers à la douzaine.

Combien, en effet, séduits par les succès de leur doyen, ont cru pouvoir exécuter du premier coup le saut périlleux oratoire de l'improvisation relative, et ont été ramassés fort meurtris par la presse amie? Combien, parce qu'ils étaient des écrivains délicats, des chroniqueurs étincelants, des causeurs toujours en verve, combien, et des plus huppés, se sont assis à la table du conférencier, ou même se sont risqués à se tenir debout devant elle, qui ont senti brusquement le *trac* faire la nuit dans leur cerveau, qui n'ont plus retrouvé ni traits, ni étincelle, ni rien, qui ont apprêté une cruelle revanche aux victimes de leurs critiques et une joie peu innocente à leurs bons confrères!

Alors, ayant appris à leurs dépens qu'on ne parle pas en public, ainsi que dans un salon, dans un cénacle, dans une classe ou dans un bureau de rédaction, ils ont fait comme la foule des camarades soi-disant conférenciers qui obtenaient autour d'eux d'honnêtes succès. Ils ont eu recours à leur bonne plume, et ils ont lorgné habilement leurs petits papiers, et ils ont cru que le public était tout à fait dupe de ce jeu de cache-cache, parce qu'il est avide de son plaisir jusqu'à en chercher l'illusion, jusqu'à prêter la complicité de son attention à ceux qui s'efforcent d'imposer à ses oreilles une rédaction faite pour les yeux.

Pourquoi dès lors s'obstiner à parler? Pourquoi venir donner publiquement ce spectacle lamentable d'un orateur captif d'un papier qu'il dissimule d'abord de son mieux, quitte à l'interroger ensuite, sans vergogne, éperdument, dans ses détresses? Pourquoi assembler des têtes, si l'on n'a pas appris l'art spécial de les échauffer et de les remplir de ses idées en trois quarts d'heure? Pourquoi toute cette hypocrisie de la parole? Qui trompe-t-on? On ne se trompe pas soi-même. On ne fait accroire qu'aux badauds qu'on a une vitesse d'esprit et une facilité de parole dont on est fort loin, et qu'on possède le fin du fin d'un art dont on ignore les premiers éléments.

Mais à vrai dire, le grand coupable en cette affaire, c'est le public.

Il est vraiment trop peu connaisseur et ne s'applique pas assez vite à le devenir, pour son plaisir. Il ne marque pas assez qu'il distingue entre une récitation flagrante et une improvisation relative. Et pourtant quelle différence fondamentale entre les impressions qu'il éprouve dans les deux cas ! Or, c'est uniquement de la sévérité de son goût que dépend l'avenir du genre.

Oui, bon public des conférences, on continuera à te tricher, à te frelater le plaisir que tu as cru acheter à la porte en entrant, tant que tu ne seras pas plus exigeant. Boude donc un peu : tu es le maître, après tout. Désencombre la carrière, pour l'ouvrir largement aux conférenciers de race que tes applaudissements éclairés feront monter au comble de leur art ; et surtout fuis les récitateurs.

Guette-les d'abord ; et, dès aujourd'hui, je vais t'indiquer deux moyens de n'être pas la dupe des plus habiles d'entre eux.

Le premier de ces moyens est la faiblesse des écarts de la voix chez le parleur qui récite. D'ordinaire, il ne franchit pas l'intervalle d'une quinte. S'il se risque au delà, même dans les mouvements d'interrogation ou d'exclamation, sa voix s'étrangle, se dessèche, devient blanche, et prend une intonation caractéristique à laquelle on ne peut se méprendre, fût-on en face d'un vieux routier de la récitation. Car il y en a hélas ! Ah ! s'ils avaient employé à jouer le jeu tous les efforts perdus pour tromper leur monde ! Mais leur cas est incurable : passons.

Au contraire, celui qui parle d'abondance parcourt toute l'octave avec une aisance évidente, et grimpe même tout en haut du registre de sa voix, quand une poussée d'esprit ou de sentiment le soulève, avec un accent de vérité qui reste sensible jusque dans le fausset, témoin M. Gaston Boissier.

Le deuxième trébuchet du récitateur, c'est ce que nous appellerons l'*enjambement*. Le conférencier veut-il dire, par exemple : « Pour bien interpréter *Bérénice*, l'actrice doit s'imaginer qu'elle joue la *Dame aux Camélias* sous Louis XIV », et lui arrive-t-il de dire : « Pour bien interpréter *Bérénice*, l'actrice *sous Louis XIV* doit s'imaginer, etc... » ne cherche pas davantage, public mon ami ! Tu es en face d'un récitateur qui lisait une rédaction dans sa tête, et auquel sa *mémoire oculaire* a joué le mauvais tour de passer une ligne, comme il arrive aux yeux d'un lecteur d'en passer une sur le papier. Rien de plus caractéristique et de plus fréquent, chez le conférencier qui récite, que l'*enjambement*.

Et à combien d'autres signes, bon public, si tu le voulais, tu reconnaîtrais et dépisterais le récitateur, fléau du genre ! Mais ces deux-là te suffiront neuf fois sur dix.

Si je te les offre, si je t'invite à en chercher d'autres, c'est pour ton plaisir et ton utilité, c'est pour te guérir de ton *snobisme* dans l'espèce, c'est pour collaborer avec toi à l'avènement d'un genre qui s'ébauche à peine et qui a une vaste mission intellectuelle et même morale à remplir.

Réagis donc, ô public athénien de Paris ! Regimbe contre les soi-disant conférenciers qui n'ont pas appris leur difficile métier. Refuse tes oreilles à qui ne sait pas, suivant le mot des anciens *en jouer librement comme des trous d'une flûte* : c'est ton droit, c'est ton devoir, alors tu auras bien mérité de la vérité qui y trouvera son compte de plus d'une manière, de l'art que tu auras doté d'un nouveau genre, et enfin de la capitale de l'esprit si apte à créer et à goûter la conférence idéale, laquelle n'est pas une sournoise course aux petits papiers, à l'anglaise, mais une vraie course au clocher, à la française.

La cuisine d'une conférence dramatique.

Le jour de la conférence dont on s'est chargé, pour l'Odéon par exemple, approche et il est sage de se préparer mûrement en vue de cet échéance. Elle est redoutable en effet.

Sur la scène même où les yeux du public ont l'habitude de rencontrer le mirage de prestigieux décors et la mêlée pittoresque des travestis, on va surgir seul, dans la réalité froide de l'habit noir, dans le désert gris de perle d'un salon classique, d'un *Molière*. Centre de tous les regards et de toutes les curiosités, on devra les occuper, trois quarts d'heure durant, sans trêve, sans diversion, sans comparses, sans souffleur, avec un sténographe suspendu à ses lèvres, pris en tête par l'hydre de l'orchestre et du parterre, en flanc par l'essaim des critiques, dont on perçoit à gauche le bourdonnement léger, *ailes d'or et flèches de flamme* ! Et puis, — on y songe, — être en proie à ce public, c'est être en proie aux gens d'esprit : d'abord parce qu'ils foisonnent dans la salle et qu'on en pourrait dénombrer soi-même plusieurs douzaines *treizées*, sans oser compter les *lundistes*, les *feuillistes*, les confrères, les collègues, les bons amis et tous ceux qui de près ou de loin sont du bâtiment ; et ensuite parce qu'il est prudent de tenir pour malin tout habitué de l'Odéon qui a suivi les conférences déjà nombreuses dont ses directeurs successifs ont régalé son public d'élite depuis dix ans.

Que dire donc à de pareils auditeurs? Faut-il les amuser? Mais c'est bien difficile, et puis serait-on quitte envers soi-même? Cherchera-t-on à les instruire? Mais que découvrir qu'ils ne sachent pour la plupart? Et si on allait les ennuyer? On serait le premier à y avoir réussi ! Tous ces points d'interrogation s'enfoncent cruellement dans la cervelle du conférencier.

Il s'avise ensuite qu'après tout et, abstraction faite des hypercritiques, il doit parler pour un public de théâtre, venu pour assister à une pièce plus ou moins classique et qu'il est chargé de l'y préparer ; rien de plus, rien de moins.

Dès lors, son rôle lui apparaît nettement défini ; il faut et il suffit qu'il prépare l'esprit et la sensibilité de ce public à goûter pleinement le spectacle qui va suivre ; qu'il crée dans toute la salle une disposition générale à *ressentir* les sentiments qui vont être exprimés sur la scène ; qu'il tienne la place de l'*ouverture* dans l'opéra ; en un mot qu'il mette tous les spectateurs dans cet *état commun d'impressionnabilité* que nous autres philosophes, comme dit Pancrace, nous appelons *cénesthésie*.

Ici un scrupule l'arrête. Il va empiéter sur l'auteur pour qui cet art des préparations fait justement partie du métier. Si quelque Alceste de l'orchestre s'avisait de lui crier, au beau milieu de ses préparations *fuguées*, comme l'autre à Oronte : *Nous verrons bien, Monsieur* ! Eh bien, il aurait tort. Suivons ici le raisonnement du conférencier, celui par lequel il se convainc de sa raison d'être, de son droit à demander au public le crédit de trois quarts d'heure d'attention préliminaire, quitte à lui faire retrouver en jouissances délicates, au courant du spectacle, la monnaie de sa patience.

A propos du *Misanthrope*, par exemple, est-ce que des considérations préalables sur les variations du *Code des convenances* depuis deux siècles et sur certaines équivalences du cérémonial de jadis et de la politesse d'aujourd'hui ne sont pas à peu près indispensables ? Faute de les avoir bien présentes à l'esprit, on risque de se méprendre du tout au tout sur le sens de certaines impertinences d'Alceste et sur le genre de ridicule que lui a infligé Molière, quelque habile que l'on soit d'ailleurs, témoin J.-J. Rousseau. On se convaincra, au contraire, en lisant telle conférence faite par

M. Francisque Sarcey, à l'Odéon, sur ce sujet, qu'elle a apprêté aux spectateurs un plaisir double : d'abord le plaisir serein de se sentir de plain pied avec les personnages de la pièce, puis le plaisir malin des actualités que chacun, ainsi averti, y découvrait inévitablement à la réflexion.

Il y a plus ; les acteurs eux-mêmes trouvent leur profit à de pareilles conférences. En effet, la salle ainsi préparée, ils peuvent jouer dans le ton l'air traditionnel, car ils ont tout de suite l'oreille du public. La conférence a fait l'office de ces claviers ingénieux qui transposent la musique automatiquement.

Or, c'est au théâtre classique tout entier qu'il faut appliquer des transpositions analogues pour que ses effets portent pleinement sur le public de nos jours. Combien mieux il entrera dans les sentiments des personnages de Corneille ou de Racine, si une adroite conférence lui a donné la clé de leur phraséologie, de toute leur étiquette, et, les dépouillant du costume qui les date et les masque, a mis leur âme à nu !

On peut même remarquer qu'il ne serait pas inutile d'encadrer ainsi toute représentation d'une pièce qui a plus de dix ans de date et qui peint les mœurs.

Croit-on, par exemple, que de pareilles préparations seraient oiseuses dès maintenant pour *Madame Caverlet* ou le *Demi-Monde*, ou la *Famille Benoîton*, et le seront demain pour *Denise* ? La loi du divorce, la tolérance croissante pour les unions *régularisées*, l'aristocratie de *Sa Majesté l'argent*, et certaines préoccupations relatives au repeuplement, nous ont préparé des générations de spectateurs auxquels il est ou il sera bientôt nécessaire d'expliquer que leurs grands-pères étaient assez conservateurs pour regarder le mariage comme indissoluble, assez exactement classés pour découper le monde en tranches arithmétiques, assez délicats et assez naïfs pour remettre au panier, c'est-à-dire à la porte de leurs salons, *les pêches à quinze sous*, assez *pot-au-feu* pour trouver ridicule que le goût de la haute vie gagnât jusqu'aux filles des fabricants de sommiers élastiques, assez peu *nouveau-jeu* enfin pour exiger, du moins au théâtre, que la fiancée ne fût pas une fille-mère. Ainsi va le monde et les révolutions des mœurs préparent de la besogne aux conférenciers de l'avenir sur les chefs-d'œuvre du présent. Mais tenons-nous-en à ceux du passé et concluons sur ce point.

« Ne cherchons point de raisonnements pour nous empêcher d'avoir du plaisir », s'écriait Molière, en présentant ses comédies à ses contemporains, et Racine écrivait quelque chose d'analogue dans la préface de *Bérénice* : or aujourd'hui, en face des mêmes œuvres, et c'est là notre première conclusion, on est en droit de dire au public : *Cherchons des raisonnements pour nous aider à avoir du plaisir.*

Nous venons d'indiquer ceux qui ont trait aux

changements des conventions mondaines et théâtrales. Il en est beaucoup d'autres qui, pour être de l'ordre purement littéraire, n'en motivent pas moins bien l'intervention du conférencier. On en trouvera des échantillons tout à fait probants en parcourant les programmes des matinées de l'Odéon.

Mélicerte, par exemple, n'eût-elle pas semblé au public un caprice bien singulier de Molière et un spectacle assez froid, en somme, si l'on n'avait eu l'habileté de lui suggérer préalablement une curiosité *latérale à la pièce*, pour ainsi dire ? Le conférencier a donc rappelé la longue vogue de la littérature pastorale, l'a excusée par quelques citations bien choisies, et a fini par vous intéresser à ce spécimen de tout un genre disparu, surtout en vous faisant observer, avec une insistance calculée, qu'il était signé de Molière.

De même, à propos du *Philosophe sans le savoir*, pareille nécessité d'éveiller une curiosité latérale à la pièce et pour des motifs tout contraires, remarquez-le. La médiocre réputation de Sedaine et la fortune actuelle du genre qu'annonçait *Le Philosophe sans le savoir*, devenaient autant d'obstacles à la sincérité de votre plaisir que l'eussent été, dans la pastorale de *Mélicerte*, — sans l'intervention du conférencier, — la célébrité de Molière poète *comique* et l'antiquité tout à fait surannée du genre. M. Jules Lemaître a donc empêché le public de trouver ce tableau des mœurs bourgeoises trop *rococo*, en lui faisant observer qu'il était le premier en date qu'on eût porté avec succès au théâtre, que là où Sedaine a réussi, Diderot avait échoué, que Victorine est unique et que le bonhomme a fait un chef-d'œuvre sans le savoir.

Et Rodogune où l'auteur,

<blockquote>D'un divertissement nous fait une fatigue,</blockquote>

comment le public en supporterait-il les quatre premiers actes? Ferait-il crédit jusqu'au cinquième? On se hâte donc de lui apprendre que l'auteur du *Cid* voyait dans sa Rodogune le dernier mot de l'art, que la lenteur apparente et tout le machiavélisme des quatre premiers actes lui ont paru autant de substructions nécessaires pour asseoir les puissants effets du cinquième, le plus pathétique qui soit au théâtre et d'où est sorti Crébillon tout entier? Et voilà les spectateurs pris à la glu de ce rébus dramatique.

Ainsi chaque conférence dramatique, bien conçue, a éveillé ou réveillé des curiosités littéraires dont la satisfaction est un plaisir très distingué, et qui s'amalgame à merveille avec celui que les spectateurs prennent ensuite directement à la représentation.

Ces curiosités, fruits de la conférence, déjà très vives à propos du répertoire, tendent même à primer l'intérêt du spectacle, s'il s'agit d'une pièce adaptée.

Combien, par exemple, une *adaptation* de

Shakespeare, si adroite qu'elle soit, ne gagnera-t-elle pas au surcroît de variations très françaises, exécutées avec une délicate prestesse sur le motif principal, ou à celui d'une spirituelle causerie sur les mérites respectifs de l'original et de la copie? Et si cette dernière analyse est faite par l'auteur lui-même de l'adaptation, M. Haraucourt, par exemple, le piquant de cette confidence ne donne-t-il pas au public l'illusion délicieuse et très favorable au spectacle ultérieur, d'être de compte à demi dans son succès?

Mais nous touchons ici à une espèce de curiosité qui, sans cesser d'être littéraire, diffère sensiblement des précédentes. Elle prend en effet sa source dans la personnalité même de celui qui parle. Sa forme la plus intéressante se produit assurément quand un conférencier soutient, sur un chef-d'œuvre, une thèse sensiblement différente de celle qu'un autre conférencier avait précédemment avancée devant le même public.

Celui de l'Odéon a eu des ragoûts exquis dans ce genre, notamment à propos de l'*Ecole des femmes* et de *Tartuffe*, les controversistes ayant été MM. Sarcey et de Lapommeraye, Brunetière et Doumic, s'il me souvient bien.

Et puis, pensez-y: cette dernière forme est susceptible de recevoir des développements savoureux, que l'on goûtait fort au temps jadis, dont Néron, ce dilettante calomnié, faisait déjà ses délices, au dessert, et qui ne nous sont plus offerts, hélas! qu'à l'Ecole de droit, aux jours chauds de l'agrégation. Ils consisteraient, on le devine, à camper la *thèse* en face de l'*antithèse* et à leur ouvrir la lice. Je me porte garant que, sur la scène de l'Odéon, la lutte ne cesserait jamais d'être courtoise. Et les belles *phrases d'armes* qu'on verrait là! C'est alors que la conférence ferait vraiment partie intégrante du spectacle! Elle aurait traversé les mêmes phases que la tragédie naissante, ayant passé du monologue au dialogue. La conférence vraiment *dramatique*, en un autre sens du mot, aurait pris naissance, et qui peut dire l'avenir et toutes les évolutions futures du genre?

Je livre mon idée aux entrepreneurs de plaisirs d'esprit. Il me suffit d'avoir indiqué l'opportunité du conférencier avant la représentation des pièces classiques, des adaptations et généralement de toute comédie qui a plus de dix ans de date, sans compter celles qui sont en avance sur leur temps.

Ainsi convaincu de son utilité, le conférencier s'enhardit. Non content de mettre le public au point de tout comprendre, il veut lui faire tout sentir, et, franchissant les abords du sujet, il pénètre dans la pièce même. Il devient un spectateur idéal, chargé d'orienter la sensibilité des autres. Il se sent situé matériellement entre la scène et la salle, idéalement entre la pièce et le public, comme l'était jadis le chœur tragique ou comique.

Voilà en effet sa vraie définition : le conférencier, c'est le chœur antique.

Il en remplit les principales fonctions à son gré. Tout placé qu'il soit dans le temps, en dehors de l'action, il peut s'y mêler en fait comme le chœur d'Eschyle. Ne lui suffit-il pas pour cela de tramer des faits personnels ou des *actualités* dans une analyse *impressionniste* de la pièce, en un mot de se jouer lui-même en lever de rideau, par droit d'auteur ou par voie d'allusion? Il a toute licence préliminaire là-dessus, et même celle de jouer directement les autres, tout comme la *parabase* d'Aristophane, à ses risques et périls, bien entendu. C'est un casse-cou, mais si l'on réussit, quel intérêt dans le premier cas, quelle source de comique double dans le second !

Le conférencier est-il de tempérament plus rassis ou moins sûr de son public, il peut commenter l'action et les caractères avec la gravité didactique et l'autorité morale du chœur de Sophocle. Ce *procédé*, plus prudent, s'adapte à la diversité des talents moyens, et en outre un talent vigoureux, servi par une conviction forte, en tire des succès qui vont loin dans l'estime publique.

Enfin si l'on rejette la première manière par discrétion, la seconde par crainte d'ennuyer, on a la ressource de prendre rapidement texte du sujet, comme le chœur d'Euripide, pour donner l'essor à sa fantaisie personnelle dans de longues *monodies* avec accompagnement de flûte ou de flageolet.

au choix. C'est une autre manière de se casser le cou ou d'aller aux nues. Ici le genre est presque sans limites ou, s'il en a une, c'est celle qu'Alexandre Dumas père marqua un jour magistralement.

Donc il était chargé d'une conférence sur Alexandre le Grand, à condition de ne pas parler politique. Quel attrait ! De même que Lucullus dînait chez Lucullus, on allait entendre Alexandre parler d'Alexandre : « Mesdames et Messieurs, dit Dumas avec l'ampleur que l'on sait, j'ai à vous entretenir d'Alexandre et je me suis engagé à ne pas faire de politique : je tiendrai ma parole. Alexandre, Messieurs, avait un cœur de lion. A propos de lion, je vais vous raconter ce que me disait un jour ce brave Jules Gérard qui les tuait si bien et que nous regrettons tant... »

Voilà probablement la limite du genre et je n'ai rappelé l'anecdote que pour montrer ma tolérance et celle du public en pareille matière. Je m'empresse d'ajouter qu'on n'a jamais approché de cette limite à l'Odéon, à la date où j'écris, et je ne crois pas qu'on la franchisse ailleurs.

Voilà donc notre conférencier bien instruit de sa mission et des libertés qu'elle comporte ; il ne lui reste plus qu'à composer et qu'à débiter sa conférence.

On me permettra d'indiquer ici quelques procédés techniques, fruit d'une expérience personnelle déjà longue et aussi de nombreuses conversations là-dessus avec les maîtres du genre. Les aspirants conférenciers y apprendront peut-être à abréger les longs tâtonnements de leurs aînés. En tous cas, le public verra croître à la fois son indulgence et sa curiosité, en s'initiant au mal que le conférencier, *proprement dit*, se donne pour lui plaire.

Au théâtre, tout doit être théâtral, la conférence comme le reste, et, là du moins, je ne me lasse pas d'y insister, lire ou réciter est une messéance, une espèce de trahison envers le lieu et l'assemblée. La parole y doit être d'abord un spectacle. Le conférencier doit donner à son public cette sensation dramatique de l'idée sortant de son cerveau tout armée de sens, mais dans la pure nudité d'une forme qui va trouver et prendre, un peu à tâtons, mais avec une coquetterie instinctive, son vêtement et même sa parure, sous les yeux de tous.

C'est un saut périlleux, chaque fois. Mais quoi! me disait un jour notre doyen, M. Sarcey, sans ce péril délicieux, je ne ferais plus de conférences. Délicieux! Ah! notre maître, c'est un idéal et je n'en suis pas encore là, pour ma part, tant s'en faut. Mais ici trêve de confidences, n'est-ce pas, mes chers confrères en parole publique, de partout? Elles deviennent d'un ordre physiologique: c'est de l'ésotérisme, matière à traiter entre professionnels, avec M. Diafoirus tout au plus, appelé en consultation.

En vue de cette redoutable partie à jouer, sans

tricher, il faut du moins mettre tous les atouts dans son jeu. Attention au mouvement ! Je le décompose en trois temps, pour le faire court.

PREMIER TEMPS : On sonde et mesure son sujet, dans les règles, profil, coupe et élévation.

N'oublions pas d'abord de passer chez Sapin, le collectionneur diligent et méthodique des raretés et curiosités théâtrales. Sur tout sujet de théâtre, il faut commencer par là.

On lit et relit la pièce d'abord : et on n'oubliera pas surtout d'aller la voir *aux chandelles*, pendant les dernières répétitions. Puis on parcourt les critiques à contre-fil, c'est-à-dire en commençant par ceux d'hier, comme Diderot voulait qu'on apprît l'histoire. Au bout d'une huitaine employée à lire passivement, la plume à la main, avec une préoccupation discrète du sujet à traiter, on est à la tête de notes copieuses remplissant une centaine de fiches. On prend alors un temps et on respire.

DEUXIÈME PHASE : Après avoir été ainsi *agt*, comme disait Malebranche, par l'auteur et les critiques, on sort de sa passivité volontaire et on juge pour son compte. On cherche la substance de son sujet, fiévreusement, à travers la centaine de fiches que l'on parcourt, déplace, classe avec une cautèle aussi active qu'elle a dû être passive durant la première phase, à peu près comme un joueur bat les cartes. Après avoir ainsi agité, avant de s'en servir, on pêche dans ce remous fécond des *idées-mères* — selon le mot de Mirabeau, l'*Ami des hommes*, — à la pointe de la plume toujours. On cherche pendant ce temps par quel bout on prendra la conférence : puis on tient un bon bout, ou on croit en tenir un, c'est tout un, pour le conférencier, provisoirement.

Alors les idées générales surgissent nettement et se ramifient, s'ordonnent et se subordonnent ; et on fait à chacune d'elles, l'honneur d'un petit feuillet appelé *fiche*, en terme de l'art.

On se trouve ainsi à la tête de trois à quatre fiches que l'on intitule *notes de notes*, pour ne pas les confondre avec le tas embrouillé des autres. Elles sont la quintessence des recherches et des réflexions, et là s'esquissent visiblement les linéaments de deux ou trois sujets.

Or, comme dit la Bruyère pour l'expression, il n'y en a qu'un qui soit le bon : on ne le rencontre pas toujours, en parlant ou en écrivant ; il est vrai néanmoins qu'il existe.

Supposons que l'on ait mis la main dessus définitivement ; que, doué du flair d'artilleur, on voit nettement le point de mire et le nombre de ses gargousses. On constate alors que de ces gargousses, c'est-à-dire des *idées-mères* on n'a pas, tout compte fait, plus de deux ou trois : c'est tout ce qu'il faut. Et même deux bien grosses valent mieux que trois. Il vous faut maintenant faire de chacune de ces gargousses assez de cartouches pour alimenter le tir. Vous m'entendez bien.

LA CUISINE D'UNE CONFÉRENCE DRAMATIQUE 41

Expliquer par le menu serait ici fort long. Autrement dit, avec Buffon, vous devez tirer de ces *idées-mères* toute une provision d'idées accessoires et moyennes, qui y est, à l'état latent. C'est l'objet de la dernière phase, la plus spécifique.

TROISIÈME PHASE : L'entraînement spécial du conférencier commence.

Ici, il y a deux écoles. La première conseille de réserver encore à la plume une part considérable dans l'élaboration de l'œuvre oratoire, et prétend s'autoriser d'un contre-sens sur le précepte de Cicéron : *stilus optimus dicendi effector ac magister*.

Je me permets de ne pas être de cette école et je répète volontiers avec M. Ajam [1] ce que j'avais dit avant lui, dans mes articles du *Temps* sur la matière : « Eviter soigneusement toute préparation écrite du discours. »

Mais je proposerai ici un moyen terme. Aux fervents du *graphisme*, à ceux qui croient ne pouvoir enlever leur affaire qu'à la pointe de la plume [2], je conseille ceci : après une forte *prémé-*

---

1 *La parole en public*, par M. Maurice Ajam, Paris, Chamuel.

2. Et c'est, pour une bonne part, la faute — je crois que c'en est une, dans une société où les fonctions de relation se multiplient si prodigieusement et où la parole de l'honnête homme devient l'*outil universel*, comme disait Gil Blas — de l'éducation nationale. Que de fois, — avant M. Ajam, tout à fait d'accord avec moi encore sur ce point, — que de fois j'ai eu l'occasion de constater et de déplorer publiquement que l'éducation de la jeunesse en France fût trop exclusivement visuelle, qu'elle n'apprît pas aux adolescents à improviser ! Voilà l'enclouure, nous ne faisons guère de rhétorique que par écrit. Ah! quel ministre de l'ins-

ditation du sujet, se doubler d'un ami intelligent : improviser son développement devant lui, en arpentant le plancher et en donnant cours à toute l'action oratoire, cependant que l'ami rédige des notes succinctes et au gré de l'intérêt qu'il a pris à ce que vous débitiez. Les notes de cet ami sûr, intelligent et un peu critique, — telle madame votre épouse, par exemple — qui fera l'*Assemblée*, comme le Léandre des *Plaideurs*, seront une précieuse mesure du dynamisme et de l'ordre de bataille des idées en gestation, et une mise au point suffisante. On se fera relire ces notes amicales, en se gardant bien d'y jeter les yeux, de peur d'être prisonnier ensuite de sa mémoire oculaire, et on aura eu peut-être les plus clairs bénéfices de la préparation écrite sans ses formidables inconvénients. Essayez-en.

Mais il y a mieux, à mon sens, et c'est la deuxième école que je visais plus haut, celle où, parvenu à cette phase de la préparation, on

---

truction publique osera dresser, dans nos rhétoriques, la plateforme sur laquelle le petit américain se campe dès la treizième année? Aussi quels *debaters* en herbe là-bas ! Quelle arme toujours prête pour la *self protection* civique ! Charles Bigot qui eut un jour ce spectacle, à New-York, n'en revenait pas. — Ce reproche qu'Alcidamas faisait à l'école d'Isocrate de ne pas préparer à la vie publique, l'Université actuelle ne l'a-t-elle pas un peu encouru? A-t-elle eu raison de tant substituer l'universel *graphisme* à cette gymnastique orale dont a abusé l'éducation au moyen âge? La récitation inerte, le *psittacisme*, pour lui donner son beau nom, ce poison de l'éducation partout, n'aurait-il pas son antidote dans des exercices sincères et virils d'improvisation orale ?

cesse scrupuleusement tout travail de rédaction.

Je suppose d'abord, que le conférencier est *verbo-moteur* de naissance, selon la définition de Charcot, c'est-à-dire invinciblement enclin à remuer les lèvres en pensant, à ne pouvoir même penser à l'aise qu'à l'aide de la parole intérieure ou extérieure, enfin un homme qui ne pense qu'en parlant suivant un mot de Numa Roumestan et qui est pris d'ordinaire en mauvaise part, alors qu'il est la définition même du don le plus nécessaire à l'orateur. Si l'on n'est pas d'abord cela, un *verbo-moteur*, que l'on ne se risque pas à conférencier. Mieux vaudrait prendre en galère une rame à la main, comme disait du travail de la rime, le nonchalant Régnier.

Qu'on se déclare alors lecteur, récitateur : mais conférencier ! C'est jouer sur les mots ! On aura beau escamoter le papier, tricher du lorgnon, se torturer, s'enfler, toujours les connaisseurs — il est vrai qu'ils sont rares — vous diront, comme à la grenouille de la fable : Vous n'en approchez point. Il y a tant d'autres manières d'exercer et moins vainement peut-être le métier de critique !

On est donc *verbo-moteur*, je suppose.

On va exercer sa faculté sur les deux ou trois *idées-mères* qui se sont dégagées du fatras de ses notes et réflexions. On en emporte une dans sa tête, un beau matin, et, en se gardant bien d'apprendre par cœur les choses qui viennent à la langue, on la parle au petit bonheur, entre les dents, en déambulant par les *quadrives et compites de Lutèce*. Autrement dit, on s'en va promener ses idées, suivant le conseil de Montaigne. On hante, par exemple, ces calmes allées du Luxembourg que M. Coppée a chantées et où M. Anatole France aime à distiller le miel attique de ses chroniques.

Le lieu d'élection pour cette phase décisive, que nous appellerons la *péripatéticienne*, si vous voulez bien, c'est le bois et la banlieue, courus en bicyclette. Le rythme des pédales et l'occupation musculaire font merveille sur l'esprit, et la langue baignée et fouettée d'un air frais est d'un délié ! Mais ne compliquons pas la difficulté en exigeant que l'on soit cycliste. Suivez lentement les quais de la rive gauche en ruminant et marmottant un de ces deux ou trois thèmes. Je ne vous donne pas du pont d'Arcole à celui de l'Alma pour en avoir fait oralement le tour, et vous pourrez revenir ensuite, le cœur content et l'air gaillard, jonglant avec vos idées jusque dans le brouhaha des quais de la rive droite. Trois de ces promenades, et vous y voilà, ou bien peu s'en faut.

On sténographie, enfin, moins que l'on ne rédige, sur une fiche spéciale, chacun de ces trois thèmes, avec deux ou trois des plus saillantes idées accessoires, en tout dix à quinze lignes, bien exposées avec chaque idée maîtresse, bien *synthétique*, en gros caractères, bien *fichée*, autant de *clous*. Alors les yeux s'appliquent à photographier cette fiche avant la conférence. On la serre dans la poche de son habit, sur son cœur, pour l'y repêcher, dans le cas improbable, mais toujours à craindre, où le fil de l'oraison casserait net, le jour de la conférence, par l'effet du *trac*, et où l'on ne réussirait pas à le renouer invisiblement, ce qui est le fin du fin et le vernis des maîtres.

On entre alors dans une phase de calme, traversée seulement de petits frissons, quand il vous vient quelque trait de lumière et d'éloquence ou d'esprit qu'on a hâte de darder par-dessus la rampe. Il ne reste plus alors qu'à retrouver pour y trotter allègrement les routes de l'esprit où on a cheminé ou toupillé, tout le long, le long du quai, et à improviser face au public, comme on fit dans le vent.

Voici le résultat de ce triple travail, à titre de document et non d'exemple, certes! pour un des sujets que l'on trouvera traité dans ce volume: *les Deux gendres*, comédie d'Etienne.

AVIS AU PUBLIC : *Modestie mais suffisance du triple intérêt du sujet, car = promenade documentaire à travers littérature et mœurs Empire, peu connues = cadre conférences odéoniennes, vu histoire, théâtres et mœurs.*

1° L'AUTEUR : *Gendelettre impérial typique; employé et vaudevilliste; aux* Débats ; *Capitole et roche Tarpéienne.*

2° HISTOIRE DE LA PIÈCE : *Le plagiat ; émeute littéraire =* Cid *et* Hernani; *preuves par pamphlets et caricatures ; mise au point ; la police et la Russie.*

3° LA PIÈCE A FOND : *Sa genèse ; une comédie rosse en 1810, dans le grand monde = notre fin de siècle : rastas, maîtres chanteurs, demi-mondaines ; développer rosserie, gendres et fille et vérité mœurs ; question sociale sous-jacente ; conclusions sur l'auteur.*

Voilà le tremplin, reste à faire le saut périlleux, très périlleux.

Mais parlera-t-on assis ou debout? Grave problème. Assis, on pourra recourir à des notes plus ou moins étendues, et la moitié de l'émotion vous sera enlevée, puisqu'on sera sûr de ne plus rester court dans le cas toujours possible où un flot de sang, vous montant au cerveau, submergerait vos idées.

Oui, mais à se pencher ainsi et à se relever ensuite avec un développement à la bouche, on aura exactement l'air d'un oiseau qui prend sa becquée. Si l'on est myope d'ailleurs et c'est l'ordinaire, la consultation répétée des notes serait des plus disgracieuses : voyez-vous l'orateur, le nez sur la table où vient s'écraser sa voix, n'offrant aux regards que ses épaules et ses bras arqués en acent circonflexe, ou bien interposant un feuillet entre le public et sa figure? Et puis l'abus des notes est comme celui des soutiens pour l'apprenti nageur : il vous donne l'illusion que vous savez nager : perdez l'appui et vous verrez. En réalité, vous êtes en équilibre sur des porte-à-faux ; l'auditoire s'en aperçoit bien sans que vous couliez à fond.

Enfin, et de quelque manière qu'on s'y prenne, ce maniement de papier sous les yeux du public, *jette un froid*, comme on dit au théâtre. Non, décidément, pour couper court à la tentation, à moins qu'on ne soit adroitement presbyte, on parlera debout. L'action en sera peut-être un peu trop agitée, mais après tout, on est au théâtre !

On apportera d'ailleurs ostensiblement, si l'on veut, quelques notes à la main, une ou deux fiches *de consolation*, comme on se fait suivre d'un canot pour une pleine eau au large ; il faut toujours prévoir la crampe, et on épargne ainsi de l'inquiétude au public qui vous suit de l'œil.

Mais, comme on apprécie, comme on envie alors cette bienheureuse science de la mnémotechnie oratoire dont les conférenciers de jadis et notamment l'intarissable Cicéron, nous disent merveilles ! Comment s'y prenait-il pour clouer en idée tel chef de développement au premier banc, tel autre dans un coin de la salle, un troisième sur la tête du greffier, etc. ? — Car c'est un fait d'expérience, curieux mais certain, que l'on perd tout un paquet d'idées très facilement : et c'est là au cours de la conférence un sujet de crainte continuel même chez ceux qui sont sûrs de ne jamais manquer de mots. — Ah ! voilà ! Il avait fait dix ans et plus de rhétorique à travers toutes les écoles du monde, et puis c'est un art perdu. Si l'on essayait pourtant... Voyons, si l'on mettait son début et ses idées les plus fugaces dans le trou du souffleur, — trou vide hélas ! — ses aperçus les plus litigieux dans la loge chère aux critiques; ses conclusions les plus orthodoxes dans la loge officielle et ses meilleurs effets sur le crâne d'un ami qu'on placera directement sous le lustre. Allons, c'est fait, le clavier est prêt ; il faut jouer le morceau.

Voici le jour, voici l'heure; quelques minutes à peine vous séparent du lever du rideau. Dans le vide lugubre et glacé de l'arrière-scène, sous un ciel de décors pendus verticalement sur votre tête, comme les linges d'un gigantesque séchoir, on arpente le praticable, tandis que passe par bouffées le bruit de la salle qui s'emplit. « *Monsieur ! Il n'y a plus que deux minutes !* » C'est la voix d'un appariteur. « *Monsieur ! Le rideau est levé !* » Toujours la même voix, — celle de l'appariteur odéonien, noir recruteur des conférenciers, qu'un de nos plus spirituels confrères appelle de ce fait l'abbé Croze — scandant votre émotion: c'est cruel, innocent et obligatoire. « Monsieur !... » Allons ! On tâte précipitamment le gousset où est la montre, régulatrice des développements, le carnet où sont quelques notes, espoir suprême et suprême pensée, et en avant, par la porte béante, sans respirer, comme pour plonger...

Un crépitement grêle d'applaudissements bienveillants pareil au clapotement de l'eau, puis le silence et le froid d'un grand creux... le plongeon est complet. On lève les yeux : l'orchestre et le parterre — surtout, si par malheur la rampe est levée, — vous apparaissent comme un trou sombre pointillé de quelques lividités faciales ou crâniennes ; c'est macabre.

Comment ! c'est à cet antre gris qu'on va parler ! Vite on accroche ses regards éperdus aux galeries où les spectateurs sont visiblement vivants. On parle alors et le son de votre voix, tout altéré qu'il soit, vous rassure. Les yeux s'accommodent peu à peu à la perspective et au clair obscur de la salle, et finissent par y distinguer quelques figures candides ou sympathiques sur lesquelles on pourra lire et mesurer ses effets. Au bout de cinq minutes la bienveillance évidente du public vous a rendu la pleine possession de vous-même. Dès lors, on se donne tout entier à son sujet ; la voix quitte le haut du registre où l'étranglement initial l'avait fait grimper et se pose dans le médium ; la tête est maîtresse des nerfs et aucun des accidents redoutés n'arrive. Bon public, tu sais le reste, puisque le conférencier vit et parle sa pensée devant toi.

Tu l'applaudis, et même avec complaisance, et comme tu as raison ! Penses-y ! Mille personnes auront fait une ovation au conférencier, mais cent mille, liront l'article de journal où il sera jugé ; et le dernier mot restera au feuilleton. Vanité des vanités ! Et le conférencier se retire avec cette épine dans son laurier. Pourtant il pourrait en appeler, le cas échéant, et précisément grâce au livre que tu tiens.

Ainsi, ou a peu près, ont été menées les campagnes de conférences déjà fournies à l'Odéon. A l'appel de ses directeurs s'est formé tout un groupe d'orateurs littéraires. Ils ont pris plusieurs fois, pour la plupart, le contact d'un grand public ; ils ont appris ainsi certaines lois propres aux conditions dans lesquelles ils parlaient ; leurs confidences et leurs observations réciproques échangées dans la coulisse, avec l'aménité qui est le ton de la maison, ont aiguisé et fortifié en chacun d'eux, dans le sens de son tempérament propre, cette expérience commune à tous ; et un genre est né, très goûté du public, malgré les brocards d'antan et les prédictions des pessimistes, très tentant pour les critiques, en dépit ou à cause de ses difficultés.

A vrai dire il ne date pas d'hier, mais, sans faire injure à ses précurseurs immédiats et, en repoussant toute analogie entre ces causeries de bonne foi et les leçons gourmées des antiques oracles du Musée et du Lycée, il faut bien constater que ce genre n'avait jamais eu qu'une existence précaire et mal définie. Qu'on en juge : il y a quelque vingt-cinq ans, à propos des *Conférences du rez-de-chaussée*, qui eurent, elles aussi, leur vogue, un grave critique écrivait : « Nous avons en ce moment des conférenciers de trois sortes ; ceux qui instruisent, ceux qui amusent, ceux qui ennuient ». Je remarquerai d'abord, — en m'oubliant bien entendu, comme c'est mon droit et mon devoir de *préfacier* — que la troisième sorte n'a pas encore eu d'accès à l'Odéon.

Comment les deux autres sortes s'y sont combinées en visant à la conférence idéale que tous veulent faire et dont chacun approche à sa manière, c'est ce que j'ai tenté d'indiquer avec quelque précision technique, en vue d'inspirer au public un surcroît de curiosité et d'indulgence, et à nos cadets le désir de mieux faire, en s'inspirant de notre expérience, pour porter à son comble un art qui en est encore loin.

AU THÉATRE ANTIQUE D'ORANGE[1]

Ce soir, le Président de la République en tête, une bonne partie de la France intellectuelle se dirigera vers le Théâtre antique d'Orange. Je voudrais vous indiquer le sens de ce pèlerinage artistique, mettre ceux d'entre vous qui s'y joindront, au point d'en goûter, comme il faut, les émotions, et en donner aux autres la curiosité.

Je supposerai donc que nous faisons le voyage ensemble. Je compte beaucoup sur le voyage lui-même pour préparer la partie parisienne du public au spectacle qui l'attend, et je m'en explique d'abord.

Il s'agit en effet de demander à ce public un effort d'attention dont il n'est pas coutumier, un certain élan vers l'idéal que les spectacles du bou-

---

[1]. Cette sorte de préface aux représentations du Théâtre d'Orange en août 1897, fut entièrement *rédigée* pour être *lue*. Elle diffère donc en cela des conférences *réelles* qui suivent.

levard, voire ceux de la butte Montmartre, ne lui ont guère imprimé. C'est donc une étrange entreprise que de faire pleurer d'admiration les honnêtes gens de cette fin de siècle, et ce fut pourtant l'ambition de la commission des fêtes du Théâtre d'Orange.

Je la partageai avec elle. Je me souvenais d'abord de la sûreté et de la portée des effets produits sur des foules très hétérogènes par les représentations antérieures ; et aussi de l'état d'esprit particulier où nous avait mis le fait matériel du déplacement préparant et secondant la vertu de cette suggestion mentale qui se dégage des cadres, même vides des grandes choses qui y furent, celle-là même que notait Sénèque, *magna vis admonitionis inest in locis*, et qui atteint, avec les ruines classiques, une merveilleuse intensité.

Donc notre bande arrivera toute secouée d'une nuitée en wagon, débarquera, à l'aube, en se frottant les yeux, en un pays dont la langue à peu près inconnue chantera à l'oreille, en inquiétant l'esprit, et l'on sera très dépaysé : c'est ce qu'il faut d'abord.

Chez chaque pèlerin, dès les premiers pas en terre d'Orange, le vieil homme sera à demi dépouillé. Le bel esprit des plaisantins de nos *premières* parisiennes, comme certain scepticisme collégien, se sentiront là suspects et, dès lors, la partie est à moitié gagnée. C'est aux ruines elles-mêmes de faire le reste, de nous mettre dans *l'état de réceptivité* idéal, en orientant notre sensibilité et notre imagination.

Or toute la journée est à nous, le spectacle ne devant commencer qu'à la nuit. Nos ablutions faites, l'âme et les yeux frais, dirigeons-nous donc vers ce mur qui arrêta nos regards, de si loin, à droite de la ligne du chemin de fer, où il se dressait énorme, par-dessus les vertes ondulations du sol et les toits blonds de la ville, renvoyant, en fauves reflets, ses splendeurs au soleil levant. C'est là : nous voici devant ce que Louis XIV appelait « la plus belle muraille de mon royaume », et qui n'est rien moins que la façade du Théâtre antique.

J'ai vu les plus éloquentes ruines d'Italie et de Grèce, le Forum et le Colysée, le Panthéon et Pæstum, le Parthénon et Eleusis, Delphes et Olympie, les théâtres de Pompeï et de l'Acropole ; j'ai certes goûté ailleurs des émotions archéologiques plus délicates et plus variées ; nulle part je n'en ai rencontré une aussi forte, aussi soudainement suggestive qu'au pied de la colossale muraille d'Orange, d'une fierté si intacte. Ce fut sans doute par l'effet du contraste, si parlant pour tout lettré, entre la médiocrité de la petite ville moderne, chétive et comme accroupie là, et la majesté évidente de l'*opus romanum* qui se révélait à mes yeux pour la première fois. Mais vous serez, pour la plupart, dans le même cas, et je vous souhaite d'en retirer la même impression.

Entrons maintenant : prenons place sur ce gradin qu'une inscription de la bonne époque nous dit être *Le Troisième des Chevaliers*, face à la muraille intérieure, à la scène qui en longe le bas, juste à la hauteur voulue par Vitruve pour la commodité des spectateurs des premiers rangs, à ses trois portes classiques donnant sur le *postscenium*, avec sa niche béante, là-haut, au-dessus de la porte royale, et ses deux ailes en retour, à droite et à gauche, ses *parascenia,* ses coulisses, aux parois frustes desquelles s'accollent encore une ou deux colonnes de marbre, et songeons.

Car, que faire là, tout le long du jour, sinon y ressusciter le passé, sur le théâtre de notre imagination, et lui demander un peu le sens du présent ?

Achevons d'abord le cadre, en nous aidant des fragments que conserve le musée. Aux parois curieusement dorées par les soleils de dix-sept siècles, comme tous les monuments antiques de Provence, ou, çà et là, à peine rougies par les incendies, ébréchées par les siècles, creusées par les échauguettes sarrasines et autres verrues de l'architecture militaire, rongées par les lèpres de la misère séculaire qui s'y abrita, remettons la splendeur des revêtements décoratifs, des marbres polychromes, du cipolin, du jaune antique, du granit, des tables de mosaïque, des trois étages de colonne aux murs en retour, des deux étages au mur de fond, avec le luxe de son auvent dont les énormes mortaises ont si profondément entaillé le faîte, avec le peuple des statues, et, trônant là-haut, au-dessus de l'*aula regia*, au centre de tout, celle de Marc-Aurèle, colossale et auguste.

Sur l'hémicycle, un immense entonnoir de deux cent-trente pieds de rayon, tendons, grâce aux mâts implantés dans les consoles en saillie sur la façade, et avec un art qui défie encore celui de nos ingénieurs, l'immense *velarium* de pourpre. Sous ses mouvants reflets et parmi les capiteux effluves des pluies d'eaux de senteur, amassons la foule de sept mille spectateurs : devant, emplissant de leur gravité la première *præcinctio*, les sénateurs, chevaliers et magistrats gallo-romains; derrière et s'étageant jusqu'au sommet de l'entonnoir, au promenoir du bruyant paradis, de la *summa cavea*, la foule bigarrée et houleuse des riverains du Rhône que les *programmata* et *alba* affichés sur les murs d'Orange, la riche *Arausio*, et les prospectus, *libelli*, envoyés au loin, ont drainée depuis la Camargue et les *Fosses Mariennes* jusqu'à Vienne, capitale de toute l'Allobrogie, où, parmi la masse obscure des rudes Cavares et des subtils Ligures, étincelle çà et là le type si fin, avec ses yeux clairs à fleur de front, des filles blondes d'Arles la Grecque.

C'est qu'ils étaient singulièrement attrayants pour cette foule, ces programmes et prospectus !

Ils étaient rédigés, et, toutes proportions gardées, c'est-à-dire beaucoup plus grandes, dans le goût de celui que je lisais, tout à l'heure, en lettres de six pieds, en inscription triomphale, au fronton de notre Châtelet : 300 personnages, 40 chevaux, 80 musiciens, 20 trompettes... Il y était bien aussi question de tragédies et de comédies, comme nous allons voir, mais là encore, au témoignage d'Horace, la *great attraction* est pour les yeux, non pour l'oreille :

> Jam migravit ab aure voluptas
> Omnis ad incertos oculos et gaudia vana.

Mais chut ! Le signal de commencer a été donné par le *Curator ludorum*, celui-là même qui, à la fin du spectacle, doit procéder à la distribution des prix, à savoir vêtements de luxe ou espèces sonnantes, palmes et couronnes, sous l'œil vigilant de Monsieur l'Administrateur, *dominus gregis*, et à l'adresse des acteurs les plus applaudis, surtout des *actores primarum*, orgueil de la troupe.

Voici d'abord le sensationnel et fastueux défilé : le galop léger des cavaliers, le pas relevé et martial des bataillons, le roulement des symboliques chars de triomphe, puis tout un peuple de statues et une forêt d'objet d'art, en marche, parmi les tornitruants applaudissements de sept milliers de spectateurs béants de plaisir. Combien mesquine et inexpressive notre promenade du bœuf gras, — voire de *la Vache enragée*, — avec ses costumes et motifs de clinquant et de carton-pierre, auprès de cette torrentielle et savante procession d'éblouissantes et réelles splendeurs ! Pauvres de nous, modernes, nous ne voyons plus, dans nos fêtes comparées à celles-là, que des ombres dans la caverne de Platon.

C'est long, pourtant, et même un tantinet barbare : mais, en province, et chez les Cavares ! Patience ! le vrai spectacle va commencer ; pourvu toutefois qu'un caprice de nos gallo-romains ne leur fasse pas réclamer brusquement un ours ou un pugilat ou une course surtout, car voici, bien tentateur, là, à gauche des spectateurs, le large couloir aux grandes dalles qui conduit directement à l'hippodrome contigu au théâtre.

Mais cet accident est peu à craindre, les édiles d'*Arausio*, à l'exemple de ceux de Rome, ayant adapté la tragédie au goût du jour.

Sans doute on est resté fidèle au répertoire classique d'Ennius et de Pacuvius, pour le fond, mais en l'amalgamant dextrement, pour la forme, avec celui du cirque. Jugez-en.

Dans le sujet de Scévola, par exemple, se brûlant la main, d'Hercule se brûlant tout entier, du brigant Laureolus crucifié, d'Orphée livré aux ours, de Dircé déchirée toute nue par un taureau sauvage, les acteurs sont remplacés au moment voulu par des condamnés des deux sexes, ayant à subir, de par la loi, exactement une des peines ci-dessus spécifiées, et qui la subiront très effectivement, et qui offriront à ce public de connaisseurs des tableaux vivants, pardon ! mourants, par exemple le groupe dit depuis du *Taureau Farnèse*, avec le surcroît de terreur et de pitié que doivent immanquablement procurer le vrai sang, le vrai hurlement, la vraie agonie et qui lui donneront enfin la très esthétique certitude que cela est arrivé.

En vérité, n'est-ce pas bien imaginé ? Et voilà des raffinements qui laissent bien loin derrière eux les imaginations de nos fortionnaires du moyen âge, et eussent changé en délire la gaieté sauvage du public à certains épisodes de nos *mystères*.

Mais quelle horreur ! Pour la mitiger, nos édiles mêleront à ces cruautés mythologiques des gaîtés non moins mythologiques, mais plus indicibles, avec force satyres et nains plaisantins, pour comparses, chargés de porter à leur comble ces « distractions légères » comme les qualifie Sénèque, avec une sévérité indignée.

Hé quoi ! Cette muraille a abrité ces horreurs et ces gaîtés monstrueuses ! Ces pierres ont été chaudes de ces agonies, rouges de sang ! Cette scène a été le lieu d'élection de ces féeries sanglantes où l'infamie le disputait à la cruauté ? Hélas ! oui, à en juger par analogie et à en croire Isidore de Séville et autres. Mais j'ai hâte de vous réconcilier avec notre *Théâtre antique*.

A la tragédie naturaliste a succédé la comédie,

une comédie aussi curieuse que peu connue, à en juger par quelques titres et fragments de la Comédie nationale à Rome, et sans abuser des droits de la critique conjecturale.

Comme fond d'abord, l'éternel sujet du mariage, avec les jeux de cette passion de l'amour qui, suivant un mot de Plutarque, « s'y répand partout comme le souffle d'une seule âme », et aussi avec tous les revers de la médaille. J'y note, en tête, l'humeur de ces matrones, *épouses dotées*, contre lesquelles s'exerce si infatigablement la verve acide de Plaute et du vieux Caton, et dont l'Hermance du *Mariage d'argent* de notre Scribe résumera, trait pour trait, l'état d'âme, comme suit : « Savez-vous que j'ai cinq cent mille francs de dot, ce qui est un grand avantage, puisque mon mari n'aura rien à me refuser. Il sera obligé de faire toutes mes volontés, ou, sans cela, dans le monde, on crierait aux mauvais procédés, n'est-il pas vrai? Moi, d'abord, je le dirais partout ».

Les assaisonnements sont variés d'ailleurs et il y en a pour tous les goûts, y compris ceux des Gallo-romains d'Orange ou d'ailleurs. Outre les mégères dotées et non apprivoisées et les maris insurgés et laquais de leurs femmes (*uxoribus ancillantur*) qui sont les morceaux de résistance, il y a des croquis des mœurs et des ridicules de toutes les conditions, selon la formule des plus hardis de nos novateurs sur les plus libres de nos théâtres.

A côté de la satire des *snobs* de la vie élégante,

des *grécomanes*, authentiques ancêtres de nos *anglomanes*, qui font blanchir leur tunique à Athènes, il y a des types populaires, plus ou moins dérivés de la nationale Atellane : les sots fieffés, les bavards et vantards, sur le patron de *Bucco*, et les candidats malheureux qui ont promené le veau gras et tenu table ouverte, pour aboutir à l'échec électoral, à la triste *repulsa*, tel *Pappus*, et aussi la revanche des administrés contre l'administration, par exemple dans la *Comédie de l'Edile*. C'est une revue des divers corps de métiers, depuis les foulons, si nombreux dans l'antiquité, avec leur fête, aïeule de celle de nos blanchisseuses, jusqu'aux médecins et aux professeurs, avec Minerve pour patronne, en passant par des tableaux de plus haut goût de la vie élégante, telle certaine *Station thermale*, où devaient être peintes d'après nature, les mœurs des innombrables contrefaçons de Baïes l' « auberge de tous les vices », dont cette mauvaise langue de Martial nous dit « qu'une femme y venait semblable à Pénélope pour en repartir pareille à Hélène ». Mais il suffit.

Tel fut donc, à grands traits, et autant qu'on le peut conjecturer, dans l'extrême disette des documents là-dessus, le répertoire du Théâtre d'Orange, il y a quelque dix-sept cents ans.

Il n'était pas assurément si relevé que certains idéalistes se le figuraient, en le confondant avec celui du théâtre de Bacchus, au temps de

Périclès, ni tout à fait si bas, si en proie aux pures exhibitions et aux fastueuses sottises de la féerie que certains pessimistes l'ont répété, sur la foi des anathèmes des Pères de l'Eglise. En tous cas, celui qui est préparé au *Théâtre antique* par les lettrés qui l'ont assez heureusement baptisé « le Bayreuth français », n'aura pas de peine à effacer le cauchemar de ce passé trouble, pour n'y remettre dans la mémoire et l'imagination des spectateurs que les beautés de la plus pure antiquité, fraternisant avec celles de la civilisation moderne.

Le génie gallo-romain s'est affiné et s'appelle le génie français. Il a le goût hospitalier : il sait allier le culte attique des Eschyle et des Sophocle, avec celui des grands dramaturges de sa race, des Corneille et des Racine. On le verra bien, durant ces soirées inoubliables, où la lumière amie de la lune, magicienne qui restaure les ruines, rendant tout vermeil le faîte de la tragique muraille, quelque hibou de Minerve miaulant étrangement dans les crevasses, nos acteurs se groupant en vivants bas-reliefs sur l'antique *proscenium* tout radieux d'un factice soleil, et élevant leur savante voix dont rien ne se perd là, la foule obscure frémira, au loin sous les étoiles, sentant passer sur elle le frisson du beau, au vent de la parole des poètes de toutes les races, penchés sur les grands problèmes de la vie, religieuse comme à une sorte de messe de l'art.

Naguères, une revue universitaire proposait de fonder, dans nos Universités et lycées, un prix dont les lauréats auraient reçu le viatique pour le Théâtre d'Orange où ces représentations de vacances vont être désormais périodiques : certes j'en suis d'avis. Ce n'est jamais en vain qu'on s'est promené sous les palmes, dit un proverbe oriental : ce n'est pas en vain qu'on sera allé à Orange, car on en reviendra avec un parfum d'antiquité dans l'âme et un reflet d'idéal au front.

SHYLOCK OU LE MARCHAND DE VENISE [1]

Shakespeare et le public français.

Sommes-nous enfin à la veille de comprendre Shakespeare? La question n'est pas impertinente : elle a été posée par la critique, à propos de *Shylock*, avec une gravité qui en exclut l'ironie et n'en prouve que mieux la pressante actualité. Parlons net : Shakespeare a beau avoir dans Paris ses poètes et ses metteurs en scène, ses musiciens et même ses chorégraphes, ses dévots et sa statue, on ne saurait dire qu'il a un public. M. le directeur de l'Odéon a entrepris de lui en recruter un. Je voudrais vous entretenir aujourd'hui, avec toute la sincérité qui vous est due et avec la sobriété que commande le temps dont je dispose, des difficultés et des mérites littéraires de cette entreprise.

1. Odéon, 23 janvier 1890.

Je bornerai donc le sujet aux questions suivantes : depuis qu'on offre Shakespeare avec une liberté relative au public de nos théâtres, c'est-à-dire, pour rappeler une date topique, depuis le *Roméo et Juliette* de Frédéric Soulié, joué ici le 10 juin 1828, ou, si l'on veut une date plus éclatante, depuis l'*Othello* d'Alfred de Vigny, joué sur la scène sœur de celle-ci, le 24 octobre 1829, *quelles sont les principales concessions que le public français a faite au grand dramaturge anglais ? Qu'est-ce qu'il y a gagné ? Quelles concessions semble-t-il lui refuser encore ? Les fera-t-il jamais ? Que peut-il y gagner ?*

Mon ambition est de faire à ces cinq questions des réponses claires sinon suffisantes. Elle n'est pas mince, car il s'agit d'éviter la métaphysique et l'extase, qui sont un peu partout les deux plaies de la critique Shakespearienne. J'interrogerai donc les faits et prendrai dans une critique purement expérimentale tous les points de départ des conjectures inévitables.

Il y a soixante ans, quand Shakespeare fut choisi pour être le chef nominal du mouvement romantique, quelque adresse qu'on mît à l'adapter au goût français, même après la campagne triomphante menée par Diderot et les dramaturges, ses disciples, contre la séparation des genres, et sans compter les chicanes de détail sur toutes les *bienséances* classiques, ses interprètes se heurtaient toujours à de hautes barrières qui s'élevaient encore solidement entre le public et lui.

La première était une de ces interminables querelles de mots dont est remplie l'histoire du goût. On avait appris au public à ne pas souffrir un seul terme familier dans la haute poésie et à partager les pudeurs de Philaminte

> Sur l'impropriété d'un mot sauvage et bas
> Qu'en termes décisifs condamne Vaugelas.

Pour vous faire sentir la mesquinerie et la véhémence de ses scrupules là-dessus, deux faits suffiront.

Vous avez tous entendu le dialogue suivant s'échanger au début d'*Hamlet* :

> ... Dis-moi, dans ta faction.
> Rien ne t'a dérangé ? — Non, pas une souris.

Vous n'avez pas bronché et vous ne broncherez pas tout à l'heure, quand Shylock appellera par leurs noms un *rat*, voire même un *porc* ! Vous en avez entendu bien d'autres ! Et cependant, pour faire passer cette souris à laquelle vous ne prenez plus garde et qui soulevait toute la bile de Voltaire — un critique écossais, Henri Home, qui voulait faire mourir d'appoplexie l'illustre chef des *Raciniens*, n'avait-il pas déclaré qu'il fallait préférer cette réplique de corps de garde à celle d'Arcas, dans *Iphigénie* :

> Mais tout dort et l'armée et les vents de Neptune ? —

il ne fallut rien moins que la révolution romantique, et notamment l'orageuse soirée du 24 octobre 1829.

On jouait au Théâtre-Français l'*Othello* d'Alfred de Vigny ; ce jour-là, s'est écrié depuis le poète, comparant lyriquement cette soirée, prélude de celle d'*Hernani*, à une des trois glorieuses, ce jour-là fut arboré sur la scène du Théâtre-Français « le drapeau de l'art aux armoiries de Shakespeare ». O poète ! O ironie des choses ! Ce drapeau était un *mouchoir*, un mouchoir de poche, celui de Desdémone. Je m'explique.

Vous savez que ce mouchoir est, dans le drame, la pièce à conviction, celle qui accuse Desdémone et fait croire au Maure qu'il est, comme on dit de l'autre côté du détroit, en Corn...ouailles. En entendant Othello rugir : le mouchoir ! le mouchoir ! la faction des classiques, dites *des perruques*, se mit à rugir à l'unisson ; la jeunesse romantique tout échevelée rugit aussi, mais d'enthousiasme. La bataille fut chaude, le mouchoir fut pris et repris ; enfin il resta aux romantiques, et le mouchoir... pardon ! le drapeau de Shakespeare flotta librement sur la scène française. Ce fut un beau succès pour un temps où un chapon se disait :

> Ce froid célibataire, inhabile au plaisir,
> Du luxe de la table infortuné martyr.

Alfred de Vigny constata ironiquement qu'on avait mis exactement quatre-vingt-dix-huit ans à rendre à Desdémone son mouchoir, déguisé successivement en un billet, en un bandeau royal, en un tissu.

A la suite de ce mouchoir, Victor Hugo fit le 89 des mots, comme il dit avec un enthousiasme qui donne la mesure des résistances vaincues. Il émancipa tous ces

> Vilains, rustres, croquants que Vaugelas, leur chef,
> Dans le bagne lexique avait marqués d'une F. ;
> N'exprimant que la vie abjecte et familière,
> Vils, dégradés, flétris, bourgeois, bons pour Molière !

Quant au public, d'abord indécis entre les deux camps, au rapport d'un témoin oculaire, le duc de Broglie, il s'aperçut enfin qu'il n'y avait là, comme dit Hamlet, que des mots ! des mots !

Ces scrupules de ton, ouvrage avancé des fortifications classiques, une fois emportés, on se trouva en face de la Bastille de trois unités :

> Qu'en un lieu, qu'en un jour, un seul fait accompli
> Tienne jusqu'à la fin le théâtre rempli.

Bâtie chez nous par les pédants italiens, — notamment par Jules César Scaliger, comme je l'ai prouvé en quelque endroit — fortifiée par les nôtres, la Ménardière et d'Aubignac, sacrée par Boileau et nos tragiques, elle résistait depuis plus de deux siècles aux attaques intermittentes des *Indépendants*, quand Stendhal donna, en 1823, le signal de l'assaut suprême.

Dans ses brochures fameuses de *Racine et Shakespeare*, morigénant une « jeunesse égarée » qui venait de *siffler* Shakespeare (un Shakespeare authentique promené par une troupe anglaise qui ouvrait la voie à Kemble et à Mac-Ready), il leur disait : Prenez garde, nous restons toute notre vie en France *des hommes de collège pour la littérature !* — (Avec ce mot-là, voyez-vous, on mène des jeunes gens où l'on veut. On les mena à la bataille d'*Hernani*.) — Cessez de regarder Shakespeare à travers La Harpe, ne vous préoccupez plus des unités, et surtout de celle de temps ; ne soyez scrupuleux que sur l'unité d'intérêt, et je vous promets des merveilles. Pour le faire court, je vous rappellerai simplement qu'on l'en crut.

Mais quelles étaient les merveilles promises ? Les a-t-on goûttées depuis ? C'est précisément la seconde question qu'il nous faut examiner.

Stendhal a indiqué aux romantiques la Terre Promise, avec une netteté qui commande la citation :

« La tragédie *racinienne*, disait-il, ne peut jamais prendre que les trente-six dernières heures d'une action ; donc jamais de développement de passions. Il est intéressant, il est *beau* de voir Othello, si amoureux au premier acte, tuer sa femme au cinquième. Si ce changement a lieu en trente-six heures, il est absurde, et je méprise Othello. Macbeth, honnête homme au premier acte, séduit par sa femme, assassine son bienfaiteur et son roi et devient un monstre imaginaire.

Ou je me trompe fort, ou *ces changements de passion* dans le cœur humain sont ce que la poésie peut offrir de plus magnifique aux yeux des hommes qu'elle touche et instruit à la fois. »

Ainsi nous allons goûter dans Shakespeare un pathétique tout nouveau. Nous voilà bien avertis que nous assisterons à l'*histoire* d'une âme, et non à une *crise*, que le roman va être pris, non par la fin, à la française, mais tout au commencement. Mais précisons encore.

Shakespeare nous présente d'abord sur la scène un personnage ayant toute sa santé morale ; puis, devant nous, il lui inocule le venin d'une passion, et il nous invite à suivre les progrès du poison mortel, les désordres qu'il amène dans l'organisme moral, c'est-à-dire la longue agonie de l'honneur ou de la raison. En vain la victime se débattra, s'écriera comme le roi Lear : « La folie est sur cette pente ! » Aiguillonnée par sa passion, elle courra, elle roulera jusqu'au bas de la pente, en se regardant tomber avec une effroyable lucidité.

Le général Macbeth revient victorieux : « Tu seras roi », lui crient, au passage, les sorcières de la bruyère d'Harmuir, et ce mot (le dernier de tant de révolutions !) inocule le venin de l'ambition dans l'âme jusque-là loyale de ce soldat du devoir. Voici Othello, valeureux et noble époux de Desdémone qu'il a séduite : « Ma fille m'a trompé, elle te trompera », lui crie le père ; et la plaie, imperceptible d'abord, est faite. Iago y versera à son aise le venin de la jalousie, *frottant*, comme il dit, *l'ulcère* au vif. Dès lors, ni Macbeth, ni Othello ne dormiront plus : « to sleep no more ! » L'un, *aiguisé au meurtre* par lady Macbeth, marchera dans le sang jusqu'à s'y noyer ; l'autre bondira en vain devant les soupçons dont le harcèle Iago ; il faudra qu'il subisse l'horrible étreinte du *monstre aux yeux verts*, cloué là, comme l'ours au poteau devant la meute.

Écoutez Iago : il vous dira le secret de Shakespeare : « Le More change déjà, sous l'influence de mon poison. Les idées funestes sont par leur nature des poisons qui, d'abord, font à peine sentir leur mauvais goût, mais qui, dès qu'elles commencent à agir sur le sang, brûlent comme des mines de soufre. Ni le pavot, ni la mandragore, ni tous les narcotiques du monde ne te rendront plus le doux sommeil. Travaille, ma drogue, travaille! » Or Iago, l'âpre spectateur, c'est Shakespeare lui-même qui nous fait signe de la coulisse et nous invite, si je puis dire, à une expérience cruelle et sublime de vivisection morale, où le spasme de l'agonie doit trahir le secret même de la vie et de la santé.

Telle est, je crois, l'essence du pathétique de Shakespeare ; tel est le spectacle très philosophique et très scénique à la fois qu'il nous offre dans ses grands drames.

En sentons-nous tout l'attrait, aujourd'hui ? Oui, certes, et j'en trouve la preuve dans cette phrase de M. Emile Faguet, d'autant plus probante qu'il l'écrivait il y a huit jours, et sans songer à Shakespeare : « Dès lors, ce n'est pas un conflit de sentiments seulement, c'est une évolution de caractère que j'entrevois, la chose la plus difficile, la plus forte et la plus belle qui puisse se présenter à nous au théâtre. »

Quant au grand public, nous avons une preuve décisive qu'il commence à goûter directement le pathétique de Shakespeare : c'est le succès du *Macbeth* de M. J. Lacroix attesté par plus de cent représentations ici, en 1864, et par une reprise récente. Ce succès est le fait le plus considérable et le plus caractéristique que l'on trouve dans l'histoire de Shakespeare sur le Théâtre-Français depuis Voltaire. Le plaisir sans mélange que le public a pris à Macbeth, y compris les sorcières, a été la récompense des concessions qu'il avait faites aux vieux Will, à l'appel de Stendhal.

Mais, me dira-t-on, *Macbeth* est, de toutes les tragédies de Shakespeare, celle qui ressemble le plus à une tragédie française, surtout si l'on en retranche quelques scènes épisodiques, les extravagances du portier et le babillage de l'enfant de lady Macduff. Or, M. Jules Lacroix, à peu près fidèle en tout le reste, ne l'a pas été sur ces points. Il est vrai, et il ne pouvait songer à nous traduire Shakespeare aussi fidèlement que Sophocle. On renforcera l'objection en nous faisant remarquer qu'*Hamlet* n'a pas pleinement réussi, qu'il a été le succès d'un acteur, non de Shakespeare. Et me voilà amené à la partie délicate de cette critique expérimentale. Quelles concessions refusons-nous encore à Shakespeare?

L'accueil que la presse dramatique a fait à *Hamlet* nous renseigne curieusement là-dessus. Un critique considérable a dit avec sa belle franchise : « Je m'ennuie » ; un autre vient de déclarer avec une autorité inquiétante : « Je ne comprends pas encore » ; un troisième avait insinué avec sa finesse aiguë et si attrayante : « Je crois que je ne comprends pas très bien. » Je vais imiter leur franchise, en vous avouant que, comme le dindon de la fable, *je vois bien quelque chose*. Ce que je vois surtout, c'est un malentendu.

Il porte sur les procédés de Shakespeare pour mettre en scène ce pathétique que je vous définissais tout à l'heure.

Brutus médite quelque part sur l' « intérim qui sépare l'exécution d'une chose terrible de sa conception première ». Or tous les héros tragiques de Shakespeare ont à franchir cet *intérim* sous nos yeux, depuis le moment où ils constatent comme Hamlet que « la résolution naissante pâlit au reflet de la pensée », jusqu'à celui où ils crient avec Macbeth : « Les mots soufflent une trop froide haleine sur la chaleur de l'action. » A l'action! à l'action! Or, il arrive que cet intérim nous paraisse long ou obscur, comme dans *Hamlet*. Nous refusons d'entrer, *au théâtre*, dans toutes les raisons qu'il a d'hésiter, lui, savant, rêveur, névrosé et pessimiste, qui a lu Bacon et deviné Schopenhauer et Niesztsche, qui *périt par sa propre contemplation*, comme a dit un grand philosophe.

A qui la faute? Nous ne saurions nier pourtant que ces oscillations de volonté, ces balancements de passions et de raisons ne soient naturels. Chacun de nos actes est une somme de motifs contraires, dont l'auteur dramatique nous doit surtout le total ; mais il y a au moins trois manières de faire ce total au théâtre. On peut le brusquer, comme ces fougueux Espagnols, Lope et Calderon, dont j'avais l'honneur de vous entretenir l'année dernière ; on peut le calculer avec l'élégance rapide de Corneille et surtout de Racine, dans *Britannicus;* mais on peut aussi le détailler pathétiquement comme Shakespeare, avec une curiosité contemplative. Or, nos habitudes de spectateurs français, familiers de Corneille, de Racine et de Molière, nous empêchent de goûter pleinement la troisième de ces manières. Nous sommes habitués par nos maîtres à une action uniformément accélérée, avec des scènes dont chacune ouvre sur les autres une claire perspective.

C'est ce qu'une comparaison rendra sensible. Gœthe dit que les héros de Shakespeare sont des montres dont le cadran transparent laisse voir les ressorts. Ce qui intéresse le public de Shakespeare, ce sont les ressorts autant que les aiguilles; mais nous, nous regardons surtout au cadran et non aux rouages, pour peu qu'ils soient compliqués. C'est l'heure que nous voulons savoir, parce que nous sommes habitués à voir les personnages du théâtre classique, suivant une expression maligne de Fauriel, « travailler à l'heure ». — « Regardez jouer les ressorts, comme c'est curieux ! nous dit Shakespeare à la cantonade. — Mais je ne vois pas l'heure, répondons-nous. — Elle sonnera au moment voulu, juste et fort ; en attendant, regardez le rouage approcher du déclic fatal. — Oui, mais quelle heure est-il ? » répliquons-nous obstinément.

Comment s'entendre ? On ne saurait pourtant revenir à l'*Hamlet* de Ducis,

<blockquote>Par la haine entraîné, par l'amour combattu,</blockquote>

jusqu'au Ve acte. C'est clair cela ! mais alors ce n'est pas la peine de traduire Shakespeare : nous avons le *Cid*. Or, justement Hamlet n'est pas le Cid, et il ne suffit pas que son père lui dise : Venge-moi, venge-toi. Shakespeare n'est pas Ducis, encore moins Corneille, encore moins Guilhem de Castro. Il nous reste donc à faire une concession aux lenteurs spéculatives de l'action dans Shakespeare.

Stendhal ne demandait rien au delà. Et cependant il est une autre concession nécessaire, bien plus grave, que Stendhal n'a pas vue. Il disait aux jeunes gens de 1830 : Vous pouvez exiger de Shakespeare l'unité d'intérêt. Or, sur ce point encore, il y a un malentendu, et il nous faut céder quelque chose pour goûter pleinement le pathétique de Shakespeare, son lyrisme et surtout ses comédies fantaisistes et fantastiques.

C'est ce que George Sand a très bien deviné quand elle *osa* la première, en 1856, faire jouer une comédie de Shakespeare, *Comme il vous plaira*, quand elle vint planter, comme elle l'écrit à Régnier, « les arbres de la forêt des Ardennes sur les planches classiques de la Comédie-Française ». Elle disait en substance au public dans sa préface, bien plus imprégnée du sentiment de Shakespeare que la pièce elle-même : Vous ne goûterez pas au théâtre les délices de la « contemplation shakespearienne », de ce lyrisme qui est « l'expression de l'idéal, comme l'actualité est celle du bon sens », tant que vous ne renoncerez pas à la préoccupation réfrigérante de la pièce bien faite. — Cela est très grave.

Ferons-nous jamais à l'occasion ces deux concessions à Shakespeare : 1° sur l'unité d'action, ou plus exactement, sur le manque d'intensité et de clarté dans l'action ; 2° sur le manque d'unité dans l'intérêt ? Là est aujourd'hui le nœud de la question. Des concessions du public sur ces deux points dépend principalement l'avenir des adaptations de Shakespeare à la scène française.

Je suis fermement convaincu que le goût français cédera sur ces deux points, comme il a cédé sur les autres, et voici en bref mes raisons.

Notre goût croissant pour les analyses psychologiques nous amènera à faire, au théâtre, à Shakespeare, un crédit de temps analogue à celui que nous accordons, par exemple, à M. Paul Bourget dans ses romans. Ses drames et ses comédies surtout ne sont-ils pas, suivant le mot de Gœthe, de véritables romans ? J'en trouve une preuve de fait jusque dans la représentation récente de cet *Hamlet* si controversé. Sans doute tous les motifs qu'il a d'hésiter à tuer ne passent pas la rampe, mais ceux que le public en saisit : son amour pour la fille du complice de Claudius, ses doutes sur la réalité de l'apparition, et ce qu'il comprend de ses méditations sur le néant de tout, lui ont suffi. S'il y a des trous dans l'action, le jeu de Mounet-Sully les masque. Et cela est très remarquable, car c'est aux acteurs à donner par leur jeu à Shakespeare ce supplément d'action qui lui manque aux yeux des critiques français. Grâce aux acteurs, le public est prêt à lui ouvrir tous les crédits nécessaires de temps et d'action. N'est-ce pas ainsi que Garrick tira Shakespeare d'un oubli séculaire dans son propre pays, et que Rachel nous rendit Racine ?

Mais qu'est-ce qui m'autorise à croire que le public est prêt aux concessions sur le deuxième point, c'est-à-dire sur *le manque d'unité d'intérêt* dans une partie de son théâtre, et notamment dans ses comédies ?

Après avoir oublié momentanément pour goûter le pathétique de Shakespeare, les habitudes qu'il tient de sa longue familiarité avec Corneille, Racine et Molière, oubliera-t-il aussi, pour aller à Shakespeare, le plaisir très français qu'il goûte à la pièce bien faite et que lui donnent tous les jours Scribe, Augier, Dumas, Sardou, et que ravivent chaque semaine tous nos critiques! Eh bien, oui, car les drames de Victor Hugo dans une certaine mesure et surtout les comédies de Musset, de Banville et de Coppée, nous ont appris à goûter le lyrisme à la scène, c'est-à-dire à venir y écouter avec délices de beaux vers ou une prose chantante, même s'ils n'ont pour objet qu'eux-mêmes et commentent l'action en la suspendant, à la manière du chœur antique.

D'autre part, de Regnard à Musset, nous avons pris quelque goût pour la fantaisie en scène, presque pour *l'humour*. C'est ce que Stendhal voyait encore très bien, quand il donnait pour épigraphe à son chapitre sur le comique de Shakespeare ce vers des *Ménechmes*, où un homme emporté qui veut couper le nez d'un autre, comme Shylock une livre de chair à Antonio, s'entend dire :

Que feriez-vous, Monsieur, du nez d'un marguillier ?

Enfin la preuve expérimentale de tout cela, je l'ai trouvée ici même au spectacle du *Shylock* de M. Haraucourt. Ecoutons-le en idée, brochure en main et face au public, comme faisait Stendhal.

Quelque adresse que notre poète ait mise, suivant l'exemple de ses devanciers, à réunir et à condenser les scènes éparpillées par le caprice de son modèle, comme celle des coffrets, il ne pouvait donner l'*unité d'intérêt* qui manque à l'original, et une de ses habiletés a été de ne pas le tenter. C'est justement pour avoir cherché le drame sur une double piste, dans les angoisses de l'amoureux Bassanio qui fait devant le coffret le monologue d'Hamlet, ou dans la scène du tribunal qu'il a voulu nous faire prendre au tragique, qu'Alfred de Vigny a quelque peu trahi Shakespeare ; et c'est pour avoir voltigé avec une fantaisie toute lyrique, à fleur de sujet, comme son modèle, que M. Haraucourt l'a si heureusement traduit.

Mais revenons au public. Dès les premières scènes, il est manifeste qu'il cesse de chercher où est le sujet. Le *spleen* d'Antonio et les plaisanteries humoristiques de ses amis, l'amusent exactement comme dans Musset le dialogue de Spark et de Fantasio, sans qu'il cherche où cela le mène. Puis l'intrigue de Lorenzo et de Jessica lui paraît piquante ; celle de Bassanio, qui va tirer au sort sa bien-aimée, ne l'attriste pas trop ; tout le manège de Lancelot l'égaie ; et il ne prend pas plus au sérieux qu'il ne faut le billet de Shylock.

Après toutes ces secousses d'esprit, le rideau se lève sur le décor du second tableau, et un frémissement d'admiration court dans la salle. Ces gondoles qui glissent fantastiquement dans le silence et le clair-obscur de cette nuit bleue, la romance anonyme qui s'envole à la cantonade, alternant avec l'espièglerie très personnelle de Jessica et de Lancelot, jettent le public dans un étourdissement délicieux, d'où le tire à peine la fureur tragi-comique de Shylock-Triboulet. Il avait presque oublié le sujet, du moins, un des trois sujets. On l'y ramène, il suit docilement.

Pareille complaisance pour écouter marivauder et madrigaliser Portia et Bassanio. Il se prêtera jusqu'au bout aux caprices de Portia comme à ceux de Marianne. Il trouvera charmante la scène des coffrets et ne doutera pas un moment que Bassanio choisisse le bois ; mais il ne songe pas du tout à en commenter le symbolisme et à se demander si, en plaçant l'objet le plus précieux dans le métal le plus vil, Shakespeare ne continue pas sa thèse de l'honneur et de l'argent.

Quant à la scène du tribunal, il ne cherche pas davantage si Shakespeare n'y expose pas, comme jadis Eschyle à la fin de l'*Orestie*, l'antagonisme de la vieille loi du Talion et d'une clémence plus moderne. Il goûte simplement ce drame de l'échéance commerciale, avec la terreur mitigée que donnent aux enfants les contes d'ogres, la Barbe-Bleue, par exemple, quand on sait, à n'en pas douter, que le sauveur arrivera au bon moment ; et il s'amuse bien plus de la déception de Shylock qu'il n'est ému du péril d'Antonio.

Et au fait, n'est-ce pas un conte d'ogre et de fée que cette comédie (la plus populaire sinon le chef-d'œuvre de Shakespeare en ce genre), Shylock étant l'ogre et Portia la fée ?

On finirait là que le public n'en demanderait pas davantage ; mais comme il y perdrait pour son plaisir, et comme nous y perdrions pour notre démonstration !

Vient le dernier tableau. Ici la poésie a passé jusqu'aux décors et rivalise avec celle du texte :

> Comme la lune dort doucement sur ces marbres !...
> Le zéphir glisse et met dans les feuilles des arbres
> De courts baisers d'argent qui ne bruissent pas.

Le public écoute, ravi, ces effusions lyriques qui ne dérivent que de la joie de vivre et d'aimer par un beau soir d'été ; mais il ne songe pas une minute à se demander s'il ne tient pas enfin le vrai sujet, et si ce duo d'amour n'est pas la conclusion logique de toute la pièce ; si cette union de la juive et du chrétien ne symbolise pas, comme le mariage de Roméo et Juliette, l'apaisement final, par l'amour, des haines héréditaires et d'un barbare antagonisme de races. Il ne cherche plus la thèse et à peine le sujet.

Ainsi ni le défaut d'intensité dans l'action, ni le défaut d'unité dans l'intérêt n'empêchent le public, du moins celui que nous avons observé à maintes reprises à l'Odéon, d'être tour à tour diverti, ému, charmé par *Shylock*.

Nous en concluons que le grand public est prêt

à faire à Shakespeare toutes les concessions nécessaires.

Bien entendu, nous ne comptons pas parmi celles-là l'*euphuisme* et les gravelures, toutes les plaisanteries à la glace et au poivre du texte, et tout ce que nous demandent les *Shakespearomanes*. Nous espérons, comme George Sand, que nul ne songera à les traduire en scène. On ne saurait être sur ce point plus shakespearien que les Anglais qui expurgent fort leur poète. Et pourtant, par ce temps de théâtre libre, il ne faut jurer de rien !

En tous cas, M. Haraucourt me paraît avoir été dans ce sens, avec une hardiesse heureuse et une grande habileté dans les *équivalents*, jusqu'à l'extrême limite de ce que le grand public peut supporter. Et remarquez que je ne fais pas allusion à ce que les clowns débitaient pour les matelots, les artisans et tous les *groundlings* du parterre du Globe, mais à certains propos des jeunes filles.

Il n'y en a guère dans Shakespeare (et je renvoie les curieux, pour plus ample information, à l'original de cette Béatrix dont vous avez applaudi tant et si justement les marivaudages expurgés dans *Beaucoup de bruit pour rien*), il n'y en a pas, non, pas même Ophélie, qui ne soient atteintes à quelque degré de cette maladie spéciale de la langue qui s'accorde avec l'innocence du cœur et que nous autres médecins, comme dit Sganarelle, nous appelons la *coprolalie*. Eh ! oui, les jeunes filles de Shakespeare ressemblent en cela aux demoiselles Benoîton ! Il leur arrive trop souvent d'ouvrir la bouche pour jeter non une grenouille, mais hélas ! comme dans Perrault, un crapaud, un vrai crapaud. Il est temps de nous arrêter.

Qu'aura gagné le public à toutes ces concessions faites et à faire ? Goûtera-t-il aux drames et aux comédies de Shakespeare le plaisir qu'elles donnent tous les jours à des millions d'hommes en Angleterre, en Amérique et en Allemagne ?

Vous en êtes tout à fait incapables pour la comédie au moins, nous déclarent à l'unisson nos voisins d'outre-Rhin. « Vous comprenez le soleil, nous dit Heine, mais vous ne comprendrez jamais la lune. » La lune ! c'est-à-dire le clair-obscur, le demi-vu, le voile nécessaire à l'objet poétique.

Quelle calomnie ! Voyez le deuxième et le dernier tableau de *Shylock !* Dans ce cadre, ne goûterait-on pas les ballades de Mürger et de Gœthe, et *Hermann et Dorothée*, et toute la poésie lunaire ?

Secouez « vos petites têtes raisonneuses », ajoute ce terrible Heine, vous ne verrez goutte dans les comédies de Shakespeare.

Cet arrêt m'a rendu très perplexe, car je voulais essayer de bonne foi de vous donner quelque idée des comédies de Shakespeare.

Molière a dit : « Ne faites pas de raisonnement pour vous empêcher d'avoir du plaisir » ; mais il n'a pas défendu, surtout par ce temps d'exotisme et de littérature européenne, de faire des raisonnements pour arriver à goûter un plaisir nouveau, la musique de Wagner, les romans russes, ou le théâtre de Shakespeare. Voltaire lui-même l'eût permis : « Nous savons que chacun a son goût, écrivait-il en 1764 ; nous regardons tous les gens de lettres de l'Europe comme des convives qui mangent à la même table ; chacun a son plat, et nous ne prétendons dégoûter personne. »

Au fait, me suis-je dit, si les Allemands comprennent et si nous ne comprenons pas, serait-ce, comme dit Wagner dans *Caliban*, celui de M. Renan (que l'on jouera peut-être quelque jour ici, et ce jour-là le public sera mûr pour les comédies de Shakespeare), serait-ce parce qu'ils professent l'Esthétique et la Pédagogie ? Mais, pour cette fois, la pédagogie me paraît hors de cause ; restait l'esthétique. Rapprochons donc, me dis-je résolument, nos petites têtes raisonneuses des grosses têtes métaphysiques d'outre-Rhin, de la plus grosse de toutes, de cet Hegel, théoricien de la comédie fantaisiste, par lequel jurent tous les Shakespearomanes.

J'ouvris donc son Esthétique, chapitre de la comédie, et puis chapitre de l'amour et puis... et puis j'y lus ceci que je livre à votre sagacité, elle n'aura jamais eu une meilleure occasion de s'exercer : « Le comique est, en général, la personnalité qui met en contradiction ses actes et les détruit par eux-mêmes, mais n'en reste pas moins calme et sûre d'elle-même. La comédie a donc pour base et pour commencement ce par quoi la tragédie peut finir, c'est-à-dire la sérénité de l'âme absolument conciliée avec elle-même, qui, lors même qu'elle détruit sa volonté par les propres moyens qu'elle emploie et se porte préjudice à elle-même, ne perd pas sa bonne humeur pour avoir manifesté le contraire de son but. » (Eh bien ! elle a de la chance.) D'où Schlegel conclura que Molière manque de base poétique, et c'est ce qui fait que votre fille est muette.

Mon angoisse croissait. Ne vous avais-je signalé de si graves concessions à faire à Shakespeare (à Shakespeare seulement !) que pour vous offrir un grand peut-être, un venez-y voir, comme on disait jadis ou, comme on dit aujourd'hui, pour vous laisser avec moi le bec dans l'eau ? Je m'adressai à des philosophes de profession et je leur soumis le texte sibyllin et tous ceux qui l'entourent, sans l'éclaircir. Ils étaient Français, point du tout assembleurs de nuages, et me répondirent qu'ils ne comprenaient pas. J'ouvris un traducteur excellent, celui que je vous ai cité, un philosophe de marque. Justement il commentait les passages de Hegel relatifs à la comédie. J'étais sauvé ! hélas ! il avouait qu'il les avait traduits sans les comprendre. J'étais perdu.

Décidément, me dis-je, Shakespeare ne saurait être plus obscur, et je le rouvris. Je tombai sur le passage où Puck, à la fin du *Songe d'une nuit d'été*, dit aux spectateurs : « Ombres que nous sommes, si nous avons déplu, figurez-vous seulement (et tout sera réparé) que vous n'avez fait qu'un somme pendant que ces visions vous apparaissaient. » Et puis il me semble que Puck continuait à peu près en ces termes :

« Brave public français, ta bonne volonté me plaît et je te dois une explication en échange de tes concessions. Tu as accueilli ma sœur, la muse tragique de Shakespeare, avec une grande indulgence pour ses extravagances, comprenant bien que, comme celle d'Ophélie, elles n'étaient que propos de vierge folle, et tu as répété avec Laërte : « Mélancolie, affliction, enfer même, elle donne à tout je ne sais quel charme, je ne sais quelle grâce. » Tu as fait un effort méritoire pour goûter le *Songe d'une Nuit d'été ;* tu as fait un demi-succès au *Soir des Rois,* un succès complet à *Beaucoup de bruit pour rien :* il y a progrès. Je viens t'en remercier en personne, moi, le lutin comique de Shakespeare,

> Plus fou qu'Ophélia de romarin coiffée,
> Plus étourdi qu'un page amoureux d'une fée.

» Il est loin le temps où un de tes poètes disait : Il ne manque à Shakespeare, un des rois littéraires de l'Europe, que quelques toises carrées au coin de la rue Saint-Honoré et de la rue de Richelieu. Aujourd'hui je n'ai dans Paris que l'embarras du choix. Galerie Vivienne, ma *Tempête* a pour interprètes la prose rythmique et fidèle et les vers ailés de M. Maurice Bouchor ; c'est bien tentant, en y joignant la mobilité idéale des décors sur une scène minuscule et les roideurs naïves des marionnettes. Place de l'Opéra, bien mieux que chez moi au temps de Davenant et de l'*Ile des fées*, on m'offre une musique parfaite, les trucs prestigieux qui font évanouir les décors devant les yeux émerveillés, comme on efface une buée sur une vitre, et, ce qui est bien quelque chose, les souplesses savantes du corps de ballet. Mais c'est place de l'Odéon que je trouve réuni dans un accord parfait tout ce que j'aime. On m'y invite et on m'y interprète avec conviction et art ; on m'y peint les décors que j'ai rêvés ; on m'y fait la musique invisible d'Ariel; tout un cœur de poètes m'y tend sa lyre, sachant bien que je leur donnerai le *la* et qu'ils seront tous à l'aise avec moi, jusqu'aux symbolistes. C'est là que je t'invite, mais pas de malentendu !

» Ne me demande pas de graver dans mes comédies des caractères abstraits à la manière de ton grand Molière ; je ne crée que des individualités concrètes, des êtres ondoyants et divers. N'y cherche pas trop les peintures de mœurs : je croque au passage, comme dans la *Mégère apprivoisée* ou les *Joyeuses commères de Windsor*, mais je ne date guère. Ne me demande pas d'intrigues, je me suis mis à l'école des Italiens, comme ton

Molière, mais j'ai été un médiocre élève, témoin ma comédie des *Méprises*. Je ne sais pas filer des scènes, et, de peur de m'embrouiller, je m'évade comme dans le *Conte d'hiver*. Je promène mes personnages au bout d'un cheveu, comme l'ange d'Habacuc. Cela bien entendu, suis-moi et tu goûteras un plaisir nouveau, et tu échapperas aux réalités oppressives de ce pessimisme qui te donne le cauchemar, pour t'envoler au pays des songes bleus.

» Ce pays, c'est la comédie de Shakespeare. Il a des frontières très vagues ; on y voit des ports en pleine Bohême : il n'a pas de nom, c'est *Comme il vous plaira*. Là, on trouve des forêts merveilleuses, des cavernes, des déserts, et des îles enchantées, où l'on fuit toutes les tyrannies et toutes les iniquités sociales, pour goûter délicieusement l'état de nature qui prêchait ton Rousseau ; où la clémence désarme la haine, où les frères ennemies se réconcilient. Les hôtes de ce pays prolongent l'échelle des êtres au-dessus et au-dessous de l'homme, depuis ceux que rêva l'imagination celtique et qui ont servi d'exquis symboles à ton cher renanisme, jusqu'à ceux que te révèle Stanley ; depuis Ariel, fils de l'air, jusques à Caliban, fils de la terre, en passant par les simples imbéciles, comme Bottom.

» Entre ces deux extrêmes tu verras s'agiter toute une humanité semblable à toi. Tu y retrouveras des ambitieux comme Macbeth, des jaloux comme Othello et des mélancoliques comme Hamlet, mais guéris, à la fin, de leur frénésie par les dictames d'une saine philosophie.

« Je te recommande surtout mes amoureux légers à chevaucher un fil de la Vierge, et mes amoureuses qui courront après leurs galants sous de si espiègles travestis : *Peines d'amour perdues* ou *Peines d'amour gagnées*! Ils te joueront la vie, « ce rêve d'une ombre » comme Pindare l'avait appelée avant moi, sous toutes les espèces définies par ce bon Polonius, « en tragédie, en comédie, en drame historique, en pastorale, en comédie pastorale, en pastorale historique, en tragédie historique, en pastorale tragico-comico-historique, pièces sans divisions ou poèmes sans limites ».

« Au dénouement je réunirai les amants, les époux, les frères séparés, je ressusciterai les morts chéris, et mon dernier mot sera : Tout est bien qui finit bien.

» Après avoir senti entre temps l'ironie douce-amère des faits, tu trouveras dans cet optimisme final *ces suaves oublis de la lutte pour la vie* dont parle le poète latin. Il t'apparaîtra, cet optimisme, comme le sens suprême des choses d'ici-bas, et peut-être comme le reflet sur elles des mystères de l'au-delà. Tu pourras y rêver. En tout cas tu pourras philosopher à l'aise sur le grand creux de tout, hormis de l'amour, et répéter avec mon dernier poète en date :

> Ainsi va la vie et va la fortune,
> Des chansons aux pleurs, des pleurs aux baisers...
> Mais qu'un vent d'amour passe où vous passez,
> Voilà tout à coup les pleurs apaisés,
> Et c'est une chanson qui danse au clair de lune
> Entre deux baisers.

» Je te l'assure en finissant : tu es à la veille, bon public français, de goûter et même de comprendre tout cela, tes poètes, musiciens, acteurs et décorateurs aidant. Rassure-toi surtout, quoi qu'on te dise à l'est ou au nord, non ! tu n'es pas en face de la muse de Shakespeare, comme le rustre Bottom avec sa tête d'âne en face de Titania. »

Mesdames et Messieurs, ainsi parla Puck ; ainsi soit fait, pour l'honneur et le plaisir du public français, et aussi, je l'ajoute malgré lui, pour la récompense de M. Porel.

LE CID[1]

Corneille et le théâtre espagnol

Mesdames, Messieurs,

On m'a prié, à la dernière heure, d'avancer mon tour de parole, en me substituant à M. Parigot, à qui une indisposition subite enlève le sien. Les sentiments de sympathie et de reconnaissance que je professe personnellement pour l'organisateur de ces conférences et pour le public qui les suit, me commandaient d'accepter ce périlleux office. Vous y perdez un début, vous y gagnez une improvisation : je crains bien qu'il n'y ait pas compensation. Aussi solliciterai-je votre indulgence, en vous priant de considérer que moi aussi, comme mon sublime auteur, j'ai été prisonnier de la règle des vingt-quatre heures.

Mesdames, Messieurs,

Je me suis aperçu trop tard que le *Dépit*

---
1. Odéon, 14 mars 1889.

amoureux devait accompagner aujourd'hui le *Cid*.

Quel joli sujet ! et neuf ici, que ce lieu commun du cœur et de tous les théâtres, dont Baron trouvait déjà la formule dans le vieux Térence :

Les piques des amants renouvellent l'amour !

que Molière a hérité des Italiens, traité deux fois au moins et transmis à Marivaux, qui en vivra ! J'ai beau jeu en vous donnant à entendre que je vous eusse dit là-dessus de bien belles choses à loisir, car je n'en dirai rien. A tout seigneur, tout honneur : je vais vous parler de la tragi-comédie du *Cid*.

Il est convenu que je dois seulement vous préparer à bien entendre la pièce ; que, si je réussis à créer dans cette salle, chez tous les spectateurs, une disposition préalable à être agis par Corneille, ou, comme on dit de ce côté-ci de la rampe, si je vous mets au point voulu pour que tous les effets *portent* pleinement, j'aurai rempli mon office de conférencier. Mais je ne suis tenu qu'à cela et je reste maître de choisir mes voies et moyens, quitte à vous les faire accepter. Vous allez voir que toutes ces précautions oratoires sont ici fort nécessaires.

En effet, sur la valeur absolue du *Cid*, tout a été dit, et ici même par M. Jules Lemaître : je vais donc vous entretenir de sa valeur relative. M. Jules Lemaître vous a ravis avec lui dans cette région, entre ciel et terre, où se meuvent les fougueux et charmants héros du *Cid*, les plus humains parmi tant d'êtres de raison que Corneille a tirés plus souvent de sa tête que de son cœur ; je me placerai humblement sur le terrain solide de l'histoire littéraire. J'examinerai en quoi le *Cid* fut une si grande nouveauté à tous les égards, ce qui m'amènera à conclure, par quelques réflexions, sur l'accueil qu'il reçut.

La question principale que je veux traiter a été posée par Voltaire avec une netteté qui vaut presque une solution, quand il a écrit, à propos du *Cid :* « L'art était inconnu à tout le monde... l'art qui consiste principalement dans les combats du cœur. »

L'*art était inconnu à tout le monde :* Est-ce bien sûr ? Il l'était en France, c'est évident pour quiconque a lu par métier, ou simplement entrelu, par une curiosité méritoire, ces élégies déclamatoires, ces monstres dramatiques, ineptement réguliers, « ces tragédies à outrance », comme les appelle spirituellement M. Emile Faguet, auxquelles Mairet, dans ses factums, veut ramener la saine admiration « des honnêtes gens » (*sic*) dépravée par le *Cid*, et en tête desquelles il place naturellement la sienne, sa *Sophonisbe*. Passons : aussi bien, là-dessus encore tout a été dit.

Mais, en Espagne, d'où nous vient le *Cid*, où en était l'art ? De quoi Corneille est-il exactement redevable à Guillem de Castro et aux autres ?

Ce point a été plus agité que traité, puisque certains ardélions de la critique criaient récemment encore au plagiat, et qu'un grave historien de la littérature, lord Holland a pu soutenir de bonne foi, que, sans les Espagnols, Corneille n'eût rien conçu qui approchât du *Cid* et du *Menteur*, ce qui impliquait à ses yeux que ni Racine n'eût écrit *Andromaque*, ni Molière le *Misanthrope*. Pour liquider une bonne fois notre plus grosse dette envers l'Espagne, passons les Pyrénées, à la suite de l'auteur du *Cid*.

D'après un passage fameux des *Recherches sur les théâtres de la France*, c'est un compatriote de Corneille, M. de Chalon, qui l'aurait mené droit à Guillem de Castro. J'ai deux raisons pour n'en croire là-dessus ni Beauchamp ni Voltaire. J'espère, en effet, vous prouver tout à l'heure que Corneille choisit Guillem de Castro, après mûre réflexion. Et ma seconde raison pour refuser à M. de Chalon l'honneur de lui avoir révélé les Espagnols, c'est qu'il me semble revenir de droit à Rotrou. Comment admettre, en effet, que l'auteur des *Occasions perdues*, qui avait, antérieurement au *Cid*, tiré directement cette tragi-comédie et deux comédies de Lope de Vega et se préparait à puiser à pleines mains dans Francisco de Rojas, Cervantès, etc..., ait fait mystère de ses sources à son ami intime ? Nous tomberons d'accord si vous voulez que M. de Chalon, qui avait été, à la suite de la reine-mère, témoin de la magnifique efflorescence du théâtre au delà des monts, en entretint Corneille, enflamma par ses récits sa curiosité déjà éveillée sur ce point et lui donna le moyen de la satisfaire, en lui apprenant l'espagnol.

Imaginez, en effet, ces entretiens où Corneille apprenait que l'on comptait, dans la seule ville de Madrid, 40 troupes d'acteurs, 300 dans les provinces, et plus de 30 auteurs en renom. Avec quelle avidité et quels retours chagrins sur sa propre situation de « garçon poète » du Cardinal, il devait questionner son interlocuteur sur ce Philippe IV, qui se mêlait de théâtre, comme le ministre de sa sœur Anne d'Autriche, et faisait sans doute, lui aussi, selon une malicieuse expression de Voltaire, « laver le linge sale de Sa Majesté » par d'autres ; mais à quel prix ! témoin la faveur du jeune Calderon, fournisseur attitré du théâtre et impressario des fêtes du Buen-Retiro. Corneille devait surtout se faire conter les aventures et la prodigieuse fortune de ce fameux Lope de Vega Carpio qui traînait sur ses pas, dans les rues, une foule idolâtre et qui avait vu un jour ce culte public consacré par le roi mettant pied à terre sur son passage pour le saluer, à la face de tous. Et il se répétait :

Le théâtre est un fief dont les rentes sont bonnes.

Pour apprendre à l'exploiter, il alla tout droit, je n'en doute pas, au maître des maîtres, au grand Lope.

Qu'y trouva-t-il? Une mêlée de personnages, brillante mais un peu confuse, comme celle des *chansons de geste*, d'où la meilleure partie de ce théâtre est sortie directement; et dans cette foule bigarrée et tumultueuse, des faces passionnées, des gestes expressifs, quelques acteurs qui s'en détachent pour nous jeter, en passant, la confidence déclamatoire ou quintessenciée du sentiment qui les agite, sans que jamais on ait le temps d'entrer assez avant dans cette confidence. On voudrait les arrêter, les interroger, les voyant si émus, mais ils sont trop pressés, ils courent avec une fougue irréfléchie à une situation où l'auteur a placé le fort de l'intérêt et qui, elle-même, sera aussitôt brusquée que posée, sans être jamais *filée*.

La faute en est à l'ardeur plus que méridionale de leur tempérament d'Arabes-Andalous. Chez eux la passion ne naît pas, elle éclate ; elle ne les traîne pas à l'action à travers de pathétiques débats avec leur volonté, comme dans le théâtre de Shakespeare : elle les y jette avec la brusque détente d'un ressort. Un sentiment d'une violence irréductible opprime tous les autres quand il entre en scène, et étouffe presque immédiatement toute velléité de résistance chez ceux qu'il tyrannise : c'est l'honneur, le grand protagoniste de tout le théâtre profane des Espagnols. L'intransigeance du point d'honneur, voilà ce qui constitue le caractère profondément national de ce théâtre et implique la monotonie de son pathétique et la furie de son action.

Tous ces héros ont pour devise, comme Mudarra le Bâtard, l'ancêtre de Rodrigue, lequel maniera si vaillamment son lourd espadon : « L'honneur fait appel à la colère, la colère au bras, le bras au poignard. » Aussi vont-ils vite en besogne et peuvent-ils se vanter, comme le cavalier d'Olmedo, d'être « des hommes qui ont pour langue une épée ». On ne s'en aperçoit que trop à leur manière de trancher les situations.

C'est ici que Corneille intervient, et pour son coup d'essai veut un coup de maître.

Sans se laisser éblouir par tant d'épisodes romanesques et parasites, par ce vagabondage à travers le temps et l'espace, par la fantasmagorie des décors et par les arabesques du style, il va droit au pathétique de ce théâtre, en démêle le vice radical et entreprend de l'amender par une vue de génie qui sera son plus beau titre de gloire.

A cet honneur despotique, il cherchera un adversaire et il le trouvera, par exemple, dans l'amour, ou dans un devoir supérieur. Il n'établira pas cet antagonisme de sentiments entre les divers personnages, — Lope et surtout Calderon l'avaient fait dans une certaine mesure, — il en placera le théâtre dans le cœur même de chacun des principaux personnages et tout sera changé.

Ces types fixes du théâtre espagnol, dont chacun incarne un sentiment, l'honneur, l'amour, la haine, qui se choquent les uns contre les autres, avec l'élan rectiligne et aveugle des taureaux de leurs cirques, deviendront des hommes de cœur et de tête, et hélas ! ondoyants et divers. La marionnette héroïque aura désormais une âme délibérante. L'action se transformera, son centre se déplacera : d'instinctive et tout extérieure qu'elle était, elle deviendra consciente et psychologique. Les plateaux de la balance peuvent osciller au poids de chaque motif passionnel, sans se déséquilibrer, car la raison réglera désormais l'amplitude de leurs oscillations. La raison raisonnante élevant sa voix dans le tumulte des passions, voilà la trouvaille de Corneille.

Grâce à elle il créa et régla « ces combats du cœur » qui sont proprement l'art, suivant le mot de Voltaire, dont j'ai pris texte plus haut. En d'autres termes, à l'effervescence castillane, à l'exaltation native du sentiment de l'honneur, Corneille allia la raison française, comme on corrige l'âpreté fumeuse des vins d'Espagne avec quelques gouttes de clairet de France.

Or, de toutes les pièces espagnoles que je connais, aucune ne se prêtait mieux que la *Jeunesse du Cid*, par Guillem de Castro, à l'adaptation que rêvait Corneille. Et d'abord cet auteur, quoiqu'il appartînt à la vaillante école de Valence, qui avait jadis levé contre les classiques l'étendard du romantisme et avait eu l'insigne honneur d'éveiller le génie de Lope de Vega, n'était qu'un médiocre.

Or, en littérature, comme on l'a dit depuis longtemps, on n'hérite que de ceux qu'on tue, et l'on ne tue que les médiocres. Remarquez en outre que toutes les situations du *Cid* français, sauf la seconde entrevue de Chimène et de Rodrigue, sont dans l'original espagnol : il ne restait donc plus qu'à faire parler ces situations conformément aux lois de la psychologie dramatique que nous avons définie plus haut. Pour y avoir réussi, Corneille se trouve n'être pas plus redevable à Guillem de Castro, que l'auteur d'une musique sublime ne le serait à l'auteur d'un livret médiocre, moins encore s'il se peut.

Voltaire, dont j'aime à citer le commentaire trop dédaigné, a dit joliment que Corneille trouva sa voie dans Guillem de Castro « comme on découvre un sentier couvert de ronces et d'épines ». Mais Voltaire en parlait un peu par ouï dire : allons-y voir. Un simple rapprochement des deux amants, avec leurs modèles espagnols, suffira à la clarté d'une démonstration qu'il serait aisé de poursuivre dans le détail.

Voici l'original des stances du *Cid* traduites autant que possible, avec les propres termes de Corneille. Vous voyez que je ne triche pas.

Je suis anéanti par la douleur. O fortune ! est-ce une réalité ? Ton inconstance, quoique ce soit-là de tes jeux, s'est exercée aux dépens de mon bonheur, de telle façon que j'ose à peine y ajouter foi. Ta cruauté a-t-elle pu permettre que mon père fût l'offensé, ô peine extrême ! et que l'offenseur fût le père de Chimène ? Que faire ! sort funeste ! lui, c'est l'âme de ma vie... Que faire ? terrible perplexité! elle, c'est la vie de mon âme !... Je voulais, confiant dans la destinée, unir mon sang au sien, au sien que je dois verser. Peine affreuse! Je dois tuer le père de Chimène. Mais ce retard offense l'honneur auquel je me dois tout entier...

Et c'est tout, à peine une hésitation glacée encore par une subtilité, une *aguzeda* à la Gongora ; et le reste n'est qu'une rodomontade de Fier-à-Bras tout à fait déplacée. Examinez, au contraire, les stances de Rodrigue qui engagent si à fond « le combat du cœur », nouent si fortement l'action psychologique. Sur les six strophes qui les composent, quatre sont employées à tenir incertaine la lutte de l'amour et de l'honneur. La proportion des développements relatifs à l'amour et à l'honneur est donc exactement inverse.

Le Cid espagnol est un fanfaron. Ayant battu un roi maure, sûr de l'impunité, il vient braver Chimène sous ses fenêtres et s'amuse à lui tuer ses colombes. Que dis-je? Il fait le plaisantin. C'est lui qui, pour agacer son amante, ayant fait courir le faux bruit de sa mort, persifle ainsi ses dupes.

LE ROI. — Quel est l'auteur de ces fausses nouvelles ? où est-il ?

RODRIGUE. — Ces nouvelles étaient très vraies, au contraire ; remarquez-le bien : tout ce que j'ai fait annoncer c'est que d'Aragon un chevalier venait pour offrir en hommage à Chimène la tête de Rodrigue devant vous et en présence de votre cour. Or ce sont là toutes choses bien vraies, car je viens d'Aragon, et je ne viens pas sans ma tête. Pour celle de Martin Gonzales (le don Sanche espagnol), elle est là, dehors, au bout de ma lance ; mais celle-ci, je la présente en ce moment à Chimène. Elle n'a point dit dans sa proclamation si elle la voulait ou vivante, ou morte, ou coupée, etc.

6.

C'est sans doute ce que l'Espagnol appelait nuancer son personnage. Quel contraste avec la mélancolie du Cid cornélien qui lui sied si bien, et qui lui donne un air de famille avec ce « Roland français » dont le nom se retrouve dans la pièce espagnole et dans la préface de la française? Rodrigue semble même avoir parfois *l'air fatal* d'un Hernani ou d'un Antony : témoin ce vers :

Où viens-tu, misérable ! —
Suivre le triste cours de mon sort déplorable.

A noter aussi ce cri de faiblesse humaine après la crise d'héroïsme :

Ce que je vous devais, je vous l'ai bien rendu...

En comparant la justesse et la science de ces touches aux mollesses et aux bigarrures de l'original, n'est-on pas tenté de traiter l'Espagnol de barbare ?

Dans Chimène pareille métamorphose : ce qui l'anime chez Guillem de Castro, c'est avant tout ce point d'honneur, — si puissant au delà des monts, que, dans la pièce la plus populaire de Lope de Vega, la *Mozza de Cantaro*, on voit la fille d'un vieux gentilhomme souffleté par un prétendant évincé, pénétrer dans la prison de l'insulteur et le poignarder elle-même, aux applaudissements frénétiques du public de *mosqueteros*. — Son amour n'est que galanterie : dans ses tristesses on ne saurait voir que des dépits. Notez au contraire l'habileté des préparations chez Corneille.

Et dans ce grand bonheur je crains un grand revers.

Dès qu'elle doit parler sur la situation, comme le rôle se pose :

S'il ne m'obéit point, quel comble à mon ennui !
Et s'il peut m'obéir, que dira-t-on de lui ? etc...

Et quelles oscillations pathétiques au courant de l'action :

C'est peu de dire aimer, Elvire, je l'adore, etc..

Quels cris de l'âme dans cette apostrophe à don Sanche, son vengeur qui rappelle celle d'Hermione à Oreste :

Perfide, oses-tu bien te montrer à mes yeux !... etc...

jusqu'à cette péripétie du cœur, la plus sublime qui soit au théâtre :

Puisque pour t'empêcher de courir au trépas... etc...

Pour toucher au comble de l'art et du lyrisme dramatique, Corneille n'eut plus qu'à rapprocher ses deux héros, et à noter les harmonies de ces deux âmes rythmées par le flux et le reflux de l'honneur et de l'amour.

« J'ai remarqué, dit-il, aux premières représentations, qu'alors que ce malheureux amant se présentait devant elle, il s'élevait un certain frémissement dans l'assemblée qui marquait une curiosité merveilleuse... » Ah ! ce brave parterre, il faut le remercier : comme il vengeait Corneille de ses critiques et comme il vibrait ! Pensez donc, il était debout, c'est-à-dire libre de manifester. Nos manifestations, à nous, spectateurs assis, sont numérotées ; la responsabilité en est inévitable et cela paralyse les plus beaux élans ; mais, dans le parterre debout, s'était-on laissé entraîner à quelque accès un peu vif d'admiration ou d'improbation, craignait-on le « Holà ! », vite un plongeon dans cet océan de têtes, un remous, l'on disparaissait, et l'impersonnalité des juges du parterre était sauvée. On pourrait en essayer pour la sincérité des premières, cabales à part, bien entendu. — Donc le parterre était en proie à une « curiosité merveilleuse ». Qu'attendait-il ? *La scène à faire*. Il l'attendait depuis quatre-vingts ans. Aussi Corneille par un prodige de maîtrise, et de complicité avec son auditoire, si je puis ainsi dire, la lui fit-il deux fois.

Vous allez l'entendre une fois de plus, cet incomparable duo qui date de deux cent cinquante-trois ans ! M. Jules Lemaître a raison, le *Cid* est à la fois la plus vieille et la plus jeune de nos tragédies ! Quelle ivresse croissante d'héroïsme et d'amour, tandis que les deux malheureux amants se sentent assez purifiés par le sacrifice pour oser s'attendrir et écouter un moment leur cœur battre quand même à l'unisson :

RODRIGUE

O miracle d'amour !

CHIMÈNE

O comble de misères !

RODRIGUE

Que de maux et de pleurs nous coûteront nos pères !

CHIMÈNE

Rodrigue, qui l'eût cru !

RODRIGUE

Chimène, qui l'eût dit !

CHIMÈNE

Que notre heur fût si proche et si tôt se perdit.

RODRIGUE

Et que si près du port, contre toute apparence,
Un orage si prompt brisât notre espérance ?

CHIMÈNE

Ah ? mortelles douleurs !

RODRIGUE

Ah ! regrets superflus...

Cela est harmonieux comme le duo de Raoul et de Valentine, poétique comme *Hernani*, pathétique comme *Roméo et Juliette*, et beau... comme le *Cid*.

Pour le coup, il n'y a rien d'analogue dans Guillem de Castro. Voilà ce qui était extraordinairement nouveau, comme le comprit le premier de tous, après l'auteur, son ami, Mondory, un directeur intelligent : — il y en eut de tout temps. — Car pour l'éclat extérieur du style, sa fluidité, ses brusques fiertés et ses fanfares, Mondory en avait déjà acclamé les prémices et nous pourrions en montrer sans subtilité l'équivalent en valeur absolue, dans nombre de passages de l'*Illusion comique*, à la flamme intérieure, c'est-à-dire à la vérité près. Mais cette fois, Corneille était allé, suivant sa propre expression, « droit aux mouvements de l'âme dont la nature ne change point. »

Avec une naïveté sublime il crut devoir faire honneur de cette révélation à Aristote. Il ne lui en était pas plus redevable qu'aux Espagnols.

Mais si, du côté de l'art, il ne relève que de son génie, il apprit, en trafiquant, comme il dit, au delà des monts, une bonne part du métier et notamment la science de l'intrigue.

Il n'en faut pas faire fi.

Au fond, que venons-nous chercher au théâtre? La satisfaction idéale de ce besoin d'être et d'agir qui est en nous, que la banalité de la vie ne satisfait pas et qui nous tourmente, quand il reste inassouvi. Or si le spectacle d'une action psychologique et consciente satisfait pleinement cette impérieuse tendance à « être et à persévérer dans l'être », comme disent les philosophes, on ne saurait nier qu'un certain fracas extérieur de l'action et les enlacements de la trame ne préparent puissamment cette satisfaction, et parfois même n'y puissent suppléer.

Qu'est-ce que Shakespeare par exemple n'eût pas gagné à se mettre à l'école des Espagnols? Corneille, il est vrai, n'y alla que trop, et, dans l'estime exagérée qu'il professera pour ce qu'il appelle « l'industrie », on pourrait aisément montrer la cause principale de son obstinée décadence. Il eût pu répéter avec son héros en s'adressant à ses modèles :

> Ce que je vous devais, je vous l'ai bien *payé* !

Mais, dans le *Cid*, il se tint sur ses gardes. Sans doute il sut profiter de toutes ces adresses du dialogue, de ces cris de la situation, de ces prises d'assaut du sujet, qui, comme le : « Sire, sire, justice ! » ont leurs modèles ou leurs équivalents dans l'original espagnol ; mais avec quelle sûreté magistrale, il élagua les personnages et les épisodes parasites ! et en cela encore il fit école.

Ne pourrait-on montrer, en effet, qu'*Andromaque* doit beaucoup au *Cid* du côté de l'action et même du pathétique ? C'est le même quadrille d'amoureux, « la partie carrée », comme dit fièrement l'auteur d'*Othon*. Le *patito*, don Sanche, est tout prêt à jouer les Orestes. Les mouvements du cœur d'Andromaque, comme ceux de Chimène, donnent le branle à l'action et la rythment. Il est vrai qu'il y avait du chemin à faire pour passer de l'Infante à Hermione, mais l'honneur de Racine est de l'avoir fait ; et puis Chimène le mettait sur la voie. C'est dans le *Cid* plus qu'ailleurs, n'en doutez pas, notamment dans les entrevues des deux amants, que Racine a vu briller le trait de lumière qui dissipa ce qu'il appelle « le chaos du théâtre avant Corneille ».

Nous en avons dit assez, croyons-nous, pour prouver qu'avec le *Cid* la tragédie psychologique était constituée, sous le rapport du fond et de la forme, que Corneille avait trouvé ce qui avait arrêté Lope de Vega et Calderon au seuil de la perfection, malgré tout leur génie, cette science scénique des « combats du cœur », d'où Racine tirera tout son théâtre. Voilà pourquoi Corneille, n'eût-il fait que le *Cid*, serait encore, par droit de conquête, le dernier et le plus grand des dramaturges espagnols et, par droit d'invention, le premier et le plus grand des tragiques français ; et voilà pourquoi le *Cid* fut une merveilleuse nouveauté.

Sur l'accueil qu'elle reçut je n'entrerai dans aucun détail anecdotique. Les excellentes éditions que l'on donne aujourd'hui de nos chefs-d'œuvre dramatiques, ne vous laissent rien ignorer d'intéressant sur l'histoire de chacun d'eux, et justement le *Cid* a eu cette bonne fortune, qu'il méritait si bien, de susciter, entre autres, deux éditions qui sont les modèles du genre, celles de MM. Larroumet et Hémon ; je vous y renvoie. Mais les critiques que suscita le *Cid*, à son apparition, provoquent des réflexions qui compléteront ce point de vue historique auquel je vous ai invités à vous placer, pour vous préparer à en mieux goûter la représentation. Je n'en relèverai que deux : le reproche d'irrégularité et celui d'immoralité.

Tous deux vinrent de haut. Richelieu, après

avoir fait parodier clandestinement le *Cid* par ses marmitons, s'avisa de le faire censurer officiellement par l'Académie. La docte assemblée ne pouvait que s'exécuter. Eh bien, je le déclare franchement, je me sens plein de sympathie pour ce manifeste de l'esprit classique en 1637.

Remarquez d'abord que l'Académie releva dans la pièce « un agrément inexplicable qui se mêle à tous ses défauts ». Il est vrai qu'elle chicana Corneille, au nom des règles. Eut-elle tort ? Je suis convaincu du contraire et ici je me heurte à une opinion fameuse de Schlegel.

Si l'on en croit ce critique, la soumission de Corneille aux règles, c'est le péché originel de notre théâtre. Que l'auteur du *Cid* se fût révolté, et tout prenait une face nouvelle. Nous échappions à la tragédie pseudo-classique ; nous étions délivrés des Grecs et des Romains ; l'ère du romantisme s'ouvrait en France deux cents ans plus tôt ; et là-dessus le critique allemand nous forge un théâtre national qui eût été la merveille des merveilles. J'ai des doutes.

Et d'abord n'est-ce pas une manière d'insinuer que tout notre théâtre classique est un anachronisme et un vaste avortement ? Et puis ces prophéties rétrospectives, bonnes tout au plus en polémique, sonnent un grand creux en critique. Pour moi, je me déclare aussi incapable de disserter sérieusement sur ce qui fût advenu, dans l'hypothèse captieuse de Schlegel, que de deviner ce qu'eût fait Victor Hugo, passant avec armes et bagages dans le camp des classiques, après *Hernani*. Je vois assez bien ce que nous y eussions perdu, et que rien n'eût remplacé dans le trésor de l'esprit humain ; mais je ne démêle pas ce que nous y aurions gagné. Je me borne à vous faire remarquer, avec d'autres, que Corneille n'a jamais fait que ce qu'il a voulu et que par conséquent son adhésion aux règles a été très réfléchie et moins passive qu'il ne plaît à dire. Ne s'est-il pas complu lui-même, tout en notant les irrégularités du *Cid*, à compter ce premier et cher chef-d'œuvre parmi ses pièces régulières ?

J'irai plus loin, soutenu par les faits. Je n'hésite pas à dire que tout cet effort romantique, cher à Schlegel, fut tenté et que la résistance eût été aisée à Corneille s'il eût voulu en profiter. Quelle recrue pour ces « irréguliers » qui étaient légion et ne demandaient que bataille ! Ils avaient déjà lancé leur *Préface de Cromwell*, cette curieuse préface de *Tyr et Sidon*, par Fr. Ogier, dont les hardiesses théoriques ne seront pas dépassées par Victor Hugo. Sans doute la pièce réfutait la préface, mais quelle bataille d'*Hernani* on eût pu livrer sur le *Cid !* S'il en est pourtant qui déplorent la sagesse du génie de Corneille, qu'ils lisent, pour se renseigner sur la fécondité des théories de l'art libre dans les premières années du dix-septième siècle, la susdite tragi-comédie en deux journées et dix actes. S'ils résistent, je compte pour les achever, sur « les *Chastes et loyales Amours de Théagène et Chariclée*, par Alexandre Hardy, *Parisien*, en *Huit poèmes dramatiques* », soit quarante actes.

Il me paraît certain qu'en prônant les règles plus ou moins aristotéliques sur l'action, les personnages et le style dramatiques, élaborées depuis un siècle par les pédants commentateurs d'Aristote, l'Académie contribua puissamment à faire trouver par Corneille, Racine et Molière, cette action intensive, cette psychologie scénique et tout cet art des bienséances qui sont les qualités prédominantes et distinctives de notre théâtre, et ne seraient pas facilement remplacées par d'autres. Mais la preuve nous mènerait trop loin : ajournons-la, si vous voulez, à une prochaine occasion, qu'offrira tout naturellement Shakespeare.

Il est un point, par exemple, sur lequel je ne saurais partager les sentiments de l'Académie et de ses savants inspirateurs, c'est celui de l'immoralité du *Cid*.

La thèse du *théâtre utile*, déjà bien chère à Diderot, puisque son Dorval propose de remplacer les prônes du dimanche par des « sabbats dramatiques », a été renouvelée, avec quelle dépense de talent et de conviction, on le sait, par Dumas, qui vous demande à brûle-pourpoint, à propos du *Cid* : « Voudriez-vous avoir une fille comme Chimène ? » — Ma foi, je n'en sais rien, et puis je ne suis pas venu au théâtre pour savoir ça ; et après tout, si vous me poussez, je vous répondrai : Je serais si bien pleuré ! et puis Rodrigue la rendrait si heureuse ! si heureuse ! comme dit le bonhomme Poirier.

Prenons-le de plus haut. Boileau a pu louer la douleur vertueuse de Phèdre,

> Malgré soi, perfide, incestueuse,

et il ne serait pas tenu compte à Chimène de ses alarmes et de ses atermoiements ! et c'est l'éloquent avocat de *Denise* qui trouve cette cause mauvaise ! Enfin on pourrait se contenter de répliquer, avec l'éminent auteur de *la Moralité dans l'Art*, que ce qui est beau est toujours moral et d'ailleurs n'a pas à se préoccuper de l'être. Or, il est tout de suite passé en proverbe de dire : Beau comme le *Cid*.

Mais nous soutiendrons directement que l'impression qu'on emporte du *Cid* est morale. Je vous rappelle cette opinion de Henri Heine : « Qui sait combien d'actions d'éclat jaillirent des vers tendres de Racine ? Les héros français qui gisent enterrés aux Pyramides, à Marengo, à Austerlitz, à Iéna, à Moscou, avaient entendu les vers de Racine, et leur empereur les avait écoutés de la bouche de Talma. » Mais il me semble que le plus grand recruteur de héros pour l'épopée impériale et pour celles de l'avenir fut et sera toujours Corneille. Napoléon ne s'y trompait pas, lui, quand il s'écriait : « Si Corneille avait vécu de mon temps, je l'aurais fait ministre. » Pensez en effet à la puissance de ces formules héroïques qu'on épelle dès l'enfance :

> A vaincre sans périls, on triomphe sans gloire...
> ... Aux âmes bien nées
> La valeur n'attend pas le nombre des années.

ou bien :

> Je le ferais encore si j'avais à le faire,

le mot si viril que l'on voudrait pouvoir redire après chaque crise de la vie. Ne sont-elles pas comme ces devises du théâtre grec qui volaient de bouche en bouche et composaient un bréviaire de morale pratique à l'usage de tous? Voilà ce qui « incline l'automate », selon la forte expression de Pascal ; là éclate la vraie moralité du *Cid*, et celle-là est éternelle.

On va disant qu'une bonne part de nos jeunes gens ont mal à l'âme, mal à la vie. — Que d'exceptions à ce pessimisme je connais par métier ! — Mais je ne raille pas, je respecte cette mélancolie lorsqu'elle est sincère et qu'on ne l'appelle pas d'un trop vilain nom. Ces déportements de sensibilité m'apparaissent comme une protestation contre les brutalités croissantes de l'utilitarisme. Il faut bien que la poésie se réfugie quelque part, et c'est en pareille matière surtout que la réaction est égale à l'action. Quoi qu'il en soit, je sais un remède : que ces jeunes gens aillent entendre Corneille. Ils y apprendront à ne pas abdiquer la jeunesse, et ils reconnaîtront, comme vos applaudissements vont le prouver tout à l'heure, que chevalerie, honneur, amour, cela a toujours vingt ans et est toujours français. Si je me trompe, il ne me reste plus qu'à plaindre les jeunes gens qui, en écoutant certaines scènes du *Cid* n'éprouvent pas le besoin, suivant le mot de M. de Lapommeraye, « de crier leur admiration ».

ATHALIE [1]

Et l'évolution du sentiment religieux au théâtre jusqu'à nos jours.

Mesdames, Messieurs,

Je prends pour sujet de cette causerie : *Athalie et l'évolution du sentiment religieux au théâtre jusqu'à nos jours*. D'une part, en effet, *Athalie* est le chef-d'œuvre du théâtre sacré, et d'autre part nous assistons à une sorte de renaissance artistique du sentiment religieux que l'on commence à appeler couramment *néo-chrétien* : pour la seconde fois, dans ce siècle, le génie du christianisme semble rouvrir une source de poésie. Voilà à mes yeux la double actualité de ce sujet.

A considérer, dans son ensemble, l'histoire du théâtre français, il me paraît qu'on distingue nettement quatre périodes dans l'évolution du sentiment religieux ; la première se produit du xe au

[1]. Odéon, 22 janvier 1891.

xııᵉ siècle, dans la phase orthodoxe du drame chrétien dit *drame liturgique*: nous l'appellerons la *période de foi et de contemplation*. Une seconde s'ouvre dès le xııᵉ siècle avec les *mystères* et les *miracles* et dure jusqu'au milieu du xvıᵉ siècle ; c'est la *période de foi et de naïveté dramatique*. La troisième est celle de la tragédie sacrée : elle va du milieu du xvıᵉ siècle jusqu'à *Athalie*, ou, si l'on veut franchir le grand creux du xvıııᵉ siècle là-dessus, jusqu'au *Moïse* de Chateaubriand ; c'est une *période de foi et de science dramatique*. Dans la quatrième période que nous voyons commencer de nos jours, la foi ne paraît pas être la source première de l'inspiration ; c'est une *période de foi sans objet* ou, encore, comme le disait hier M. Jules Lemaître, de *piété sans foi* ; j'ajoute : et de *naïveté savante*.

Je vais essayer de définir les principales manifestations dramatiques du sentiment religieux pendant chacune de ces quatre périodes.

Après la terreur universelle et sacrée de l'an mil, une piété ardente s'empare du monde chrétien ; un hymne de reconnaissance s'élève de toutes parts, les foules accourent dans les églises, on les agrandit, on les embellit et, comme dit un chroniqueur du temps, « le monde secoue les haillons de son antiquité pour revêtir la robe blanche des églises », cependant que :

> Cologne et Strasbourg, Notre-Dame et Saint-Pierre,
> S'agenouillant au loin, dans leurs robes de pierre,

Sur l'orgue universel des peuples prosternés,
Entonnaient l'hosanna des siècles nouveau-nés.

L'Eglise est alors, suivant la forte expression de Michelet, le domicile du peuple. Tous les actes importants de la vie sociale s'y accomplissent d'un bout du monde chrétien à l'autre ; et c'est dans la cathédrale de Saint-Marc que le doge de Venise, au milieu de dix mille fidèles, donnera audience à Villehardouin et aux pieux et preux envoyés de la croisade.

Là s'épanouit toute une floraison artistique du sentiment religieux. Il illumine les pages des missels, brille dans les verrières des cathédrales, en peuple les parois de statues sacrées ; puis la statue se détache, vient jusqu'au chœur, dans la personne du prêtre pieusement travesti, et parle et dialogue le texte sacré ; le drame chrétien est né.

C'est une Bible aux illustrations mouvantes et parlantes, toutes en spectacle, en tableaux religieux, que la foi des fidèles contemple ; et quel souci déjà de la mise en scène ! Le peu que nous en savons est significatif. Dans la cathédrale de Rouen, pendant la représentation liturgique du *Mystère de la Nativité*, les rubriques de mise en scène nous disent que des enfants, dans les voûtes de l'Eglise, doivent figurer des anges, qu'une étoile d'or pendante au bout d'un fil brillera au-dessus de la crèche, et qu'un des rois mages désignera de son bâton la mystique voyageuse, la fleur de clarté, comme dit M. Bouchor.

7.

Pendant toute cette période, le drame s'ébauche à peine. Tout est en tableaux, on ne cherche pas d'antagoniste dramatique au sentiment divin ; la foi se contemple elle-même avec sérénité. C'est à cette époque surtout qu'il faudrait appliquer les vers de Victor Hugo :

> Temps de piété grave et de force profonde
> Lorsque la Bible ouverte éblouissait le monde.

Puis les éléments profanes envahissent le drame chrétien, il émigre alors du chœur au porche, du porche au parvis et à la place publique. C'est l'époque où se joue hors de l'église le drame chrétien, que nous appellerons *mystère*, quoique cette appellation ne soit courante qu'au xve siècle.

La représentation d'un mystère met toute la ville en émoi ; tous les corps de métier ont de la besogne. La veille de la représentation on fait *la montre*. Chacun des acteurs et comparses — et on les compte par centaines — prend part, dans le costume de son emploi, à une procession équestre et pédestre qui émerveille la foule et enorgueillit les figurants. D'ailleurs on a répété dévotement et sous peine de plusieurs *patars* d'amende.

On jouera de même : en voici la preuve. Je lis ceci dans les chroniques de Metz, à la date de 1437, où fut représenté un mystère de la Passion :

> Et portoit le personnaige de Dieu, ung prestre appelé seigneur
> Nicolle de Neufchastel en Loraine, lequel alors estoit curé de

Saint-Victor de Mets. Et fut ce curé en grant dangier de sa vie et pensait mourir luy estant en l'arbre de la croix, car le cueur luy faillist, tellement qu'il fut esté mort, s'il ne fut esté secouru...

En icelluy jeu y eut encor ung aultre prestre qui s'appelloit seigneur Jehan de Missey, qui estoit chappellain de Mairange, lequel portoit le personnaige de Judas ; mais pour ce qu'il pendist trop longuement, il fut pareillement transis et quasy mort, car le cueur lui faillist ; par quoy il fut bien hastivement dépendu et fut emporté en aucun lieu prochain pour le frotter de vinaigre et autre chose pour le reconforter.

Eh bien ! le curé de Saint-Victor ne se tint pas pour quitte :

« ... Et le lendemain, le dit curé de Saint-Victor fut revenu à luy, et parfist la résurrection et fist très haultement son personnaige. »

Vous savez les pieuses magnificences de la scène : elle était horizontale, avec des constructions dites *mansions*, en arrière, au second plan. A droite généralement, *côté jardin*, était le Paradis, et à gauche, *côté cour*, l'enfer avec ses tours de torture, ses mannequins figurant les damnés torturés, et sa gueule d'acier, *la hure*, comme disent les procès-verbaux, grande ouverte, d'où jaillissent et où s'engouffrent les démons et leur proie. Quant aux acteurs qui ne jouent pas, une miniature tout récemment étudiée, nous les montre attendant leur tour dans des sortes de loges rouges, quelques-uns, les jambes pendantes en dehors, attendant le moment de gagner par l'échelle l'espace laissé vide devant les mansions, les parloirs.

L'action va, pendant ce temps, d'une mansion à l'autre, faisant passer les personnages de leur immobilité désintéressée de spectateurs à la mobilité de leurs rôles, serpentant à travers les pièces du décor comme le plomb dans les verrières gothiques qu'il soutient et relie.

Cette action est dramatisée. Au sentiment du divin, on oppose des sentiments humains. On les trouve d'abord dans le personnage même de l'Homme-Dieu, et surtout dans celui de la Vierge-Mère qui est le mieux traité de tous.

Voici, par exemple, un passage de la Passion d'Arnoul Gréban où les souffrances du Rédempteur sont analysées avec une véritable habileté dramatique. C'est un dialogue entre Jésus et Notre-Dame.

N.-D. — Au moins veuillés, vostre grâce,
Mourir de mort brefve et légière
J. — Je mourray de mort tres amere.
N.-D. — Non pas fort villayne et honteuse.
J. — Mais tres fort ignominieuse.
N.-D. — Doncques bien loing, s'il est permis,
J. — Au milieu de tous mes amys
N.-D. — Soit doncques de nuyt, je vous pry.
J. — Mès en pleine heure de midy.
N.-D. — Mourès donc comme les barons
J. — Je mourrai entre deux larrous.
N.-D. — Que ce soit soubz terre et sans voix.
J. — Ce sera hault pendu en croix.
N.-D. — Vous serez au moins revestu.
J. — Je seray attaché tout nu.
N.-D. — Attendés l'aage de vieillesse.
J. — En la force de ma jeunesse.
N.-D. — C'est très ardente charité :
Mès pour l'honneur d'humanité
Ne soit vostre sanc repandu.
J. — Je seray tiré et tendu,
Tant qu'on nombrera tous mes os

> Et dessus tout mon humain dos
> Forgeront pecheurs de mal plains,
> Puis foyront et piez et mains
> De fosse et playes très grandes
> N.-D. — A mes maternelles demandes
> Ne donnés que responces dures
> J. — Accomplir fault les Escriptures.

D'autres personnages divins parlent un très beau langage. Dans *le Jeu de Saint-Nicolas*, des croisés sont cernés par les Sarrazins et vont mourir; un ange apparaît, et un dialogue sublime s'engage — qui fait songer à la fin du *Roland*, quand le paladin mourant tend son gant aux anges qui l'emportent au ciel :

> « Sun destre guant en ad vers Deu tendut;
> « Angle del ciel i descendent à lui. » —

Les preux sont morts, voici le *de profundis* de l'ange :

> A! chevaliers qui ci gisez.....
> Mais pour le mal que eu avés, très bien savés,
> Quels biens c'est de paradys,
> Où Dieu met tous les siens amys.

Des sentiments plus profanes sont opposés d'assez bonne heure aux sentiments humains.

Dans un drame chrétien du XIIIe siècle, encore sur la Nativité, on lit un chœur païen qui s'oppose à celui des fidèles. — C'est une idée que Chateaubriand a retrouvée pour son Moïse; il comptait beaucoup sur l'opposition du chœur d'Astarté et du chœur des Lévites. — Voici ce que disent dans leur latin très païen les compagnons du roi d'Egypte.

> Par la joie de l'été, la terre est rajeunie. Par l'ardeur du combat, Vénus est réveillée. Le chœur des jeunes gens se réjouit, tandis que la foule compacte des oiseaux module ses gazouillements. Quelle n'est pas la joie de l'amant aimé, associé à celle qu'il chérit d'un amour pur et sans fiel... Par les fleurs de l'été, l'amour nous salue. La terre émaillée de fleurs renouvelle sa face. Les fleurs d'amour sourient à la saison. Loin de Vénus se flétrit la fleur de la jeunesse, etc...

Ailleurs, c'est le drame profane tout entier qui passe dans le drame sacré, et surcharge comme une puissante végétation aux senteurs capiteuses, le bois saint de la croix, avec ces œuvres étranges connues sous le nom de *Miracles de Notre-Dame*. Tous les crimes passionnels : incestes, séductions, viols, en sont la matière qu'épure au dénouement un miracle de la Vierge. Jamais un théâtre, excepté celui de Calderon, n'a exigé pour ses dénoûments un plus robuste acte de foi. Il est d'ailleurs inspiré par un amer pessimisme, moins le *Gloria in excelsis* final. Mais on ne peut traiter un pareil sujet devant un grand public. Passons.

Voici un mélange plus lisible du sacré et du profane. Le diable y est mis en scène, comme toujours ou peu s'en faut, au moyen âge ; et il s'y attaque à la femme comme de tout temps. Il s'agit de séduire Ève. Il commence par lui dire, et ceci est encore de tous les temps et de tous les Tartuffes, qu'elle est mal mariée.

« ATHALIE »

DIABOLUS.

Tu es faiblette e tendre chose,
E es plus fraîche que n'est rose ;
Tu es plus blanche que cristal,
Que neige qui choit sur glace en val.
Mal couple en fist le criatur.
Tu es trop tendre, Adam trop dur.

Mais voici le fruit défendu :

En celui est grace de vie,
De seignorie,
De tut savor e bien e ma.

EVA.

Quel savoir a ?

DIABOLUS.

Celestial.

Ève est prête à céder au diable, elle regarde déjà le beau fruit avec convoitise.

« Alors un serpent, habilement machiné, monte le long du tronc de l'arbre défendu. Ève s'en rapprochera, tendant l'oreille, comme pour écouter ses conseils. Puis elle prendra le fruit et le présentera à Adam. »

Ils goûtent au fruit. L'homme sent aussitôt l'amertume de sa faute, mais la femme..... la savoure un moment. C'est une vérité que retrouvera Milton.

Le moyen âge n'ayant jamais connu les limites du tragique et du comique, il était inévitable que ce dernier ne respectât pas plus le drame sacré que les parois des cathédrales. Ici l'on ne peut guère citer ; je me bornerai au rôle de Madeleine la belle pécheresse avant sa conversion. Elle nous dit, comme la Lélia de George Sand.

> En amours je dy : fi d'argent !
> Il ne fault rien que bel amy.

Mais voici un bout de dialogue qui est un des plus remarquables morceaux dramatiques du moyen âge. Entre Arsinoé et Célimène le rapprochement est ici inévitable.

MARTHE.

> Ma sœur
> Dire vous veux ce que j'entends
> Vous vous donnés à tous peschés,
> De tous vilains faits aprochés,
> Et faictes tant de deuil à tous
> Que nous en sommes mal couchés,
> Et tous nos parents reprochés
> Seullement pour l'amour de vous.

MAGDELEINE.

> Seullement pour l'amour de vous !
> Ma sœur, je vouldroye a tous coups
> A vostre volonté complaire.
> Ceulx qui parlent de moy sont foulx,
> Et quant de parler seront saoulx
> Au moins ne peuvent que se taire.

MARTHE.

> Au moins ne peuvent que se taire,
> Quand vous cesserés de mal faire,
> Et que la bouche leur clorrés.
> Mais quant vous penserez parfaire
> Vos delitz pour au monde plaire,
> Rien que reproche vous n'orrés.

MAGDELEINE.

Rien que reproche vous n'orrés !
Si mes plaisans fais abhorrés,
Le dangier pour moy n'en courrés,
Souciés-vous de vous, ma sœur !

Descendons de plusieurs degrés dans le comique toujours côtoyant le sacré et sans sortir des mystères.

Dans certains drames liturgiques « deux prêtres du premier rang vêtus de la dalmatique » figurent deux sages-femmes aux côtés de la crèche : vous voyez que la profession avait gardé toute sa noblesse.

Les indécences des *Fêtes de l'âne*, motivées par la présence de l'ânesse de Balaam ; celles des fêtes des diacres, que M. Petit de Julleville appelle *farces de sacristains en goguette,* fourniraient une ample matière à s'étonner sur la tolérance infinie du sentiment religieux au moyen âge.

Mais celui de ces personnages qui était trouvé le plus comique, vous ne le devineriez jamais, c'est le bourreau. Quand il décapite un martyr, il songe qu'il va le *coiffer de rouge* et ne manque pas de lui dire en guise de consolation : *Je vais te faire cardinal.* Ces gaîtés canaques ne font-elles pas songer à certaine farce macabre d'Henri Monnier, telles que *Titi devant la guillotine ?*

Encore une et qui était si populaire qu'elle est employée sans explication par Marot : *Je ne veux pas être évêque des champs*, signifiait : *Je ne veux pas être pendu*. Vous ne devinez pas ? Voici : Quand Ulysse a fait pendre les femmes infidèles autour de son donjon, *comme une brochette de grives*, dit le texte, le vieil aède nous fait remarquer qu'elles remuèrent un peu les pieds, mais pas longtemps. Les habitués de Montfaucon avaient eu beaucoup d'occasions de faire la même remarque et l'on appelait ce geste final : *bénir les champs avec ses pieds*. De là l'expression de Marot : *évêque des champs*.

Mais pour le faire court là-dessus, et faute de pouvoir vous citer honnêtement d'autres plaisanteries plus caractéristiques, je me bornerai à celle-ci.

Le 31 août 1461, Louis XI faisait son entrée dans sa bonne ville de Paris, et Jean de Troyes, dans sa chronique, narre entre autres exhibitions, celles-ci :

> Y avait au Ponceau trois bien belles filles en seraines (sirènes), toutes nues et leur voyait-on le beau tétin droit, séparé, rond et dur, qui estoit chose bien plaisante... et disoient de petits motelets et bergerettes... Et un peu au-dessoubs du dit Ponceau, à l'endroit de la Trinité, y avoit une Passion par personnages et sans parler, Dieu estendu en la croix, et les deux larrons à dextre et à senestre.

Je vous les cite comme mélange caractéristique du profane et du sacré, et je rappelle, pour mon excuse, l'entrée de Charles-Quint à Anvers. Je ne me charge pas d'ailleurs d'expliquer ici l'état d'âme qui opérait la fusion entre ce profane et ce sacré. Cela allait très loin. Arrêt enfin en 1548 et par l'initiative du Parlement de Paris. La foi avait perdu sa tolérance en même temps que sa sécurité, dans le voisinage de la Réforme.

Concluons sur ce théâtre, non pas *abhorré* de nos dévots aïeux, suivant Boileau, mais *adoré*, selon la spirituelle correction de M. Petit de Julleville.

Une remarque est essentielle à faire, c'est que tout le comique que je viens de caractériser était juxtaposé et non intimement mêlé aux mystères.

On s'est étonné de voir les bourreaux du Christ prolonger son agonie par de sinistres facéties, et l'on a remarqué que cette Passion figurée durait plus longtemps que n'avait duré la réelle : mais il faut remarquer qu'à cette cruauté apparente se mêlait une pieuse curiosité. On voulait détailler cette agonie qui était la Rédemption, on comptait les larmes et les gouttes de sang qui sortaient des *fosses et des playes très grandes*, comme disait tout à l'heure Jean Michel. Rappelez-vous Pascal faisant dire au Christ dans un dialogue sublime : *J'ai versé dans mon agonie telle goutte de mon sang pour toi, te donnerais-je toujours de mon humanité sans que tu me donnes de tes larmes?*

Ce qui prouve d'ailleurs la gravité foncière des mystères, ce sont les sermons très orthodoxes qui sont enchâssés dans presque tous. Leur signification religieuse dominait tout le reste du spectacle. La vogue des chansons de geste était épuisée: ils la remplacèrent. Ils redonnèrent aux foules une sorte d'homogénéité poétique. Entre le *Roland* et la *Passion*, littérairement la distance est infinie, historiquement ces poèmes sont équivalents, car ils racontent également et mieux que toutes les archives, les crises héroïques et mystiques de l'âme de la vieille France.

Au seizième siècle, parallèlement au premier développement de la tragédie néo-classique, se produisirent de pieuses tentatives de fusion entre l'ancien et le nouveau théâtre sous forme de tragédies sacrées. Le sentiment religieux s'y manifesta avec une pureté croissante et le plus souvent sans mélange d'amour.

La plus remarquable des œuvres de ce nouveau genre est l'*Abraham sacrifiant*, de Théodore de Bèze. Les angoisses d'Abraham sacrifiant son fils sont vraiment pathétiques, et le rôle de Satan qui incarne la tentation de la désobéissance aux volontés du Très-Haut est fort adroitement adapté à la poétique nouvelle. On relèverait des mérites analogues dans plusieurs autres tragédies de ce temps, et notamment dans le *Saül furieux*, de Jean de la Taille, où le roi apparaît comme Athalie, frappé de

> Cet esprit d'imprudence et d'erreur
> De la chute des rois funeste avant-coureur.

Mais la plus éminente de toutes ces tragédies sacrées, — et, bien au-dessus de l'*Aman* de Montchrestien, quoique ce dernier ait été incontestablement honoré d'une imitation de Racine dans *Esther*, — c'est *Sédécie ou les Juives*, de Garnier. La volonté de Jéhovah s'y subordonne tout, et quand Sédécie, frappé par le Très-Haut, apparaît sur la scène les yeux crevés, comme Œdipe, s'inclinant douloureusement sous la volonté de Dieu à la voix du Prophète, on a le frisson des belles choses. Ajoutez-y le théâtre de Racine, resserrez l'action, et vous aurez une œuvre rivale d'*Athalie*.

Mais aucune de ces tragédies ne fut représentée et le genre ne revint à la vie dramatique que sous l'influence espagnole.

Ici il faudrait le suivre en Espagne avec Lope et Calderon, et ce serait un curieux voyage. Nous y retrouverions la verve pessimiste et la foi ardente des Miracles de Notre-Dame. Vous verrez bientôt, par exemple, et sur ce théâtre même, dans une adaptation de *La Dévotion à la Croix*, un bandit souillé de tous les crimes, garder dans son infamie le respect de la croix : l'aperçoit-il sur la poitrine du prêtre qu'il va assassiner, de la femme qu'il veut déshonorer, il recule, la grâce le touche et il est sauvé. Voilà certes qui ne choque pas médiocrement la tiédeur de notre foi.

Or c'est à cette source que puiseront Rotrou et Corneille. Ainsi Saint-Genest n'est pas tiré du mystère français de *Saint-Genis*, mais du mystère espagnol de *San-Ginès* par Lope de Véga. Vous savez d'ailleurs qu'un coup de la grâce y a produit tous les effets dramatiques, non sans mélange de sentiments très profanes, puisque l'on nous mène jusque dans les coulisses. Polyeucte, qui est très évidemment imité de la même pièce et notamment du V⁰ acte, emploie le même ressort de la grâce, mais je n'insiste pas : une conférence vous sera bientôt faite ici sur *Polyeucte*. Je retiens seulement cette phrase de la préface de Corneille qui importe fort à notre sujet : « Les tendresses de l'amour humain y font un si agréable mélange avec la fermeté du divin, qu'il a satisfait à la fois les dévôts et les gens du monde. » L'intrépidité de la foi de Corneille en la grâce l'égara jusqu'à *Théodore* qui ne satisfit ni les dévots ni les gens du monde. Le ressort était forcé : la grâce au théâtre avait reçu le coup de grâce. La tragédie sacrée semblait ne devoir plus avoir ni poète ni public. Cinquante ans après parut *Athalie*.

Ce fût un acte de foi.

Vous savez quelle crise venait de traverser Racine et dont la préface de *Phèdre* marque le début. Dégoûté du théâtre et presque du monde, il était tout à la piété. Je lis dans les Mémoires de Jean Racine sur son père :

« En présence même d'étrangers, il osait être père ; et je me souviens (je le puis écrire, puisque c'est à vous que j'écris), je me souviens de processions dans lesquelles mes sœurs étaient le clergé, j'étais le curé, et l'auteur d'*Athalie*, chantant avec nous, portait la croix.....

... « A la prière qu'il faisait chaque soir, au milieu de ses enfants et de ses domestiques, il ajoutait la lecture de l'Évangile du jour, que souvent il expliquait lui-même par une courte exhortation proportionnée à la portée de ses auditeurs, et prononcée avec cette âme qu'il donnait à tout ce qu'il disait... »

« Pour occuper de lectures pieuses M. de Seignelay, malade, il allait lui dire les Psaumes. Cette lecture le mettait dans une espèce d'enthousiasme, dans lequel il faisait sur-le-champ une paraphrase du Psaume. J'ai entendu dire à M. l'abbé Renaudot, qui était de ses auditeurs, que cette paraphrase leur faisait sentir toute la beauté du Psaume et les enlevait. »

De ces paraphrases et de ces *enlèvements* naquirent *Esther* et *Athalie* : *Esther* qui est une étude préparatoire au grand drame biblique où le sentiment religieux emprunte encore pour se produire au théâtre le secours de l'amour; *Athalie*, la seule tragédie sacrée, sans un mot d'amour, qui ait été portée au théâtre.

Mais quelque dévot que fût Racine, il n'hésita pas à mettre toute son habileté au service de sa dévotion.

Notez en effet que le ressort de l'action dans *Athalie* est un des plus puissants qu'il y ait au théâtre. C'est la recherche savamment graduée d'un secret dont la découverte doit être fatale à celui qui poursuit cette recherche. C'est le ressort même de l'Œdipe roi. Racine qui n'avait jamais osé rivaliser directement avec Sophocle, va l'égaler ici, par la simplicité de l'action, par la pompe d'un spectacle qui amène toute une foule en scène, par les splendeurs du temple entr'ouvert, par l'élévation lyrique des chœurs, par tout ce qui fait qu'*Athalie* est le triomphe des règles, si bien que pour le seul fait d'avoir donné naissance à ce chef-d'œuvre, elles légitimeraient toutes les superstitions dont elles ont été l'objet.

D'ailleurs, toute cette habileté dans la mise en scène des sentiments n'était que le moindre souci de l'auteur.

Il avait un dessein plus relevé et qu'il ne faut pas méconnaître, même au théâtre, en ne voyant dans *Athalie* qu'un drame politique. Les objections faciles qu'on renouvelle périodiquement, avec esprit, contre les faiblesses d'Abner, en les exagérant d'ailleurs, l'objection que Racine en faisant prophétiser le crime de Joas, futur meurtrier de Zacharie, diminue l'intérêt général dont l'enfant sacré est le pivot, toutes ces critiques et quelques autres font précisément ressortir le dessein supérieur de Racine, à savoir que Dieu est le protagoniste de son drame.

Le cri d'Athalie,

> Impitoyable Dieu, toi seul as tout conduit !

n'est pas seulement un défi à Dieu, c'est aussi un avis au parterre. Il en est d'*Athalie* comme de certains textes religieux qui n'offrent qu'un sens au commun des fidèles, et qui en offrent un second, occulte et supérieur, aux initiés. Racine plus heureux en cela que Corneille a réussi à nous élever graduellement jusqu'au divin, sans nous faire perdre terre, ce qui nous arrive dans *Polyeucte*, où le héros est si sublimé par la grâce qu'à la fin il nous échappe. *Polyeucte* est le chef-d'œuvre de Corneille, suivant Boileau, et je le crois : *Athalie* est le chef-d'œuvre de Racine selon Boileau qui rassurait là-dessus Racine, et je le crois ; et ces deux génies chrétiens ont touché le comble de leur art, Dieu aidant. Mais il y a entre leurs chefs-d'œuvre cette différence essentielle à nos yeux que, s'ils sont deux actes de foi, *Polyeucte* demande, au théâtre, un second acte de foi pour être goûté jusqu'au bout, tandis qu'*Athalie* s'en passe.

En effet tout est mené par Dieu dans la pensée de Racine, mais tout paraît pour le sceptique pouvoir se passer de lui. N'en est-il pas de même de l'ordre de ce monde ?

En écrivant *Athalie*, Racine a mis d'accord son génie et sa piété, la raison et la foi des divers spectateurs ; il a pensé son sujet en chrétien, mais il l'a écrit jusqu'au bout en homme de théâtre, de sorte que l'auteur de *la Pucelle* a pu s'écrier un jour devant ce chef-d'œuvre du théâtre sacré : « *Athalie* est le dernier effort de l'esprit humain. »

Il ne fut pas compris.

Je crois que ce fut surtout parce que la pièce était sans amour ; et en voici la preuve. A Saint-Cyr même, où *Athalie* n'eût guère que trois représentations presque clandestines, la *Judith* de Boyer eut ensuite un succès éclatant. Or on voyait dans cette tragédie sacrée, le Béthulien

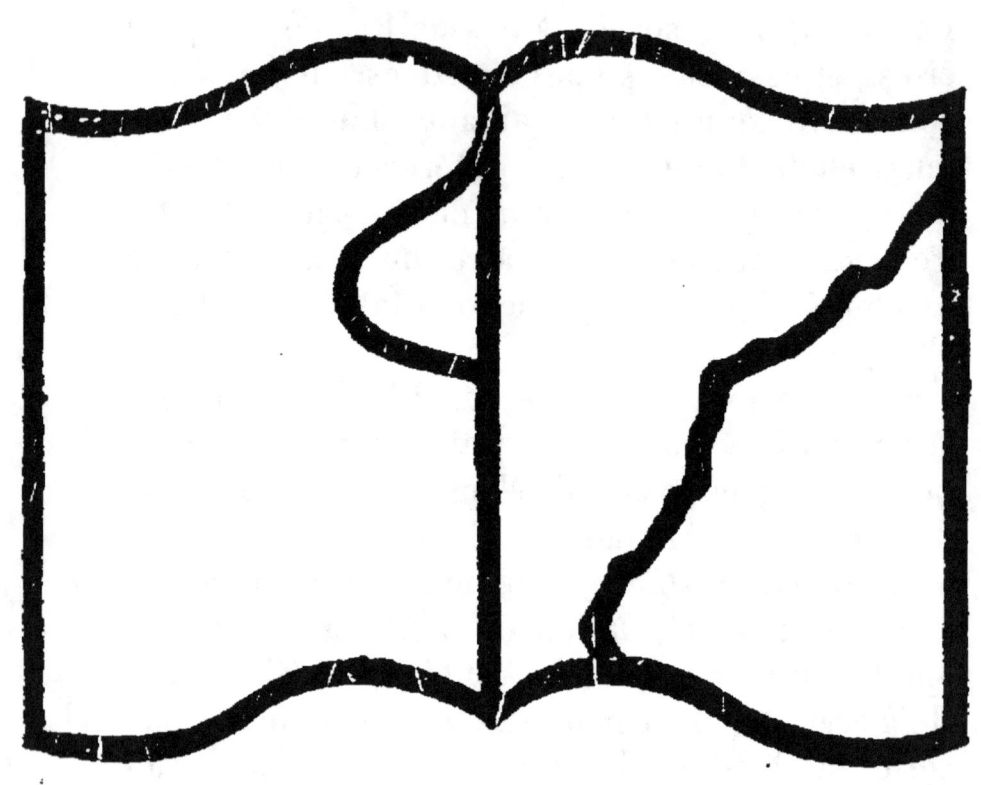

Texte détérioré — reliure défectueuse

bien que pour le seul fait d'avoir donné naissance à ce chef-d'œuvre, elles légitimeraient toutes les superstitions dont elles ont été l'objet.

D'ailleurs, toute cette habileté dans la mise en scène des sentiments n'était que le moindre souci de l'auteur.

Il avait un dessein plus relevé et qu'il ne faut pas méconnaître, même au théâtre, en ne voyant dans *Athalie* qu'un drame politique. Les objections faciles qu'on renouvelle périodiquement, avec esprit, contre les faiblesses d'Abner, en les exagérant d'ailleurs, l'objection que Racine en faisant prophétiser le crime de Joas, futur meurtrier de Zacharie, diminue l'intérêt général dont l'enfant sacré est le pivot, toutes ces critiques et quelques autres font précisément ressortir le dessein supérieur de Racine, à savoir que Dieu est le protagoniste de son drame.

Le cri d'Athalie,

Impitoyable Dieu, toi seul as tout conduit !

n'est pas seulement un défi à Dieu, c'est aussi un avis au parterre. Il en est d'*Athalie* comme de certains textes religieux qui n'offrent qu'un sens au commun des fidèles, et qui en offrent un second, occulte et supérieur, aux initiés. Racine plus heureux en cela que Corneille a réussi à nous élever graduellement jusqu'au divin, sans nous faire perdre terre, ce qui nous arrive dans *Polyeucte*, où le héros est si sublimé par la grâce qu'à la fin il nous échappe. *Polyeucte* est le chef-d'œuvre de Corneille, suivant Boileau, et je le crois : *Athalie* est le chef-d'œuvre de Racine selon Boileau qui rassurait là-dessus Racine, et je le crois ; et ces deux génies chrétiens ont touché le comble de leur art, Dieu aidant. Mais il y a entre leurs chefs-d'œuvre cette différence essentielle à nos yeux que, s'ils sont deux actes de foi, *Polyeucte* demande, au théâtre, un second acte de foi pour être goûté jusqu'au bout, tandis qu'*Athalie* s'en passe.

En effet tout est mené par Dieu dans la pensée de Racine, mais tout paraît pour le sceptique pouvoir se passer de lui. N'en est-il pas de même de l'ordre de ce monde ?

En écrivant *Athalie*, Racine a mis d'accord son génie et sa piété, la raison et la foi des divers spectateurs ; il a pensé son sujet en chrétien, mais il l'a écrit jusqu'au bout en homme de théâtre, de sorte que l'auteur de *la Pucelle* a pu s'écrier un jour devant ce chef-d'œuvre du théâtre sacré : « *Athalie* est le dernier effort de l'esprit humain. »

Il ne fut pas compris.

Je crois que ce fut surtout parce que la pièce était sans amour ; et en voici la preuve. A Saint-Cyr même, où *Athalie* n'eût guère que trois représentations presque clandestines, la *Judith* de Boyer eut ensuite un succès éclatant. Or on voyait dans cette tragédie sacrée, le Béthulien

Misraël tomber aux pieds de Judith et soupirer :
> Je ne puis soutenir cet amas de beautés

L'ironie des choses voulut que les beautés d'*Athalie* qui devaient être en fin de compte célébrées très haut par Voltaire, fussent révélées au public par le Régent.

Mais ce pur triomphe du sentiment religieux ne se renouvela pas au théâtre, et dans notre temps, l'auteur du *Génie du Christiansime,* qui croyait devoir à son nom et à son œuvre une tragédie sacrée, nous donna *Moïse*. Il ressort de sa préface que ce fut pour ses péchés de père, du romantisme. L'expiation fut cruelle. Un froid amour du fils d'Aaron pour une reine adoratrice d'Astarté glaça tout, et ne laissa à Moïse qu'un rôle légèrement ridicule. Les tentatives que l'on fit pour porter le tout au théâtre, et ici même, échouèrent : le public n'avait plus assez de foi pour suppléer à l'insuffisance de l'art.

Le théâtre sacré semblait bien mort. Il avait traversé les trois phases de la foi et de la contemplation, de la foi et de la naïveté dramatique, de la foi et de la science dramatique ; il ne lui restait plus qu'à se passer de la foi comme ressort principal, et c'est ce qu'il essaie de faire.

Nous entrons dans une nouvelle phase du sentiment religieux. Une inspiration dite *néo-chrétienne* anime des poètes, et le public commence à les suivre jusqu'au théâtre.

Foi sans objet ou *pitié sans foi*, ce mouvement est fécond. Il est la forme la plus noble de l'éclectisme de notre temps; il est une réaction contre les intempérances du *naturalisme* de l'*impressionisme* et autres barbaries et barbarismes ; il est la revanche du sentiment contre le grand creux et les froides magnificences de la science : il est une des formes de ce *mal à l'âme* qui fait osciller les plus délicats depuis l'occultisme exalté des mages jusqu'au nihilisme serein et à la morale onctueuse et provisoire du boudhisme ; il est un art infiniment respectable, puisqu'il essaie de retrouver l'état d'âme des millions d'hommes que la religion et les religions ont tour à tour consolés dans leurs afflictions ou sublimés jusqu'à l'héroïsme, bercés de rêves paradisiaques ou terrifiés par les visions infernales.

Parmi les œuvres dramatiques qu'il a inspirées, — telles que *le Miracle de saint Nicolas*, de M. Gabriel Vicaire et la *Passion* de M. Haraucourt, — la dernière en date, à savoir le *Noël* de M. Maurice Bouchor, est la plus intéressante, au point de vue qui est le nôtre aujourd'hui.

Le succès de l'œuvre a été très franc. Certes il y a bien loin de l'état d'âme des milliers de fidèles qui, dès le xie siècle, contemplaient dans les églises, le jour de Noël, à la messe de l'aube, le drame de la crèche joué par les prêtres eux-mêmes, à celui du public de lettrés, d'artistes, de mondains qui écoute le *Noël* de M. Bouchor, joué sur le Petit-Théâtre, par des marionnettes. Eh bien! à de certains moments, à n'en pas douter, — je l'ai bien vu et bien senti, à la répétition générale, au premier choc de l'œuvre, — la salle entière séduite par l'art délicat du poète, ensorcelée par ces marionnettes aux gestes hiératiques, anguleux, symboliques, qui idéalisent tout et donnent un recul si favorable aux sujets sacrés, et dont la voix vient on ne sait d'où, entraînée par les connivences secrètes de l'esprit public avec cette inspiration néo-chrétienne, se laissait gagner à la joie surhumaine qui chante dans les vieux Noëls et dont M. Bouchor a su faire l'âme de son œuvre. Pour quelques heures le poète nous avait rendu la disposition mystique et l'élévation spontanée des primitifs, et nous ne jouions pas aux primitifs.

Lui ou ses émules iront-ils plus loin? Oseront-ils mettre en scène le grand drame religieux qui reste à faire? Car, remarquez-le, des trois sources de sujets sacrés, il en est une qui n'a pas son chef-d'œuvre. L'ancien Testament a le sien qui est *Athalie*; les *Légendaires* ont le leur qui est *Polyeucte*; mais qui nous donnera le chef-d'œuvre du Nouveau Testament, la *Passion*?

M. Maurice Bouchor s'en défend. Sa première raison est, ce me semble que, contraint de se passer de personnages naïfs, il craint de perdre tout contact avec le public.

« Il est clair, dit-il, que je n'aurais pu donner

un caractère naïf aux scènes de la Passion qui sont une poignante réalité. »

Soit. D'ailleurs les acteurs lui paraissent insupportables. Au fait on a pu constater récemment que nous n'avions plus assez de foi ou que nous en avions trop pour supporter des acteurs, — déjà vus en tant de rôles si profanes ! — jouant des rôles sacrés. Eh ! bien, on pourrait avoir des acteurs affectés à officier dans cet art, et à cultiver toutes les bienséances que comporterait leur état, comme à Oberammergau, ou enfin recourir au masque qui est l'intermédiaire entre l'impersonnalité de la marionnette et la personnalité choquante de l'acteur.

Mais M. Maurice Bouchor met en avant une objection plus grave :

« Dailleurs pour bien des raisons, je me garderai toujours de traiter un pareil sujet sous la forme dramatique. J'ai peine à concevoir Jésus alignant des alexandrins fussent-ils admirables, et mêlant des souvenirs de sa parole sacrée à d'autres choses sorties de la cervelle d'un poète. »

Tant pis ! Je ne puis m'y résigner pour ma part, et en outre je ne saurais m'en tenir à la Passion de Gréban et de Jean Michel.

Cela se fera, et peut-être bientôt, et en voici, je crois, la raison.

Les sentiments profonds de la nature humaine dégagent de la poésie qui tôt ou tard doit se condenser et briller sous la forme dramatique, qui est la plus populaire de toutes. Or, il est un de ces sentiments qui n'a jamais trouvé sa formule au théâtre, c'est l'amour de l'humanité.

Dans le *don Carlos* de Schiller, le marquis de Posa, comme vous pourrez en juger ici bientôt, n'est sur ce point qu'une généreuse et émouvante ébauche. Une fois pourtant, la formule a été trouvée, mais sous une forme symbolique : ce fut dans le *Prométhée* d'Eschyle.

M. Maurice Bouchor y a-t-il pensé quand il nous promit de porter à la scène les mystères d'Eleusis dont Eschyle était l'initié? Je ne sais, mais la formule dramatique offerte par le Prométhée cloué sur son roc pour l'humanité, ne pourrait-elle pas être renouvelée à propos de l'Homme-Dieu cloué sur sa croix pour l'humanité, en vertu de l'immense pitié, émanée par ce spectacle de la rédemption que Pascal se jouait en imagination, dans la nuit mystique où il se perdit dans le sein du rédempteur, comptant les larmes de son agonie, les gouttes de son sang et s'écriant : Joie, pleurs de joie! C'est peut-être au socialisme chrétien qu'appartient la réponse.

Pour moi je me bornerai à dire à M. Maurice Bouchor et à ses émules : Votre muse est la Vierge sage, elle allume la lampe ; qu'elle attende l'époux mystique; et je répéterai avec la divine parabole : *Veillez, car vous ne savez ni le jour ni l'heure.* Vous cherchez l'art de la religion, le public à la religion de l'art : on peut s'entendre.

En attendant, un bénéfice certain de la dernière évolution artistique du sentiment religieux sera d'avoir préparé le public à goûter plus pleinement que jamais les sublimités d'*Athalie*. C'est aujourd'hui ce qui nous reste de mieux à faire, et c'est la morale à tirer de cette rapide histoire du sentiment religieux au théâtre.

Sursum corda!

LE CHEVALIER A LA MODE[1]

Le premier chef-d'œuvre de la comédie de mœurs. Étude sur le théâtre et les mœurs après Molière.

Je suis ici, Mesdames et Messieurs, pour vous aider à goûter pleinement une comédie *de mœurs*, c'est-à-dire qui a eu pour principal objet de peindre les mœurs d'un temps. Mais ce temps est loin, ces mœurs ont bien changé, à la surface du moins, et une bonne part des effets que les auteurs ont tirés de leur peinture, risque fort de vous échapper, au cours rapide de la représentation. Votre plaisir en serait alors fort diminué, et vous vous en vengeriez sur la pièce, que vous applaudiriez beaucoup moins qu'elle ne le mérite. Je crois donc n'avoir rien de mieux à faire, dans l'emploi où je me trouve, que de vous mettre au point de saisir tous ces effets au passage. Un sûr moyen d'y réussir serait de vous placer dans l'état

1. Odéon, 27 avril 1893.

d'esprit du parterre de 1687, en un mot de vous rendre contemporains du *Chevalier à la Mode.* Mais comment m'y prendre ?

Il me semble que ma tâche ainsi définie est en quelque sorte inverse de celle de mes prédécesseurs à cette place. Ils venaient vous entretenir de chefs-d'œuvre depuis longtemps exposés à l'admiration publique. Ils employaient toute leur adresse à faire reparaître les véritables tons de l'original sous l'épais vernis des critiques séculaires. Mais le petit tableau de mœurs que l'intelligente initiative des directeurs de l'Odéon va remettre sous vos yeux, n'a pu être vu, dans le cadre de la scène, que de quelques-uns d'entre vous, et il y a quelque vingt ans déjà, chez Ballande, à qui tous les amis du répertoire et des conférences dramatiques ont des obligations connues. Il en est du *Chevalier à la Mode* comme de ces toiles des petits maîtres qui n'ont eu que, dans leur nouveauté, les honneurs de la curiosité publique et de la cimaise, et que les musées trop riches serrent de bonne heure dans leurs greniers, où elles évitent sans doute les restaurations maladroites, mais où elles subissent les injures du temps. Cette fois donc, au lieu d'avoir à enlever le badigeon des conservateurs trop zélés, opération délicate qui a été exécutée déjà maintes fois, sous vos yeux, ici même, j'ai à chercher le vernis Martin qui rafraîchira et dorera les tons pâlis de ce petit tableau de genre. C'est un tout autre problème.

Et quelles précautions spéciales exige sa solulution ! J'en frémis, à cette heure. Non seulement l'œuvre se présente toute nue, ou peu s'en faut, et presque aussi périlleuse à juger qu'une nouveauté hardie au lendemain de la première, sans édition savante pour nous éclairer, sans édition classique pour nous rassurer, avec deux auteurs dont l'un, et justement l'ouvrier de la première heure, est si inconnu du public qu'il ne figure même pas sur l'affiche de l'Odéon, ni d'ailleurs dans la plupart des éditions, avec des actualités vieilles de deux cents ans pour condiments du sujet, mais, et c'est ici l'enclouure, avec des mœurs d'une liberté tout archaïque pour fond du sujet. Or comment expliquer décemment le *Chevalier à la Mode*, c'est-à-dire la pièce de *Monsieur Alphonse* sous Louis XIV, traitée avec cette crânerie de grand goût qu'on avait alors ?

On m'a conté qu'au dernier Carême, pendant un prêche qui roulait sur un point de morale glissant, *lubrique*, comme disait Boileau, une mère se dressa brusquement, disant à sa fille, assez haut pour être entendue du prédicateur : *Marguerite, sortons* ! et que le lendemain le prédicateur, homme aussi spirituel qu'éloquent, débuta par ces mots : « J'avertis Marguerite qu'elle peut sortir ». Que dois-je dire loyalement à Marguerite, si elle est dans la salle ? Qu'elle peut rester ? Je crois que oui, foi de professeur.

Voici, en effet, comment je compte éviter les

écueils de mon sujet et le traiter, sans le trahir. J'essaierai de tirer d'abord au clair les circonstances littéraires, puis celles de personnes, de temps et de lieu, obscures encore les unes et les autres, qui entourèrent l'apparition de la pièce. Après avoir ainsi marqué et éclairé sa place, vraiment mémorable, dans l'histoire de la comédie française, je vous la raconterai en gros, en y cousant discrètement des traits de mœurs du temps dont l'originalité prouvera et commentera l'authenticité de la copie. Vous pourrez goûter ensuite, en connaissance de cause, les mérites dramatiques et littéraires du *Chevalier à la Mode*, et prendre ici votre plaisir en toute sécurité d'esprit et d'oreilles.

La véritable comédie de mœurs, celle dont l'évolution devait aboutir au *Gendre de Monsieur Poirier*, au *Demi-Monde* et à la *Famille Benoîton*, n'a pas eu pour premier en date de ses chefs-d'œuvre l'*Ecole des Bourgeois* de d'Allainval, ni même le *Turcaret* de Lesage. C'est dès le 24 octobre 1687 que ce genre faisait son véritable avènement, sur la scène de Molière, avec le *Chevalier à la Mode* dit de Dancourt.

Ce fait dont l'importance fut très nettement sentie ou pressentie par les critiques du temps, a été un peu perdu de vue par ceux du nôtre. Le plus bienveillant d'entre eux pour Dancourt, n'avançait-il pas récemment : « Dancourt a écrit des pièces bien supérieures au *Chevalier à la Mode* etc¹..... »

Nous savons bien que ce sont là propos de conférences et qu'ils sont d'ailleurs dictés par le légitime souci de réagir contre les dédains séculaires dont la critique officielle a accablé le théâtre de Dancourt, n'en exceptant justement que le *Chevalier à la Mode*. Au reste une critique non moins autorisée avait fait depuis amende honorable dans la personne même de M. Jules Lemaître ².

Il y a lieu maintenant de rendre son éclat et tout son sens à la date que marque dans l'évolution de la comédie après Molière, le *Chevalier à la Mode* de Dancourt et Cⁱᵉ. Essayons-le preuves en main. L'histoire des mœurs comme celle du théâtre y sont intéressées.

Molière était mort depuis quatorze ans et l'on sentait cruellement le prix de sa muse éclipsée. Ses successeurs n'avaient osé jeter leur dévolu que sur la moindre partie de son héritage, sur ces ambigus de comédie et de farce dont il avait jadis puisé, à pleines mains, le sel et même le poivre dans les farcissures italo-gauloises de Tabarin et *tutti quanti*, comme dans le gros répertoire varié *à l'improvisade* par les Scaramouche et les Dominique. Pour continuer Molière, les Montfleury,

1. *Le Théâtre de Dancourt : Le Chevalier à la Mode*, par M. Jules Lemaître. Revue des cours et conférences, 20 décembre 1894, p. 184.
2. Voyez *La Comédie après Molière et le Théâtre de Dancourt* par M. Jules Lemaître. Paris, Hachette.

les Champmeslé, les Villiers, le Hauteroche, les de Visé, les Poisson, les Raisins etc... n'avaient rien trouvé de mieux que de se modeler, avec verve d'ailleurs, sur le *Malade Imaginaire* et surtout sur le *Cocu* qui devenait chez eux de moins en moins imaginaire. Cependant aucun d'eux, ni même Thomas Corneille, toujours vert, mais qui se bornait dans l'espèce à versifier le don Juan « sur la prose de feu M. de Molière », n'osait viser délibérement à la comédie de caractère. Ce grand héritage de l'auteur du *Misanthrope* était tombé en déshérence, en attendant qu'il fût revendiqué à l'étourdie par l'auteur du *Joueur* et du *Distrait*, lequel se tirera galamment de son aventure, Dufrény et peut-être Gacou aidant, à force d'espièglerie et de gaîté, d'esprit et de style.

Restait la comédie de mœurs, proprement dite, celle qui a pour principal objet le tableau concret fidèle et daté des mœurs d'un temps, et non la peinture abstraite, idéalisée et généralisée des caractères des hommes de tous les temps, et qui subordonne à ce dessein l'intrigue elle-même. A vrai dire, le modèle achevé de ce genre de comédie ne se rencontrait encore nulle part, mais le germe en était un peu partout chez Molière, dès les *Précieuses ridicules*, et surtout dans les *Fâcheux*, la *Comtesse d'Escarbagnas* et le *Bourgeois gentilhomme*.

Ce troisième legs du maître était fort convoité. Tous les auteurs à talent et à nobles ambitions sentaient que la veine à exploiter gisait là, dans une région moyenne, entre *l'Etourdi* et le *Misanthrophe* ; témoin cinquante pièces et piécettes dont on trouvera l'analyse dans les Frères Parfait, et par exemple cette rue *Saint-Denis* (1682) où Champmeslé avoue avoir joué plaisamment les boutiquiers de son temps, ses anciens confrères. Un exemple non moins caractéristique de ce fait, et plus digne de mémoire, est cet *Usurier*, fait en collaboration par Thomas Corneille et de Visé, qui mettait crûment en scène la question d'argent « pour toutes sortes d'états », dès février 1685, qui échoua, mais dont l'intrépidité semble avoir été digne d'un meilleur sort [1].

Depuis quelques années d'ailleurs le théâtre dit italien, — mais qui n'avait plus d'italien que le nom et de vagues et traditionnels intermèdes, étant fourni de sauce comme de poisson par des Français — cherchait sa voie dans le sens de la comédie de mœurs. Pour s'en convaincre on n'a qu'à y lire *l'Arlequin Grapignan* et le *Banqueroutier* de ce procureur normand, si malin et trop peu connu, qui avait nom Fatouville. Enfin l'élève chéri de Molière, Baron, avait failli avoir l'honneur de trouver la formule du nouveau genre en donnant, sur la scène même de son maître, l'*Homme à bonnes fortunes* (30 janvier 1686).

1. Voir les Frères Parfait, t. XII, p. 457 et suiv., et *Thomas Corneille, sa vie et son Théâtre*, par Gustave Reynier. Paris, Hachette p. 261 et suiv.

Son héros Moncade était un petit maître un « coquet », qui fait de ses grâces et de ses mines métier et marchandise, sans vergogne, et dupe les belles, offrant à l'une les cadeaux de l'autre, jusqu'à ce qu'il soit démasqué dans un dénouement calqué sur celui du *Misanthrope*. Ce rôle est le moins terne de la pièce : il est même assez vivant, Baron n'ayant eu qu'à se regarder dans sa glace, pour appliquer le précepte de son maître et « peindre d'après nature ». Mais il est épisodique et, en dernière analyse, la mixture de *Don Juan* et de *Célimène* qui le compose paraît assez fade. L'intrigue est faible en dépit de quelques situations plaisantes. Enfin et surtout l'observation des mœurs y reste superficielle. On ne voit que trop combien le fat de talent qu'était Baron a traité son sujet à la cavalière, « pour se donner un amusement », comme il dit dans sa préface.

Néanmoins le public s'y amusa avec l'auteur, et sa pièce dans sa nouveauté, eut un très gros succès. Or ce succès du Moncade de Baron trouvé « froid et insipide » par la Bruyère, devait justement donner l'éveil à certain émule de l'auteur des *Caractères*, aujourd'hui fort ignoré, et qui fut pourtant le père putatif du *Chevalier à la Mode* et de son innombrable postérité.

C'est en effet à un moraliste de profession, nommé M. de Saint-Yon, que doit revenir l'honneur d'avoir imaginé, sinon mis au point de la scène, le premier en date des chefs-d'œuvre de la comédie de mœurs en France. Pour être équitable et rétablir la vérité intégrale sur le *Chevalier à la Mode*, il importe d'abord de tirer ce fait au clair, et de remettre chacun des deux collaborateurs en sa réelle posture.

Geoffroy écrit à ce propos : « Partout Dancourt est enjoué, badin, léger, ingénieux, naturel ; il se moque gaîment et librement des mœurs du jour ; mais, peu curieux de les réformer, il est frivole et superficiel ; on est donc surpris de le trouver quelquefois, dans le *Chevalier à la Mode*, observateur profond et grand peintre. C'est ce qui fait peut-être qu'on lui dispute la propriété de la pièce : on veut qu'il la partage avec M. de Saint-Yon que personne ne connaît. C'est une mauvaise chicane : il est du moins très constant que si ce Saint-Yon a eu quelque part au plan, Dancourt y a mis son esprit, ses grâces, son dialogue, qui sont du plus grand prix ; et ce qui confirme son titre, c'est qu'il a reçu la part d'auteur ». Le jugement est tranchant. Or le fait matériel sur lequel s'appuie le décisionnaire critique des *Débats*, pour donner l'exclusion à ce pauvre Saint-Yon, est inexact.

Geoffroy avait lu évidemment dans les Frères Parfait cette assertion : « A la vingt-troisième représentation du *Chevalier à la Mode*, qui fut, le 3 février, M. *Dancourt écrivit sur le registre* : Je ne veux plus de part d'auteur. » Mais si le critique à férule des *Débats*, au lieu de s'en rapporter sur ce point aux Frères Parfait, s'était reporté au registre à la date voulue (13 février 1687), il y aurait lu simplement ceci : « *Il n'y a plus de part d'autheur d'aujourd'huy* ». Il aurait constaté que cette mention est *anonyme*, purement administrative. Puis il aurait regardé au chiffre de la recette et il aurait vu que, déjà bien faible à la dix-huitième et à la dix-neuvième représentation, elle avait été de 241 livres seulement à la vingt-troisième, après laquelle la pièce ne fut reprise que le 20 mars qui fut la dernière. D'où cette conclusion facile à tirer pour un homme de théâtre, que le *Chevalier à la Mode* était « *tombé dans les règles* », suivant la formule, puisque la recette était inférieure à 500 fr. en pleine saison d'hiver. Il se serait souvenu alors qu'en ce cas les parts d'auteurs cessaient de plein droit, qu'elles auraient même cessé plus tôt, si Dancourt n'avait été de la maison, et c'est ce que constatait l'inscription laconique et *anonyme* du registre. En tout cas sans mentionner expressément Dancourt plus que Saint-Yon, celle-ci les visait tous les deux, sous la rubrique « part d'autheur ».

En revanche sur le même registre, à la date du vendredi 24 octobre 1687, Geoffroy eût pu lire textuellement : « *le Chevalier à la Mode*, première représentation, pièce nouvelle de MM. Dancourt et Saint-Yon », ce qui lui eût démontré toute l'étendue de son erreur et du tort qu'il allait faire, dans la postérité, à ce brave homme de Saint-Yon. Et voilà ce que c'est de ne pas vérifier les faits, quand on le peut, et voilà comment, en critique théâtrale, on écrivait l'histoire, même au journal des *Débats*.

Mais qu'était au juste ce Saint-Yon ? Après l'unique mention de son nom, les archives de la maison de Molière sont muettes sur sa personne : heureusement les gazettes sont un peu plus explicites.

Le *Mercure Galant* nous apprend que : « C'est un homme du monde qui en sait les manières, et de qui même des personnes de distinction et de naissance, veulent bien recevoir des préceptes pour apprendre à vivre ». A en croire les Frères Parfait il « avait toujours été un philosophe très retiré du grand monde, et d'un naturel extrêmement timide ». Il était de bonne maison et de belle prestance, et aurait exercé les fonctions de secrétaire de M. de la Faluère, grand maître des eaux et forêts. Deux ans auparavant, il avait fait jouer à la Comédie-Française une pièce en cinq actes, en prose, intitulée *les Façons du temps*, dont certains voulurent d'abord faire honneur à Palaprat, sur la foi d'une impression hollandaise, mais que les Frères Parfait ont restituée à Saint-Yon, comme de juste [1]. Cette comédie avait été fort applaudie, à la ville et aussi à la cour, pour la mordante vérité de l'observation et le naturel du style.

1. Voir tome XII, p. 491 et tome XIII, p. 274.

« On y trouve, remarquent les Frères Parfait, le même génie et la même manière de dialoguer du *Chevalier à la Mode*, et des *Bourgeoises à la Mode*, comédies imprimées sous le nom de M. Dancourt *et qu'on sait être du moins en partie de M. de Saint-Yon* ». Et ils en donnent assez d'extraits pour justifier abondamment leur dire. Nous y relèverons même le germe de l'intrigue du *Chevalier à la Mode*, dans certaine scène où il était question d'« un bail entre un jeune homme de qualité et une fille riche et majeure qui ont dessein de s'épouser quelque jour ».

Ce philosophe était donc, — et on s'en convaincra agréablement en parcourant dans les Frères Parfait, ses *Façons du temps*, — une sorte de la Bruyère à l'affût des mœurs à la mode, qui même devançait de trois ans l'illustre auteur des *Caractères*, et qui ne boudait pas le théâtre. Aux preuves fournies par les Frères Parfait, dans leur *Histoire du théâtre français*, nous joindrons certaine *Danaé* de sa façon, comédie en vers, qui figure sur un catalogue des pièces non imprimées du Théâtre Italien, à la date de 1721 laquelle précéda de deux ans celle de sa mort.

Mais tout épris qu'il fût du théâtre, sous toutes ses formes, il était trop modeste et trop avisé pour ne pas sentir que c'est un métier que de faire une pièce. D'ailleurs la critique en constatant le succès des *Façons du temps*, avait constaté aussi l'inexpérience dramatique de l'auteur. Il se tint tout de suite pour averti et chercha modestement la colloboration d'un homme de théâtre.

Il n'avait que l'embarras du choix parmi cette brillante pléiade d'acteurs-auteurs, fort oubliés aujourd'hui, qui rivalisaient alors d'entrain pour marcher sur la double trace de leur commun maître, ami ou ennemi, Molière, depuis Baron, le *Roscius moderne*, le bellâtre *théâtrifié* selon le *Diable boiteux*, jusqu'à ce Raisin le cadet, que le public avait baptisé le *petit Molière*, dont Palaprat élève aux nues la collaboration, qui était toujours si prêt pour les impromptus, à la ville et à la campagne, si gai et si bon biberon et qui devait mourir à la fleur de l'âge, pour s'être baigné après avoir mangé trop de cerneaux, laissant à Monseigneur le Grand Dauphin le soin de consoler sa veuve.

La joyeuse bande ! et qui dira son histoire ? Que de savoir-faire et d'esprit là, même après les Montfleury et les Villiers, parmi les Champmeslé, les Hauteroche et les Poisson ! C'était la menue monnaie de Molière qu'on achevait d'y dépenser, sans compter. Dans la maison du maître, tout acteur se doublait alors d'un auteur, jusqu'à la souffleuse, Mlle de Longchamp, qui faisait jouer un *Titapapouf*.

M. de Saint-Yon arrêta son choix, parmi ces acteurs-auteurs, sur un débutant avec lequel il avait sans doute lié partie dans les assemblées des comédiens français, lors de ses *Façons du temps*, car le talent particulier de cet acteur l'avait fait investir par ses camarades de la mission de lire les pièces nouvelles.

C'était un jeune homme de bonne famille, qui avait nom Florent-Gaston de Dancourt. Après de brillantes études, sous la direction du P. de la Rue, sollicité d'entrer dans l'ordre des Jésuites, il avait préféré enlever la fille de l'acteur la Thorillière et forcer ainsi sa famille bourgeoise, noble même, à le laisser épouser une actrice et la carrière dramatique. Bien lui en prit, car il fut pleinement heureux au théâtre, comme acteur, comme auteur et même comme mari, ce qui était peut-être le plus difficile, témoin le *petit* comme le grand Molière.

Il y fut aidé par un physique avantageux qui devait faire merveille, notamment dans le rôle du *Chevalier à la Mode* qu'il joua plusieurs fois en personne, ainsi qu'en témoignent les registres de la Comédie. Brun, de taille moyenne et bien prise, avec de beaux yeux et des traits expressifs et agréables, il avait un débit excellent. Orateur de la troupe, il charmera Louis XIV lui-même, et les contemporains ont soigneusement enregistré que Sa Majesté daigna lui sauver deux fois la vie : une première fois, en allant ouvrir une fenêtre pour le tirer d'un évanouissement, survenu au cours d'une lecture dont il l'avait prié, près d'un trop grand feu ; une seconde fois, en le retenant par le bras au bord d'un escalier vers lequel il avait reculé, au cours d'une harangue. Dans cette dernière occasion, Sa Majesté avait même ajouté : « Il faut convenir que cet homme parle bien. »

Cet homme n'écrivait pas mal non plus, et il pouvait, en se peignant au naturel dans les *Trois cousines*, nous confier avec un aimable enjouement, que « le public lui trouve un esprit drôle et fin », et même répliquer aux accusations de plagiat que « pour les bagatelles qu'il fait, il n'a besoin que du livre du monde, qu'il y sait lire, qu'il le connaît, qu'il pille là-dedans comme tous les diables ». D'ailleurs, — c'est toujours lui qui se confesse sous le masque, — c'était « un bon vivant qui aimait la joie, la bonne chère, le vin de Champagne ».

Il court même là-dessus une piquante anecdote que je m'en vais vous dire, dont l'origine restée inconnue, intriguait récemment ses biographes et critiques, M. Sarcey notamment. Je puis renseigner notre doyen. Il ne faut pas lire l'anecdote en question dans les frères Parfait qui la content gauchement, et ce sera lui rendre sa saveur que de la rapporter d'après celui qui l'a narrée d'original et comme suit : « Toutes les fois que le sieur Dancourt donnait une comédie nouvelle au public, si elle ne réussissait pas, il avait coutume, pour s'en consoler, d'aller souper avec deux ou trois de ses amis chez le gros Chéret, à la *Cornemuse*. Un matin, après la répétition d'une de ses comédies qui devait être représentée le soir pour la première fois, il s'avisa de demander à une de ses filles qui n'avait pas encore dix ans ce qu'elle pensait de la pièce : « *Hé, mais, mon gros papa, lui répondit-elle, vous pourriez aller ce soir dîner chez Chéret. Et il faut observer que l'enfant dit vrai.* » Or, l'auteur de ce récit n'est autre que Lesage, dans *ses Mélanges*, et, pour surcroît d'intérêt, une tradition veut que la comédie qui aurait suscité la saillie de la fille de Dancourt, ait été celle même des *Agioteurs*, où Dancourt essayait de couper l'herbe sous le pied à l'auteur de *Turcaret*. Le malicieux récit de Lesage était, on le voit, de bonne guerre.

Ajoutons qu'après avoir été petit maître, comme ses pareils, et plus au moins client de Chéret, voire même joueur, batailleur, dépensier et rude aux huissiers, le « gros papa » se rangera et finira dévotement et bourgeoisement sa vie, à soixante-cinq ans, dans ses terres du Berry, non sans avoir donné au théâtre quarante-sept pièces et deux jolies demoiselles, qu'il produisit sur les planches, dès l'âge de dix à douze ans, et qui devaient se produire et se reproduire dans le monde, pour le plus grand divertissement des Samuel Bernard, des Richelieu et de Jean-Jacques lui-même, amoureux aussi fou que malheureux d'une de ces trois filles de l'aînée qu'on nommera les *Trois Grâces*.

Mais à l'époque où nous sommes, Dancourt dans son vingt-sixième printemps, n'était l'auteur que de trois essais dramatiques. C'étaient deux parodies, médiocres d'invention quoique vives d'allure, et une bluette où perçait, à défaut d'imagination, un réel talent pour le dialogue, intitulée les *Fonds perdus*, dont la donnée était calquée sur celle de la *Mère coquette* de Quinault et se retrouvera avec plus de gaîté, dans l'*Acte de naissance du bon Picard*. En outre, il avait en portefeuille, et allait faire jouer, deux mois avant le *Chevalier à la Mode*, un petit acte tout pétillant de malice et de verve dramatique, la *Désolation des joueuses*, dont il fera plus tard la *Déroute du Pharaon*, et où il esquissait le monde bigarré du jeu, y compris les professionnelles de la carte filée et leurs éternels compères, les prêteurs usuriers.

Dès la lecture de la *Désolation des joueuses*, dont succès d'ailleurs fut très vif, M. de Saint-Yon dut flairer dans le jeune auteur, — son lecteur et peut-être son critique, au comité de lecture, — un homme qui avait au même degré que lui le sens et le goût de l'actualité.

La philosophie observatrice de l'un et l'instinct dramatique de l'autre s'amalgamèrent aussitôt: mais dans quelles proportions?

Bien fin qui le démêlerait et porterait ici entre les deux pères putatifs le jugement de Salomon. On doit du moins réclamer pour Saint-Yon l'honneur de n'être plus passé sous silence. Si même on en croyait les rédacteurs du *Mercure galant*, la pièce aurait été « simplement accommodée au théâtre par M. Dancourt », qui n'aurait été que l'arrangeur, le *teinturier* comme nous disons aujourd'hui, — et nous avons déjà rencontré une opinion analogue des frères Parfait. — Mais ce serait trop peu dire et on peut en appeler là-dessus à Saint-Yon lui-même. Dans la seconde pièce qu'il fit en collaboration avec Dancourt, les *Bourgeoises à la mode*, il se déclare l'auteur du sujet, mais il en attribue le succès à Dancourt, à ses « agréments et remaniements ». Le brave homme et du temps jadis ! Toutefois sa modestie lui coûterait trop cher, si nous ne vidions pas le débat, en estimant qu'il en a été pour le *Chevalier à la Mode*, au moins comme pour les *Bourgeoises à la Mode*, que la collaboration de Dancourt consista en « agréments et remaniements », et que le mérite total de la pièce doit rester indivis entre eux, ainsi qu'il l'est, par exemple, pour une demi-douzaine de chefs-d'œuvre du même genre, entre MM. Meilhac et Halévy.

Quant au succès, après les hauts et les bas des premières représentations, il s'affirma au point de faire époque dans l'histoire du théâtre. Nous aurons à le constater pour conclure. Présentement nous nous bornerons à relever les termes dans lesquels les frères Parfait résumèrent leur admiration pour le *Chevalier à la Mode* et celle d'un demi-siècle écoulé : « Depuis Molière on n'avait point vu de comédie qui eût tant de mérite ».

Il est vrai et nous avons préparé la preuve de ce fait par l'histoire du théâtre. Pour la rendre palpable, il faut interroger l'histoire des mœurs

A propos des premières représentations du *Chevalier à la Mode*, le *Mercure galant* disait : « Ce sont des peintures vives et naturelles de beaucoup de choses qui se passent tous les jours dans le monde ». Voilà qui est tout à fait considérable, étant de Thomas Corneille, sinon de de Visé, c'est-à-dire de gens du métier, qui s'étaient précisément essayés dans ce genre encore à l'état embryonnaire de la comédie de mœurs, dont ils sentaient et donnaient à entendre loyalement, dès la première heure, que le *Chevalier à la Mode* était le chef-d'œuvre attendu. Nous ne saurions maintenant mieux faire que de mesurer la portée de ce jugement, en commentant la pièce par les mœurs du temps.

Mme Patin entre, en coup de vent, hors d'elle, en désordre. Étonnement bruyant, questions pressées de la fille de chambre, Lisette, et nous apprenons par un dialogue mené de main de maître et tout pétillant de saillies naïves et comiques, que Mme Patin, « veuve d'un honnête partisan qui a gagné deux millions au service du roi », laquelle se prélassait pour la première fois dans un carrosse doré, attelé de deux chevaux gris-pommelé à longues queues, orné d'un cocher à barbe retroussée et de son laquais dûment chamarré, a dû céder le haut du pavé à un vieux carrosse d'une marquise « de je ne sais comment », qui a fait reculer le sien, tandis qu'un « Taisez-vous bourgeoise ! » parti du fond du vieux carrosse armorié, a coupé court aux protestations de Mme Patin, et que ses six laquais chamarrés étaient étrillés par les laquais déguenillés de « cette gueuse de marquise ». Ils ont même mis en pièces chamarrés et laquais, on en verra les preuves.

Le trait est pris sur le vif des mœurs du temps. Les carrosses étaient la grande ambition des bourgeoises. La Bruyère nous les montre se précipitant à la fenêtre, au bruit de leur roulement, et qui « pétillent de goût et de complaisance pour quiconque est dedans, sans le connaître ». Il était donc tout naturel que Mme Patin, devenue libre de donner l'essor à ses vanités, s'en payât un et des plus cossus, et s'y pavanât en grand attirail, au risque de se faire « mépriser des gens de qualité, envier de ses égaux et maudire par la canaille ».

Mais si les carrosses étaient larges, les rues étaient fort étroites, — les rues Saint-Jacques et Saint-Denis étaient alors, ce qu'on appelle en style municipal de grandes artères. — Je vois dans un pamphlet du temps qu'un partisan, Soligny, un confrère de défunt M. Patin, dont le carrosse s'était emporté, ayant ouvert la portière et s'étant penché pour sauter, avait heurté un pilier de sa tête, laquelle s'étant cassée, fut embaumée et remplie d'or par ses fastueux confrères. Mme Patin en est quitte pour avoir rencontré un autre carrosse. Morale de l'incident : c'est à son nom et à sa personne qu'on a fait avanie : que n'est-elle femme de qualité ! Mais celles-ci sont le plus souvent sans le sou, objecte la chambrière Lisette, et on en a vu d'obligées de rentrer à pied, des sergents ayant saisi carrosse et chevaux dès la grande grande porte franchie. « Plût au ciel, se récrie notre bourgeoise, que cela me fût arrivé et que je fusse marquise ! » Le mot pose le caractère, et Molière eût souri.

Donc Mme Patin veut être de qualité ; et justement elle a sous la main le chevalier de Villefontaine qui lui fait la cour, et l'épouserait volontiers, pour les beaux yeux de sa cassette. C'est le *chevalier à la mode* comme nous dit le titre de la pièce et il est taillé en pleine réalité d'alors.

En effet, la Bruyère allait faire cette remarque : « Il y a des femmes déjà flétries qui, par leur complexion ou leur mauvais caractère, sont naturellement la ressource des jeunes gens qui n'ont pas assez de bien. Je ne sais qui est le plus à plaindre d'une femme avancée en âge qui a besoin d'un cavalier, ou d'un cavalier qui a besoin d'une vieille ». Mais la Bruyère, célibataire un peu besogneux et très honnête, le prend trop au tragique. Où il trouve à plaindre, Saint-Yon et Dancourt trouvent à rire, comme les cavaliers susdits eux-mêmes, — lesquels s'accommodaient déjà fort bien de leurs *vieilles,* dès le temps d'Aristophane, témoin certain épisode du *Plutus.* —

Si la Bruyère a raison de se fâcher, nos auteurs

n'ont pas tort de se moquer, et ample était la matière pour l'une ou l'autre humeur.

La noblesse achevait de se ruiner, les seigneurs prenant modèle sur les prodigalités du maître : « L'état, non le bien, règle la dépense, » comme dit encore La Bruyère ; et la guerre achevait d'épuiser les patrimoines que le luxe officiel avait ébréchés. Sur 1000 créanciers, au calcul de Saint-Simon, il n'y en avait pas dix qui fussent du second état, c'est-à-dire de la noblesse. Les autres étaient du tiers ; et le moment approchait où don Juan ne pourra plus congédier M. Dimanche. Il lui faudra implorer les sursis du roi et du Régent. Il en viendra aux pires expédients, le jeu d'abord, « le jeu sans frein », dont parle le livre des *Caractères*, et dont Dancourt venait de tracer une esquisse si vive et si crue. Aux Marlys du roi c'est un joueur heureux qui donne le ton, en attendant qu'un autre joueur heureux, Law, mène la France et convie toute la noblesse à l'agio. On en verra de belles alors : Conti envoyant à la banque trois fourgons d'actions et ne se retirant qu'avec 14 millions d'or ; Condé vantant ses actions du Mississipi et s'attirant ce calembour amer : « Monseigneur, en fait d'actions, votre grand'-père *(le vainqueur de Rocroy)* n'en pouvait citer que deux ou trois, mais qui valaient toutes les vôtres » ; un duc d'Antin dans les étoffes, un duc d'Estrées dans le café et le chocolat, un duc de la Force dans les chandelles, etc. On en comptera exactement six qui n'auront pas *touché* dans l'affaire du Mississipi, parmi lesquels Villars, Daguesseau et Saint-Simon. Grâce au *Système* et à deux banqueroutes, la noblesse sera sauvée ; et rien n'était perdu fors l'honneur. Dubois définira la monarchie française : « Un gouvernement qui fait banqueroute quand il veut », et il ajoutera avec admiration : « C'est un gouvernement bien fort ».

Mais en attendant ces tripotages et qu'il pût berner M. Dimanche, en le changeant en actionnaire benoit, Don Juan en était réduit à épouser sa fille. Les parchemins faisaient litière aux sacs d'écus. Le comte d'Evreux, celui-là même qui servira de modèle pour le marquis de *l'Ecole des Bourgeois*, lequel est le prototype de Gaston de Presles dans *le Gendre de M. Poirier*, épousera la fille du financier Crozat, et ne l'appellera jamais, imité en cela par toute sa noble maison, que « mon lingot ».

Mais voici un exemple parfait du cynisme de notre *chevalier à la mode* et du sort qui attend la veuve de M. Paul Patin si elle épouse ce « gueux de chevalier qui se moquera d'elle dès le lendemain de ses noces », comme le lui prédit textuellement son ex-beau-frère.

M. le Coigneux, fils d'un président au Parlement, et qui avait épousé la veuve du financier Galland, s'avisant d'aller retrouver sa femme, huit jours après la noce, prenait congé du cercle de ses nobles amis « les enfants de la joie » comme ils s'appelaient, — *les petits féroces* du temps, — en ces termes : « Je m'en vais retrouver ma vieille. » Et les tristes maris qu'elles avaient là nos financières ! L'un d'eux, le duc de la Feuillade, ayant reçu un beau soir une prime de son beau-père, à condition qu'il voudrait bien consentir à lui donner une postérité, en riait, le lendemain avec ses familiers : « Le pauvre homme s'écriait-il en parlant du susdit beau-père ! Il ne suffit pas de payer un gentilhomme pour aller au feu, il faudrait s'assurer qu'il s'est battu. » Pauvre Mme Patin, et que Lisette prophétise vrai ! « S'il est jamais votre mari, il se lèvera d'auprès de vous dès quatre heures du matin, pour voir panser ses chevaux. Le beau régal pour une femme ! »

Mais il suffit : on voit combien cette société était déjà, pour reprendre et étendre un mot de Michelet « toute Régence en-dessous ».

Quelle mêlée des classes dès lors, et combien favorable à la comédie de mœurs ! Dancourt, mis en goût par Saint-Yon, s'en délectera en artiste, avec des mots d'enfant terrible : « C'est la saison des révolutions que la fin des siècles ! » s'écrie la greffière très *fin de siècle* des *Bourgeoises de qualité*.

Il ne croyait pas si bien dire. En considérant le temps où il écrit, celui du dernier tiers du règne du grand roi, on y aperçoit bien vite la caractéristique des décadences morales, à savoir, en haut, l'oubli de cette grosse vérité qui sera formulée par Jean-Jacques : « L'argent, est tout au plus le supplément des hommes et le supplément ne vaudra jamais la chose » ; et, au-dessous, l'abaissement de tout et de tous devant l'argent. La *ploutocratie*, comme l'appellera le marquis d'Auberive, dans les *Effrontés*, issue de la fiscalité de l'ancien régime, complice des partisans, tels que M. Patin, ces « sangsues du Peuple » selon le mot de Vauban, faisait dès lors capituler la naissance. Elle allait faire capituler peu à peu l'esprit, dès le lendemain de *Turcaret*, dans les personnes de Voltaire et de Beaumarchais, jusqu'à ce qu'elle scellât avec lui une formidable alliance, en faisant d'une certaine presse son instrument de règne. La question capitale de cette fin du grand siècle, comme du nôtre, c'était déjà la question d'argent : c'est celle aussi qui fait le fond du *Chevalier à la Mode*.

Tout et tous y tournent autour du magot de Mme Patin ; la noblesse que le chevalier représente, sans la trop calomnier ; la robe que personnifie M. Migaud ; et la bourgeoisie, incarnée par M. Serrefort. Ah ! Mme Patin est bien entourée ; et il lui faudra ruser et combattre pour épouser son chevalier !

Elle n'est plus en puissance de mari, mais elle est en puissance de beau-frère ; et quel homme que ce M. Serrefort, qui la serre de si près et si fort pour l'amener à ses fins et empêcher les

40.000 livres de rente de feu son frère de s'égarer.

Voici sa petite combinaison.

Il fera épouser Mme Patin par son ami le conseiller M. Migaud, dont le fils épousera par ricochet sa fille Lucile, moyennant quoi le magot ne sortira pas de la famille. La chose est fort avancée, les promesses de mariage sont échangées, et il ne s'agit plus que de prendre date, quand il plaira à Mme Patin. Or nous savons qu'il ne lui plaît guère : elle a son chevalier en tête, et médite un mariage clandestin avec ce cher objet de ses feux au moins quadragénaire. Aussi comme elle se rebèque contre M. Serrefort qui vient la chapitrer ! La scène est vraiment écrite suivant la pure formule de Molière ; et qu'on juge par cet échantillon du naturel et du mordant de la langue et de l'allure du reste.

MADAME PATIN

Ah ! Monsieur Serrefort, quel dessein vous amène ? Vous m'auriez fait plaisir de me souffrir seule aujourd'hui ; mais puisque vous voilà, finissons, je vous prie. De quoi s'agit-il ?

MONSIEUR SERREFORT

Qu'est-ce donc, Madame ma belle-sœur ; de quel ton le prenez-vous là, s'il vous plaît ? Ecoutez, vous vous donnez des airs qui ne vous conviennent point ; et sans parler de ce qui me regarde, vous prenez un ridicule dont vous vous repentirez quelque jour.

MADAME PATIN

Un fauteuil, Lisette. Je prévois que Monsieur va m'endormir.

MONSIEUR SERREFORT

Non, Madame; et si vous êtes sage, ce que j'ai à vous dire vous réveillera terriblement, au contraire.

MADAME PATIN

Ne prêchez donc pas longtemps, je vous prie.

MONSIEUR SERREFORT

Si vous pouviez profiter de mes sermons, il ne vous arriverait pas tous les jours de nouvelles affaires, et qui vous perdront entièrement à la fin.

MADAME PATIN

Ah! ah! vous vous intéressez étrangement à ma conduite.

MONSIEUR SERREFORT

Et qui s'y intéressera, si je ne le fais pas? Vous êtes la tante de ma fille, veuve de maître Paul Patin, mon frère, et je ne veux point que l'on dise dans le monde que la veuve de mon frère, la tante de ma fille, est une folle achevée.

MADAME PATIN

Comment une folle? Vous perdez le respect, Monsieur Serrefort; et il faut que je trouve les moyens de me défaire de vous, pour ne plus entendre des sottises à quoi je ne sais point répondre.

MONSIEUR SERREFORT

Eh! ventrebleu! Madame Patin, vous devriez vous défaire de toutes vos manières et de vos airs de grandeur, surtout pour ne plus recevoir d'avanie pareille à celle d'aujourd'hui.

MADAME PATIN

Vous devriez, Monsieur Serrefort, ne me point reprocher des choses où je ne suis exposée que parce qu'on me croit votre belle-sœur; mais voilà qui est fait, Monsieur Serrefort, je ferai afficher que je ne la suis plus depuis mon veuvage: je vous renonce pour mon beau-frère, Monsieur Serrefort, et, puisque jusqu'ici mes dépenses, la noblesse de mes manières, et tout ce que je fais tous les jours n'ont pu me corriger du défaut d'avoir été la femme d'un partisan, je prétends.....

MONSIEUR SERREFORT

Eh! têtebleu! Madame Patin, c'est le plus bel endroit de votre vie que le nom de Patin! Et sans l'économie et la conduite du pauvre défunt, vous ne seriez guère en état de prendre des airs si ridicules. Je voudrais bien savoir...

MADAME PATIN

Courage, courage, Monsieur Serrefort, vous faites bien de jouer de votre reste.

MONSIEUR SERREFORT

Je voudrais bien savoir, vous dis-je, si vous ne feriez pas mieux d'avoir un bon carrosse, mais doublé de drap couleur d'olive, avec un chiffre entouré d'une cordelière, un cocher maigre, vêtu de brun, un petit laquais seulement pour ouvrir la portière, et des chevaux modestes, que de promener par la ville ce somptueux équipage qui fait demander qui vous êtes, ces chevaux fringants qui éclaboussent les gens de pied, et tout cet attirail, enfin, qui vous fait ordinairement mépriser des gens de qualité, envier de vos égaux, et maudire par la canaille. Vous devriez, Madame Patin, retrancher tout ce faste qui vous environne.

LISETTE

Mais Monsieur...
(*A Madame Patin, qui tousse, crache et se mouche.*)
Qu'avez-vous, Madame?

MADAME PATIN

Je prends haleine. Monsieur ne va-t-il pas passer au second point?

MONSIEUR SERREFORT

Non, Madame, et j'en reviens toujours à l'équipage.

MADAME PATIN

Le fatigant homme!

MONSIEUR SERREFORT

Que faites-vous, entre autres choses, de ce cocher à barbe retroussée? Quand ce serait celui de la reine de Saba...

LISETTE

Mais, est-ce que vous voudriez, Monsieur, que Madame allât aire la barbe à son cocher ?

MONSIEUR SERREFORT

Non ; mais qu'elle en prenne un autre.

MADAME PATIN

Oh bien ! Monsieur, en un mot comme en mille, je prétends vivre à ma manière ; je ne veux point de vos conseils, et me moque de vos remontrances. Je suis veuve, Dieu merci ! Je ne dépends de personne que de moi-même. Vous venez ici me morigéner, comme si vous aviez quelque droit sur ma conduite, c'est tout ce que je pourrais souffrir à un mari.

MONSIEUR SERREFORT

Quand M. Migaud sera le vôtre, il fera comme il l'entendra, Madame ; car je crois que vous ne nous manquerez pas de parole ; et si vous aimez tant la dépense, ce mariage au moins vous donnera quelque titre qui rendra vos grands airs plus supportables.

MADAME PATIN

Oui, Monsieur, quand Monsieur Migaud sera mon mari, je prendrai ses leçons, pourvu qu'il ne suive pas les vôtres. Il s'accommodera de mes manières, ou je me ferai aux siennes. Est-ce fait ? Avez-vous tout dit ? Sortez-vous, ou voulez-vous que je sorte ?

MONSIEUR SERREFORT

Non, Madame, demeurez ; je ne me mêlerai plus de vos affaires, je vous assure ; mais qu'une tête bien sensée en ait au plus tôt la conduite, et que ce double mariage, que nous avons résolu, se termine avant la fin de la semaine, je vous prie.

MADAME PATIN

Ne vous mettez pas en peine.

Mais au fait pourquoi se borne-t-elle à discuter aigrement avec M. Serrefort qui tonne sur son luxe et ses allures, où à malmener le patient Migaud, au lieu de rompre en visière aux deux compères et à toute la famille Patin pour épouser ouvertement le chevalier ? N'est-elle pas « veuve, Dieu merci ! » comme elle dit ? Ici il faut se reporter aux mœurs du temps, pour avoir le sens de la situation.

Mme Patin est la veuve d'un partisan qui n'a pas gagné trop honnêtement son argent, au service du roi, comme elle en convient elle-même. Un scandale peut tout gâter. Le pouvoir avait la main leste à l'endroit des financiers, et l'on sait que Colbert leur avait fait rendre gorge, avec une brutalité qui s'appelle dans l'histoire la *Terreur de Colbert*. On en sortait à peine. Or, justement, Mme Patin vient de s'attirer une grave affaire, de carrosse à carrosse, avec une comtesse, et M. Migaud n'est pas de trop pour parer le coup qui la menace. M. Serrefort lui fait entrevoir quelque grosse taxe qui la ruinerait du coup, et il est même homme à demander une lettre de cachet pour sa belle-sœur, si elle fait mine d'épouser le chevalier : « J'y brûlerai mes livres ! », s'écrie-t-il. Il n'aurait pas besoin d'en venir là, et le fisc, toujours aux expédients, toujours prêt à se donner barres sur les partisans — à les *faire chanter*, pour employer le mot propre, — se fût vite fait son complice. On le sait et par combien de preuves piquantes ! mais passons.

Si évaporée que soit Mme Patin, elle sent tout cela à demi-mot, comme faisait le parterre du temps, et voilà justement le nœud de l'action. On aperçoit ici comment il prend ses plis et replis dans le fond même des mœurs du temps, et combien le chevalier à la mode par la trame de son intrigue, aussi bien que par le fond du sujet inaugure la véritable et ample comédie de mœurs.

Mme Patin ruse donc, tout en se dédommageant, par des mots féroces de la contrainte que lui impose M. Serrefort, et elle se mariera le lendemain à cinq heures du matin, avec le chevalier. Dès lors plus de craintes: la qualité de son époux la couvrira. Le coup est bien monté; et la famille Patin serait jouée, sans Lisette et le chevalier lui-même.

Lisette, fille de chambre de Mme Patin, reçoit ses confidences et les trahit aussitôt, moyennant des places, des *commissions*, que M. Serrefort doit donner à ses parents. Elle dit bien qu'elle en agit ainsi par honnêteté aussi ; mais à l'instar de tous les personnages de la pièce, dont pas un n'est sympathique — tout comme dans *Turcaret* et dans notre plus récente école, — elle n'est guidée que par l'intérêt. Elle dénonce donc le plan de Mme Patin aux deux compères. Mais cela n'aboutirait qu'à faire remettre la partie, si le chevalier ne se chargeait lui-même d'amener une rupture irrémédiable.

Il a plus d'une intrigue, notre galant, et il fait si bien que leurs fils après s'être croisés comiquement l'un l'autre, finissent par s'embrouiller, et qu'il reste empêtré le plus plaisamment du monde.

Il a promis le mariage à une vieille baronne

plaideuse, qui sera fort riche, si elle gagne ses procès, et qui, en attendant, l'entretient de carrosses et d'argent de poche. Voilà pour le solide. Il s'est épris aux Tuileries d'une brunette, fille de famille, assez mal gardée, qu'il rêve d'enlever avec l'argent de ses *deux vieilles*, comme il dit : et voilà pour la bagatelle. Mais il arrive que ses dupes se rencontrent et s'expliquent plus ou moins, deux à deux, ou trois à trois, et les péripéties de ce chassé-croisé forment l'intrigue et le dénouement de la pièce.

C'est d'abord la vieille baronne qui vient, pour ses procès, visiter Mme Patin, laquelle doit solliciter auprès de M. Migaud. Mais la baronne se trouve nez à nez, chez Mme Patin, avec le chevalier qui y fait sa cour à la maîtresse du logis. Pris entre deux vieilles, pardon ! entre deux feux, notre homme s'en tire exactement comme don Juan entre Charlotte et Mathurine, mais en faisant une plus grande dépense d'esprit et du meilleur. Cependant la brunette des Tuileries n'est autre que la fille de M. Serrefort, Lucile, dont il ignore le nom de famille et de laquelle il n'est connu que sous celui de marquis des Guérets. Il lui envoie des vers faits sur commande par un de ces pauvres diables de poètes à gages qui pullulaient alors, et dont la caricature allait être un des thèmes favoris de la comédie de mœurs ou de genre. Mais de ces vers qui ont déjà servi pour ses deux vieilles, la jeune fait trophée. Une des vieilles, la baronne, survient qui les entend et les réclamait aigrement comme siens, quand Mme Patin surgit pour brocher sur le tout et tirer les mêmes vers « trop circulaires » de sa propre poche. Ce n'est pas médiocrement gai, quoique directement imité de la scène des billets du *Misanthrope*.

Et le chevalier mis au courant de l'esclandre par le courroux de la baronne, sortira encore de l'affaire, blanc comme neige, aux yeux de Mme Patin, et avec quelle verve, quelle fantaisie !

La scène de l'acte IV où il berne la pauvre femme est une petite merveille. Le fripon met même une coquetterie artiste dans sa friponnerie, quand il invite son valet à apprécier la virtuosité de ce tour de passe-passe. N'en déplaise à Geoffroy et aux critiques qui, après lui, ont désigné la seconde scène du second acte entre Mme Patin et M. Serrefort, comme digne de Molière, celle-ci, la seconde du quatrième acte, ne lui cède en rien pour la mordante vérité du fond, et produit un plus grand effet, à la scène, comme nous avons pu nous en convaincre, aux répétitions[1]. Le chevalier y est vraiment Célimène en homme, pour la verdeur de la langue comme pour la rouerie de la manœuvre. Qu'on en juge.

MADAME PATIN

Ah ! Ah ! Monsieur, vous voilà de bien bonne humeur, et je ne

1. Cette scène et toute la comédie d'ailleurs eurent un très vif et très notable succès à la représentation.

sais vraiment pas quel sujet vous croyez avoir de vous tant épanouir la rate.

LE CHEVALIER

Je vous demande pardon, Madame; mais je suis encore tout rempli de la plus plaisante chose du monde. Vous vous souvenez des vers que je vous ai tantôt donnés?

MADAME PATIN

Oui, oui, je m'en souviens, et vous vous en souviendrez aussi, je vous assure.

LE CHEVALIER

Si je m'en souviendrai, Madame? ils sont cause d'un incident, dont j'ai pensé mourir, à force de rire, et je vous jure qu'il n'y a rien de plus plaisant.

MADAME PATIN

Où en est donc le plaisant, Monsieur?

LISETTE

Voici quelque pièce nouvelle.

LE CHEVALIER

Le plaisant? Le plaisant, Madame, est que quatre ou cinq godelureaux se sont fait honneur de mes vers : comme vous les avez applaudis, je les ai crus bons, et je n'ai pu m'empêcher de les dire à quelques personnes. Je vous en demande pardon, Madame, c'est le faible de la plupart des gens de qualité qui ont un peu de génie. On les a retenus, on en a fait des copies, et en moins de deux heures, ils sont devenus vaudevilles.

CRISPIN, *bas.*

L'excellent fourbe que voilà !

LISETTE, *bas.*

Où veut-il la mener avec ses vaudevilles?

MADAME PATIN, *à Lisette.*

Écoutons ce qu'il veut dire : il ne m'en fera plus si facilement accroire (*Au Chevalier!*) Eh bien, Monsieur, vous êtes bien content de voir ainsi courir vos ouvrages ?

LE CHEVALIER

N'en êtes-vous pas ravie, Madame ? Car enfin, puisqu'ils sont pour vous, cela vous fait plus d'honneur qu'à moi-même.

MADAME PATIN

Ah ! scélérat ?

LE CHEVALIER

Notre baronne, au reste, n'a pas peu contribué à les mettre en vogue. Têtebleu ! Madame, que c'est une incommode parente que cette baronne, et qu'elle me vend cher les espérances de sa succession ?

LISETTE, *bas à Madame Patin.*

Le fripon ! la baronne est sa parente comme je suis le grand Mogol.

MADAME PATIN

Écoutons jusqu'à la fin.

LE CHEVALIER

Vous ne sauriez croire jusqu'où vont les folles visions de cette vieille, et les folies qu'elle ferait dans le monde, pour peu que mes manières répondissent aux siennes.

CRISPIN, *bas.*

Cet homme-là vaut son pesant d'or.

LE CHEVALIER

J'ai passé chez elle pour lui parler de quelque argent qu'elle m'a prêté, et que je veux lui rendre, s'il vous plaît, Madame, pour en être débarrassé tout à fait.

CRISPIN

Le royal fourbe !

LE CHEVALIER

Je lui ai dit vos vers par manière de conversation : elle les a trouvés admirables. Elle me les a fait répéter jusqu'à trois fois, et j'ai été tout charmé que la vieille surannée les savait par cœur. Elle est sortie tout aussitôt, et s'en est allée apparemment de maison en maison, chez toutes ses amies, faire parade de ces vers, et dire que je les avais faits pour elle.

MADAME PATIN

S'il disait vrai, Lisette ?

LISETTE

Que vous êtes bonne, Madame! Eh, jarnonce! quand il dirait vrai pour la baronne, comment se tirerait-il d'affaire pour votre nièce ?

CRISPIN

Oh! patience ; s'il demeure court, je veux qu'on me pende.

LE CHEVALIER

Mais voici bien le plus plaisant, Madame. J'ai passé aux Tuileries, où j'ai rencontré cinq ou six beaux esprits. Oui, Madame, cinq ou six : et il ne faut point que cela vous étonne. Nous vivons dans un siècle où les beaux esprits sont tout à fait communs, au moins.

MADAME PATIN

Eh bien, Monsieur ?

LE CHEVALIER

Eh bien! Madame, ils m'ont conté que le marquis des Guérets avait donné les vers en question à une petite grisette ; que l'abbé du Terrier les avait envoyés à une de ses amies ; que le chevalier Richard s'en était fait honneur pour sa maîtresse, et que deux de ces pauvres femmes s'étaient, malheureusement pour elles, trouvées avec la baronne, où il s'était passé une scène des plus divertissantes.

MADAME PATIN

Ce sont de bons sots, Monsieur, que vos beaux esprits, de plaisanter de cette aventure-là.

LISETTE

Non ! elle prend la chose comme il faut.

LE CHEVALIER

Comment, Madame ? Vous n'entrez donc point dans le ridicule de ces trois femmes, qui se veulent battre pour un madrigal ? Et la bonne foi de ces pauvres abusées, et la folie de notre baronne, ne vous fait point pâmer de rire ?

MADAME PATIN, *à Lisette.*

Je crève, et je ne sais si je me dois fâcher ou non.

LISETTE

Eh ! Merci de ma vie ! Pouvez-vous faire mieux, en vous fâchant contre un petit fourbe comme celui-là ?

LE CHEVALIER

Vous ne riez point, Madame ?

CRISPIN

Tu ne ris point, Lisette ?

LE CHEVALIER

Je le vois bien, Madame, il vous fâche que des vers faits pour vous soient dans les mains de tout le monde. Je suis un indiscret, je l'avoue, de les avoir rendus publics, et vous demande à genoux mille pardons de cette faute, Madame ; et je vous jure que l'air que j'ai fait sur ces malheureux vers n'aura pas la même destinée, et que vous serez la seule qui l'entendrez.

MADAME PATIN

Vous avez fait un air sur ces paroles, Monsieur ?

LE CHEVALIER

Oui, Madame, et je vous conjure de l'écouter ; il est tout plein d'une tendresse que mon cœur ne sent que pour vous ; et je jugerai bien, par le plaisir que vous aurez à l'entendre, des sentiments où vous êtes à présent pour moi.

« LE CHEVALIER A LA MODE »

LISETTE

Le double chien la va tromper en musique.

LE CHEVALIER, *après avoir chanté tout l'air dont il répète quelques endroits*[1].

Avez-vous remarqué, Madame, l'agrément de ce petit passage ? (*Il chante.*) Sentez-vous bien toute la tendresse qu'il y a dans celui-ci ? (*Il chante*). Ne m'avouerez-vous pas que celui-là est bien passionné ? (*Il chante encore*). Vous ne dites rien ? Ah ! Madame, vous ne m'aimez plus, puisque vous êtes insensible au chromatique dont cet air est tout rempli.

MADAME PATIN

Ah ! méchant petit homme, à quel chagrin m'avez-vous exposée !

LE CHEVALIER

Comment donc, Madame ?

MADAME PATIN

J'étais une des actrices de cette scène que vous trouvez si plaisante.

LE CHEVALIER

Vous, Madame ?

MADAME PATIN

Moi-même, et c'est en cet endroit qu'elle s'est passée entre la petite grisette, la baronne et moi.

LE CHEVALIER

Ah ! pour le coup, il y a pour en mourir, Madame. Oui, je sens bien que pour m'achever, vous n'avez qu'à me dire que vous me

---

1. Pendant ce temps Crispin a fait mine de râcler la guitare, avec des *from ! from !* et le tout a parlé, à merveille. J'insiste sur ce succès de la représentation que je trouve, lui aussi, documentaire, et qui ne vient pas peu à l'appui de mon admiration pour ce chef-d'œuvre un peu méconnu.

haïssez autant que je le mérite. Faites-le, Madame, je vous en conjure, et donnez-moi le plaisir de vous convaincre que je vous aime, en expirant de douleur de vous avoir offensée.

MADAME PATIN

Levez-vous, levez-vous, Monsieur le Chevalier.

CRISPIN

La pauvre femme !

LE CHEVALIER

Ah ! Madame, que je mérite peu...

MADAME PATIN

Ah ! petit cruel, à quelle extrémité avez-vous pensé porter mon dépit ! Savez-vous bien, ingrat, qu'il ne s'en faut presque de rien que je sois la femme de M. Migaud.

LE CHEVALIER

Si cela est, Madame, j'irai déchirer sa robe entre les bras même de la justice, et je me ferai la plus sanglante affaire...

MADAME PATIN

Non, non, chevalier, laissez-le en repos ; le pauvre homme ne sera que trop malheureux de ne me point avoir, mais je vous avoue qu'il m'aurait, si j'avais trouvé mon beau-frère chez lui ; heureusement il n'y était pas.

LE CHEVALIER

Ah ! je respire ! je viens donc de l'échapper belle, Madame ?

MADAME PATIN

Vous vous seriez consolé avec la baronne.

LE CHEVALIER

Eh fi ! Madame, ne me parlez point de cela, je vous prie. Je ne songe uniquement, je vous jure, qu'à lui donner mille pistoles que je lui dois, et qu'il faut que je lui paie incessamment : Madame, je vous en conjure.

MADAME PATIN

Si vous êtes bien véritablement dans ce dessein, j'ai de l'argent, chevalier : venez dans mon cabinet.

Mais l'affaire a d'autres suites et Mme Patin n'en est pas quitte à si bon marché que le chevalier. La vieille baronne a de la race, du sang. Elle arrive chez la bourgeoise, suivie d'un grand escogriffe qui, cérémonieusement, tira deux épées de sous son manteau dont la baronne prend l'une et tend l'autre à Mme Patin. Il va falloir en découdre. Mme Patin *gueule* si fort, comme dit son cocher, que la livrée arrive au secours, mais elle est tenue en respect par le double estoc de la baronne, qui sort triomphalement, non sans avoir accablé de son mépris cette malheureuse petite bourgeoise qui « veut devenir femme de qualité et n'oserait tirer l'épée ». La scène, la seule dans ce goût, est un peu chargée, mais elle a deux excuses : la première est d'être fort gaie ; la seconde, précieuse à relever, pour les besoins de notre thèse, c'est d'être arrivée, car elle n'était que la mise à la scène d'un fait — divers du temps. Elle devait même se renouveler, avant d'être illustrée par le pinceau de Bayard, quand quelques années plus tard, deux belles dames se battirent — pour l'irrésistible duc de Richelieu — au pistolet, sans trop songer, comme disait Voiture,

> Qu'un peu de plomb peut casser
> La plus belle tête du monde.

Madame Patin a donc passé une belle peur, mais elle n'en tient que plus, comme bien on pense, à épouser le chevalier. Et pour faire d'une pierre deux coups, elle aide sa nièce à se faire enlever par le marquis des Guérets qu'elle ignore toujours ne faire qu'un avec son chevalier. La tante et la nièce attendent de compagnie chacune leur amoureux quand le chevalier entre. La jolie scène et combien filée avec art ! Il ne se trouve plus qu'un galant là où il en fallait deux au moins. Le chevalier de Villefontaine et le marquis des Guérets sont même personne !

L'explication est d'un comique dru : la tante et la nièce se déchirent en propos malsonnants de pecques bourgeoises. Puis, de dépit elles se jettent l'une dans les bras de Migaud père, l'autre dans ceux de Migaud fils, se consolant chacune par l'idée rageuse que l'autre n'aura pas le chevalier, lequel persifle, mais doit enfin quitter la place, ce qui finit la pièce.

Sur la trame légère de cette intrigue les caractères se détachent avec une netteté suffisante, et ont une nouveauté appréciable qui achèvera de commenter — et encore par les mœurs, — cette comédie de mœurs, la seule digne de ce nom, avant *Turcaret* qu'elle a quelque peu engendré comme vous allez voir.

Après les mœurs de cette fin de siècle, voyons-en donc les caractères.

Le chevalier d'abord — qui a des maîtresses comme on a des fermes, selon le mot de M. Migaud, pour fournir à son équipage, à son habillement et logement, à ses grands et menus plaisirs — est d'une assez belle venue, même après le marquis du *Bourgeois gentilhomme* et le héros de l'*Homme à bonnes fortunes*. Et le joli jargon et qui date ! « Tu as *du dessin* aujourd'hui », dit-il à Lisette, en la chiffonnant et en suivant de près les lignes du susdit dessin. Le rôle vaudrait une étude détaillée en considération de sa postérité.

En effet, après l'algarade finale, il nous confie qu'il retourne chez une vieille baronne, en attendant mieux. Nous le retrouverons donc, mais cette fois plus avisé. Il ne chassera plus seul, et il fera rabattre le gibier par une jeune et jolie femme qu'il tiendra en laisse. Et la grosse bête ne sera plus Mme Patin, mais M. Patin ressuscité, et la pièce s'appelle *Turcaret*. Le petit maître y est descendu d'un degré de plus dans l'ignoble. Faisons halte là. Pour suivre sa postérité il faudrait en venir jusqu'à *Jupillon*, de *Germinie Lacerteux*, en passant par le *Moncade* de *l'École des Bourgeois* et par *Monsieur Alphonse*.

Nous avons déjà eu l'occasion de remarquer que le *Chevalier à la mode* était par plus d'un côté Célimène en homme : Madame Patin est tout à fait *le Bourgeois gentilhomme* en femme, c'est-à-dire avec le degré supérieur d'âpreté dans son travers que comportent le sexe et la fringale amoureuse. Elle n'est plus entêtée mais enragée de qualité. De là des mots féroces, celui-ci, par exemple, quand elle apprend l'aventure de sa nièce : « Si le père et la mère pouvaient en mourir de chagrin, nous serions débarrassés de deux ennuyeux personnages » ; ou cet autre : « Je ne sais ce qui me fera le plus de plaisir, d'épouser le chevalier ou de désespérer M. Serrefort. » La bonne personne ! s'écrie Lisette.

D'autre part, ne rappelle-t-elle pas çà et là Mme Guichard, de *Monsieur Alphonse,* par les soubresauts de sa tendresse bourrue, par la rudesse de ses élans vers le freluquet qui subjugue sa massive personne ? Notez bien sur quel ton elle geint des perfidies dont elle devine qu'elle est la dupe, sans pouvoir s'y soustraire : « Ah ! chevalier, que vous êtes méchant ! je sens bien que vous me trompez ; et je ne puis m'empêcher d'être trompée... Ah ! méchant petit homme ! » soupire-t-elle, et n'est-ce pas à peu près comme si on entendait Mme Guichard disant à M. Alphonse : « Tu me mènes comme tu veux. C'est qu'en effet tu es d'une autre race que moi : tu as des petits pieds, des petites mains, c'est toi la femme. »

Elle ne va pas mal non plus la petite nièce ; et il faut la signaler comme type d'ingénue *fin de siècle* — le mot est de Dancourt ou à peu près, on vient de le voir. — Cette Lucile procède de son homonyme dans *La Coquette et la fausse prude* de Baron, de cette autre Lucile qui a caché son

Horace dans le logis paternel où elle l'a nourri trois jours de confitures. Et que de sœurs elle aura dans Dancourt! Notons-en une nommée tout court *la Parisienne*, dans une preste intrigue imitée de l'*Ecole des Filles* de Montfleury, laquelle ayant trois galants venus en même temps dans sa maison, réussit à les éconduire et même à les faire reconduire l'un par l'autre, à l'insu les uns des autres. Mariez-la et vous aurez son homonyme, *la Parisienne* de Becque, tant ce Dancourt était déjà dans le sens de l'évolution de la comédie réaliste.

Quant à la Lucile, du *Chevalier à la mode*, considérée isolément, elle est l'ancêtre directe de Mlle Benoiton, celle qui barbotte dans *la Cruche cassée*, et qui rêve devant cette allégorie de Greuze, en attendant qu'elle la réalise. Lucile la réalisera, car le père Serrefort ne sera pas toujours là, à point, pour faire sauter tous les galants par la fenêtre. Comme M. Migaud, le père, on peut craindre fort pour M. Migaud, le fils, qui épouse Lucile au dénoûment; et on sait bien, par les autres comédies et pochades du temps, à quels abbés et à quels *plumets* iront les écus de monsieur le futur conseiller. Qu'on se reporte, pour plus ample renseignement, à *La tête à perruque*, de Collet, ce chef-d'œuvre de la comédie de société.

Quant à M. le conseiller au Parlement, M. Migaud, le père, si patient, si mesuré, nous croyons qu'il ne se vante pas, lorsque, Lisette lui objectant les suites possibles de son mariage avec Mme Patin, il répond fort posément par ce mot qui est un trait de caractère : « J'aurai moins à souffrir que tu ne penses; et je suis, grâces au ciel d'une profession et d'un caractère à mettre aisément une femme à la raison. » Il a de l'allure le robin, comme ses pareils d'ailleurs, les héritiers des vieux légistes, qui commençaient à lever haut la tête et qui, plus tard, tiendront tête au pouvoir, en attendant qu'ils commencent la Révolution comme d'Eprémesnil.

Mais la plus verte allure est encore celle de M. Serrefort : et quelle paire il fait avec Mme Patin ! Le rude bourgeois ! Quelle poigne ! Quel bon sens ! C'est celui de Mme Jourdain très exactement : « C'est une peste dans une famille bourgeoise qu'une Mme Patin ! » s'écrie-t-il ; mais il y met bon ordre, du moins en apparence, et pour le moment : un soufflet à sa fille devant le galant, une série de camouflets à Mme Patin, vlan ! vlan ! et nos deux écervelées se rangent à deux mariages de raison.

Advienne que pourra d'ailleurs, et nos auteurs sont trop gais pour en avoir cure. Il nous semble que ce pince-maille de Serrefort doublé du robin Migaud, et montant la garde autour du magot de sa belle-sœur et de la vertu de sa fille, symbolise assez bien cette partie de la bourgeoisie d'alors, entrevue par Molière, derrière M. Harpin et Mme Jourdain, âpre au gain, conservatrice de ses écus, contente de son tiers rang, qui n'aspirait à rien moins qu'à redorer les blasons, et qui, en dépit de ses petits vices et grâce à ses petites vertus, se trouvera, après un siècle de décadence aristocratique, à l'heure critique de la liquidation de l'ancien régime, la seule classe capable de recueillir le pouvoir.

Ainsi, dans le *Chevalier à la mode*, la condition sociale de chacun des personnages et le milieu où ils se trouvent sont nettement déterminés. Cette comédie indique une date précise dans l'histoire des mœurs, et même dans celle de la mode, comme nous en avertit le sous-titre ; car il y est question non seulement de la dernière mode chez la jeunesse dorée, qui est de « boire et prendre du tabac » ou de coucher sur des tablettes « des chansons libertines », mais encore des soupers chez *Rousseau*, des lapins de la *Guerbois*, de Jeanneton, la *marchande de bouquets, qui est à la porte des Tuileries*, etc... La préoccupation, chez les auteurs, de tout marquer au coin de la dernière actualité pour *le costume*, comme pour le fond des mœurs, y est partout manifeste.

Le nœud et les ressorts mêmes de l'intrigue y sont des traits de mœurs, comme on l'a pu voir. Ajoutons que cette intrigue est des plus piquantes, fort adroitement filée et traînée. *Le Chevalier à la mode* est une pièce bien faite, ce qui ne gâte rien. Elle est même la seule de tout le théâtre de Dancourt qui mérite cet éloge, les autres étant, par négligence ou de parti pris, de ce genre invertébré qu'on appelle aujourd'hui *antiscribite* ou *de la vie par tranches*, qui choquera tant Voltaire et la Harpe, et vaudra de redoutables dédains à leur auteur, trouvé en cela justement inférieur à son contemporain et rival Dufresny.

Dans le dialogue qui est d'une coupe excellente, et d'un naturel savoureux, émaillé de cent traits de cet esprit *drôle et fin* dont Dancourt se reconnaissait le don, d'accord avec le public, perce un accent tout moderne. Il en part des saillies aiguës et empennées, à la Meilhac, il y pétille des mots durs et aigres à la Barrière et à la Becque : on en a vu des échantillons.

Tous ces mérites, essentiels à la comédie de mœurs, furent vivement sentis par les contemporains. Après les hauts et les bas des toutes premières représentations, la pièce se releva et fut un des plus grands succès de l'ancien théâtre, peut-être le plus grand, avant le *Barbier de Séville*. En 1806, Geoffroy constatera encore que le parterre l'accueille avec une faveur tout exceptionnelle. Elle atteignit la quarantième dans sa nouveauté. Nous voyons, sur les registres de la Comédie Française, qu'elle faisait, à la trentième représentation une recette de 730 livres 5 sous, ce qui est un beau chiffre pour l'époque, car celui de la première n'avait été que de 919 livres 5 sous. Les critiques firent chorus avec le public et même, dès la première heure, car ceux de *Mercure Galant,* les plus autorisés du temps ne tarissent pas en éloges sur la pureté du style, à l'impression de l'ouvrage qui est l'écueil surtout pour les pièces de théâtres.

Les auteurs dramatiques marquèrent leur admiration pour cette pièce à leur manière, c'est-à-dire en en tirant des copies sans nombre.

Le Chevalier à la mode est évidemment, pour la peinture des mœurs, le modèle que serreront de près l'auteur de *Turcaret* et celui de l'*École des Bourgeois*. Le Théâtre Italien et Regnard, Lesage et le Théâtre de la Foire, se précipitant gaiement sur les traces de Dancourt *et Saint-Yon*, achèveront de donner l'essor à la comédie de mœurs et de genre qui a été l'honneur du théâtre de ce siècle, comme aussi au genre dit des *Croquades de mœurs* qui n'en est pas toujours le déshonneur et en est quelquefois l'espoir.

Mais nul n'a subi plus fortement l'influence du *Chevalier à la mode* que Dancourt lui-même. Sa collaboration avec l'auteur des *Façons du temps* orienta définitivement son talent alerte et charmant vers ces actualités, ces fait-divers portés tout vifs sur la scène, que les beaux esprits de la Régence désignaient à la cavalière, par le terme oublié mais bien notable de *Dancourades*, et que M. Jules Lemaître appelle des *Vaudevilles,* après les frères Parfait et la Harpe, mais avec force aperçus ingénieux et traits délicats à l'appui de son dire. N'y a-t-il pas même comme un aveu de ce fait, dans la complaisance avec laquelle Dancourt reproduira le sous-titre: « à la mode » du *Chevalier* : *La Dame à la mode*, *Les Bourgeoises à la mode*, *La Famille à la mode* ? Et comme il eut raison de multiplier ces actualités dramatiques qui le feront appeler par Palissot *le Téniers de la comédie*, où il apparaît, par son réalisme léger, sa malice gaie, son parisianisme de race, comme le « Meilhac et Halévy » de la fin du grand règne et, çà et là, comme le Sardou de la régence. Aussi M. Jules Lemaître ne s'y est-il pas trompé. A l'heure décisive où l'on doit faire acte de maîtrise, — en jugeant son maître ou en choisissant son homme, — dans sa thèse de doctorat, guidé par un instinct dès lors très sûr, il est allé droit à Dancourt. Heureux Dancourt ! Il a toutes les chances, depuis ses collaborateurs qu'il éclipse jusqu'à ses juges qui l'illustrent.

Mais, en somme, il les mérite, ne serait-ce que pour avoir succédé directement à Molière, en donnant, dès *Le Chevalier à la mode*, la véritable formule de la comédie des mœurs.

Nous avons tenté, en effet, de prouver que *Le Chevalier à la mode* est le prototype de la comédie de mœurs par les mérites combinés, suivant la vraie formule, de l'observation, de l'intrigue, du style et de tous les assaisonnements secondaires. C'est une date à retenir, un chef-d'œuvre à mettre hors de pair parmi la foule ondoyante et légère des *Dancourades*, le principal titre de Dancourt à l'estime de la postérité, sans oublier ce brave homme de Saint-Yon.

Moralité : Que de découvertes à faire encore dans l'étude de ces époques de transition ? Qu'on se le dise.

Mais trêve de dissertations. Je n'en ai eu que trop à faire aujourd'hui, tant il était nécessaire de prouver mon dire. Mon rôle est fini, celui des interprètes de la pièce commence. Je répète qu'ils forment un ensemble excellent, la mise au point de la pièce étant tout à fait exacte ; et qu'ils ne nous aideront pas peu à goûter la première en date des comédies de mœurs proprement dites, et qui fut saluée comme telle par les contemporains. J'ai voulu vous mettre au point d'en juger comme ces derniers, sans un trop grand effort de curiosité rétrospective. Et maintenant tous les effets de cette *actualité* deux fois séculaire doivent passer la rampe, du moins si j'ai réussi à l'éclairer.

LE PRINCE TRAVESTI [1]

La formule de *Marivaux* et la comédie héroïque. — La comédie italienne et l'évolution du rôle d'Arlequin jusqu'à nos jours. — *Les Sincères* et Marivaux sérieux.

Mesdames et messieurs,

Cette année-ci, la tâche de l'Odéon était devenue bien difficile. Son nouveau directeur voulait, pour sa bienvenue, vous apporter du nouveau, n'en fût-il plus au monde. Et il semblait bien qu'il n'y en eût plus, après huit années d'existence — oui huit années, celle-ci est la neuvième, je les ai comptées au fil des miennes, ayant eu l'honneur d'en être, de fondation — après huit années de cette déjà vénérable institution des matinées classiques avec conférences. Déjà, depuis deux ou trois ans, nous en étions à opérer des fouilles dans le répertoire du second, voire du troisième ordre, réduits à la devise de Corneille vieilli, *non pas tant du mieux que du neuf (non tam meliora quam nova).*

1. Odéon, 4 mars 1897.

Eh ! bien, M. Ginisty étendant le champ de ses fouilles aux théâtres de trois littératures classiques, puis à la littérature européenne, voire asiatique, a pu trouver encore du neuf qui ne fût pas du genre ennuyeux. Vous l'avez bien vu et le verrez, et cela, même dans le champ de la littérature classique française : mais jamais il n'aura eu, je crois, la main plus heureuse qu'avec la grande pièce que l'on va vous jouer aujourd'hui, *Le Prince travesti*. C'est tout bonnement un des chefs-d'œuvre de Marivaux et qui va même vous révéler un Marivaux inconnu, si vous voulez bien faire un petit effort d'attention : n'en faut-il pas toujours pour les plaisirs délicats ?

Cet effort j'ai pour tâche de vous le faciliter. Je commence par vous le définir.

Le Prince travesti fut joué en 1724, à la Comédie Italienne, et n'a pas été repris depuis, que je sache. C'est donc à une sorte de première que vous êtes conviés. Or, c'est une pièce d'une constitution toute particulière, exceptionnelle dans le théâtre même de Marivaux. Sans doute, elle a plu jadis, et j'en ai lu d'authentiques témoignages. Elle eut dix-sept représentations, ce qui est un joli chiffre pour l'époque et l'endroit.

Mais près de deux siècles écoulés, quel lointain pour une pièce de genre, jouée sur un théâtre de genre, par des acteurs spéciaux : et quelle différence entre les états d'esprit du public ! Que faire donc pour vous mettre à même de prendre à ce spectacle le plaisir qu'il mérite de vous donner, pour créer en vous cette disposition commune à ressentir les impressions que les philosophes de la musique appellent la *cénesthésie* et dont est chargée l'ouverture des opéras ?

Deux choses, à mon sens : d'abord vous montrer en quoi *le Prince travesti* diffère de la caractéristique générale du théâtre de Marivaux, puis vous définir exactement pour quel théâtre et pour quels interprètes, il fut conçu. Après quoi j'aurai tenté le possible pour faire de vous, passez-moi ses expressions, par ce temps de spiritisme, des sujets sensibles à l'*ascendant fluidique* de l'original auteur du *Prince travesti* — le dramaturge n'est-il pas un thaumaturge, *magus*, au dire d'Horace ? — pour vous mettre en état de *réceptivité maxima*.

Que signifient d'ordinaire, qu'évoquent d'abord dans l'esprit, au seul point de vue du théâtre, qui est le nôtre, ce nom Marivaux et ce mot marivaudage ?

Marivaux, cela ne veut pas dire un héritier de Molière. Chez Regnard, parmi les éblouissements de sa fantaisie, de son esprit et de son style ; chez Dancourt, dans la bigarrure de ses vifs et si acérés vaudevilles, comme dans son *Chevalier à la mode*, véritable prototype de la grande comédie de mœurs, comme j'ai eu l'occasion de le montrer ici par le menu ; et chez Lesage, sous le hérissement de sa verve satirique, saute aux yeux, un peu partout, l'imitation de Molière, la leçon de Molière, la vénération de Molière. Chez Marivaux qui vient après eux, rien de pareil, rien de semblable. Il avait le tort, et ce fut son plus grand tort, de ne pas aimer Molière : peut-être parce qu'il manquait de culture classique et aussi, sans doute et surtout, comme Dufresny, parce qu'il se croyait plus d'esprit que lui. N'eut-il pas, comme la Bruyère, le tort de vouloir refaire *Tartuffe* dans certain M. de Climal de son roman de *Marianne ?*... Mais, logique dans son antipathie, il ne lui demanda rien, du moins directement, car on est toujours l'élève de Molière, dès qu'on écrit une comédie ; c'est Racine qui fut son modèle, avec ou sans préméditation, mais certainement.

La caractéristique générale de Marivaux auteur dramatique, la source de ses qualités les plus connues comme de ses plus incontestables défauts, de son *marivaudage,* en un mot, c'est l'emploi spécial qu'il a fait au théâtre de la passion de l'amour.

Il en a fait le principal ressort, le protagoniste de la comédie, ce qui était sans précédent.

Chez Molière, en effet, et chez ses immédiats successeurs, l'amour n'est jamais qu'épisodique ; sa peinture n'est pas l'objet principal de la comédie de caractère, de mœurs ou d'intrigue : elle n'en est que l'occasion. Il y est une sorte de réactif. Par exemple l'amour d'Alceste pour Célimène n'est que le réactif qui fait apparaître sa misanthropie ; celui de Tartuffe pour Elmire n'est que le réactif qui fait apparaître son hypocrisie. Il en est de même dans *le Joueur,* dans *le Distrait* et, plus tard, dans *le Glorieux,* etc...

Dans la comédie de Regnard, de Dancourt, de Lesage, les amoureux sont aussi peu compliqués que chez Molière. Ils sont amoureux par définition, le sont tout de suite, et le restent jusqu'au bout. Leur amour est une donnée, un postulat, une force simple. Cette force tend à son objet, tout droit, ne trouvant à la réalisation de l'union avec l'objet aimé d'autres obstacles que ceux qui lui viennent du dehors, n'ayant d'autre évolution que çà et là celle d'un léger dépit amoureux.

Chez Marivaux, au contraire, l'amour est la grosse affaire, le centre où tout tend, qui se subordonne tout et, par là, il procède de Racine et lui succède comme Ménandre à Euripide.

Corneille disait, en parlant de l'amour : « Je n'ai jamais cru que cette passion dût être la dominante au théâtre ». Racine le crut, Quinault aidant, et ce fut là source de son originalité. Marivaux fit pour la comédie le même calcul que Racine avait fait pour la tragédie, et c'est en ce sens que Vitet a pu dire : « Marivaux c'est Racine en miniature. »

Le mot est joli ; mais ce serait être bien injuste envers Marivaux que de le prendre pour une définition. Sans doute son point de départ est celui de Racine: mais comme la formule dramatique qu'il apporte est différente, de par la différence des genres !

L'amour est une passion si forte, si absorbante, qui fait un tel vide autour d'elle, — si *pneumatique*, comme disait déjà Saint-Simon, — que si elle est malheureuse, elle mène aux extrêmes de la jalousie et de la vengeance, et alors elle est vite et logiquement tragique : si elle est heureuse, elle n'a pas d'histoire.

Enfoncé dans ce dilemme, Marivaux s'en évada, comme il suit.

Puisque, théâtralement, un amour *né*, l'amour-passion, est du genre tragique ou du genre ennuyeux, il s'avisa de peindre l'amour *naissant*. S'aviser de cela et y réussir c'était découvrir un nouveau monde.

Il mit à la scène l'aube de l'amour, (comme a dit ici un jour M. Sarcey, je crois), ces premiers feux de l'aurore de l'amour qui rougissent par teintes si délicates *la joue en fleur* (c'est l'auteur *d'Antigone* qui dit cela) de la jeune fille, de la jeune femme, et mettent leur poétique reflet jusque sur le front des hommes même mûrs — voyez plutôt la comédie de nos jours de l'*Age ingrat à Margot*. — Et puisque j'en suis aux comparaisons célestes, en voici une qui traduira toute ma pensée sur ce point.

Un philosophe moderne voulant désigner, parmi les phénomènes complexes dont notre être moral est le théâtre, ceux qui se passent en quelque sorte, dans les coulisses de ce théâtre, ceux qui sont si ténus que nous en avons à peine conscience, et qui sont pourtant si puissants au total que leurs poussées sourdes s'ajoutant les unes aux autres ils se trouvent être les vrais facteurs de nos actes, les appelle des *nébuleuses* de la conscience. Le mot est plus que joli. Ces traînées blanchâtres, ces taches de lumière, qui se voient au firmament, par les nuits sereines, ce sont les *nébuleuses*. Elles sont faites d'une matière cosmique ; ce sont des mondes en devenir ; des atomes de monde qui tourbillonnent et se cherchent, et s'accrochent, et se condensent, et alors, au sein du crépuscule de la nébuleuse arrivée à la condensation, c'est une brillante étoile, c'est un radieux soleil qui s'allume. Eh bien ! les comédies de Marivaux, ce sont les *nébuleuses de l'amour*.

Il y a là de l'amour à l'état diffus, de l'amour en devenir, dont les atomes gravitent et se condensent sous la poussée des lois secrètes de notre être ; et alors ce sont des étoiles qui scintillent, qui grandissent, jusqu'à ce que s'allume et éclate, comme dit le poète, « ce rouge soleil qu'on appelle l'amour ».

Mais alors, la comédie de Marivaux est finie : alors, au contraire, la tragédie de Racine commence et fait luire sur la mêlée de ce monde ou l'orageux midi du soleil d'amour, ou aussi la tristesse majestueuse de son mélancolique déclin, comme dans *Bérénice*. Donc si Racine a le jour jusqu'au crépuscule, Marivaux a l'aurore.

L'amour naissant voilà donc le grand ressort du théâtre de Marivaux, le moteur central de son petit monde. Mais quel en est le jeu? Comment cela marche-t-il? Ici encore je me servirai d'une comparaison qui est une raison : et puis les comparaisons servent à faire court et clair.

On s'est plaint souvent que le lieu des comédies de Marivaux fût irréel, que leur situation géographique fût impossible à déterminer : mais

> Si quelqu'un s'en est plaint, certes ce n'est pas moi.

Elle est charmante cette poétique et féerique indécision du lieu, qui fait un cadre si souple à sa fantaisie, — cousine de Shakespeare, celui du *Songe d'une nuit d'été* et aïeule de Musset, celui dont *On ne badine pas avec l'amour* ou d'*A quoi rêvent les jeunes filles*, — et nous allons y revenir. Mais si l'on veut situer géographiquement le pays de Marivaux, j'en sais une carte fidèle, c'est celle du *Tendre*, oui celle que la Sendéry et ses amis tracèrent, un jour, dans un délire de préciosité.

Veuillez observer d'abord que cela est peut-être sévère pour Marivaux, mais n'est pas injuste du tout. Marivaux qui fréquentait chez Mme de Tencin certainement, et chez la marquise de Lambert, deux salons conservateurs de cette préciosité que ni Boileau ni Molière n'avaient extirpée, Marivaux le disciple et beaucoup l'ami de Fontenelle et de la Motte, ces deux précieux authentiques, fut souvent lui-même et foncièrement même un précieux.

Et c'est tant mieux, car le marivaudage peut-il être sans préciosité ; et si le marivaudage n'avait pas été, ne manquerait-il pas quelque chose à l'esprit français ?

Donc la carte du pays de Marivaux, c'est la carte du *Tendre* ; on s'y embarque sur le fleuve d'*Inclination* au port de *Nouvelle amitié*, on y fait toutes les escales de *Soumission*, de *Petits soins*, de *Sincérité* (vous allez voir *les Sincères*), de *Tendre sur Inclination* surtout ; puis le fleuve ayant reçu les affluents de *Reconnaissance* par la gauche et d'*Estime* par la droite (vous allez voir *Le Prince travesti*), après deux dernières escales à *Tendre sur Reconnaissance* et à *Tendre sur estime* (écoutez bien *Le Prince travesti*, vous dis-je), on arrive à la mer dangereuse qu'hérissent les écueils de la *Terre inconnue*. A *la mer dangereuse* cesse le voyage chez Marivaux. Les orages de *la mer dangereuse*, c'est la tragédie de Racine : et ici encore, vous voyez que Marivaux finit où Racine commence.

Mais quels méandres fait, chez Marivaux, le fleuve *Inclination*, avec ses affluents ! que de petits obstacles en hérissent, ou font tournoyer et jaser le flot, avec ses héros s'aimant le plus tard possibles, se mariant le plus tôt possible ! Et c'est cela qui est intéressant « cet amour chicanier à ses dépens », et c'est encore cela qu'il appelait lui-même : « guetter dans le cœur humain toutes les niches différentes où peut se cacher l'amour, et l'en faire sortir... »

Quittons la figure. L'amour naissant dans Marivaux est contrarié par tous les menus obstacles de l'humeur personnelle (les *Surprises de l'amour*, les *Sincères*), des bienséances mondaines ou des conventions singulières d'épreuves (*le Jeu de l'amour et du hasard, le Legs, l'Epreuve*) enfin par toutes sortes d'obstacles que le hasard multiplie et dont l'amour se fait un jeu. Et ce sont des tempêtes dans un verre d'eau, des obstacles minuscules franchis à petits bonds, tout un *steeple-chase* de sauts de puce.

Un lazzi traditionnel de cet Arlequin que je vais avoir à vous présenter, fait une assez plaisante image de l'action dans Marivaux. C'est quand il court la poste, quand il galope sur place ou à peu près, se donnant un mouvement prodigieux pour avancer un peu. Mais il nous donne l'illusion du mouvement, celle de faire des lieues sur une feuille de parquet. C'est à quoi le président Hénault visait en cette épigramme : « Marivaux semble avoir pris à tâche de prouver la divisibilité de l'âme à l'infini ».

Là-dessus, les critiques de pleuvoir : *comédies métaphysiques*! insinue dédaigneusement Voltaire ; — c'est toujours la même pièce, toujours la *Surprise de l'amour*, remarque le marquis d'Argens et répète obstinément la Harpe ; — *pelures d'oignon*, dit méchamment Collé, etc...

Au reste, tous ces reproches de préciosité et de monotonie furent un jour réunis malicieusement par Crébillon fils, lequel n'aimait pas Marivaux qui le lui rendait bien. — Serait-ce parce qu'ils se trouvaient en rivalité directe dans la métaphysique de l'amour ? Peut-être : car une femme d'esprit appelle les petits romans de Crébillon « les mauvais lieux de la métaphysique ». Glissons. — Donc, satyrisant Marivaux, l'auteur de *Tanzaï et Néadarné*, le symbolise par une taupe : et à la question que lui pose une caillette, devant un échantillon malicieux de son phœbus : « Mon Dieu, comment faites-vous pour vous entendre ? » Marivaux répond : « Je me devine ».

Une taupe ! Eh ! bien oui, Marivaux a été atteint d'une véritable myopie littéraire ; son anatomie du cœur est faite à la loupe, au microscope. Des deux infinis de l'amour entre lesquels nous sommes un point, laissant l'infiniment grand à Racine, il a pris l'infiniment petit. C'est le micrographe de l'amour.

Mais pourquoi le chicaner là-dessus ? C'est comme si l'on prétendait que le plaisir où la douleur se doivent mesurer au chronomètre. Dans les grandes crises de la vie, est-ce qu'il ne peut pas tenir, en un instant, un enfer de douleur ou un paradis de plaisir. Et de cet instant qu'elles sont longues les minutes, les secondes, les tierces ! C'est justement par tierces que Marivaux compte les battements de notre cœur.

Et cette myopie est si inhérente à la nature de Marivaux que ses plus séduisants défauts en dérivent aussi.

Vous savez combien menue est l'écriture du myope, tel est le style de Marivaux, un style de myope. Cela est écrit en pieds de mouche et il faut lire à la loupe « son flux de paroles ».

Et le moyen de faire autrement, pour appliquer la formule qu'il apportait ? Il le savait bien, et aussi le fort et le faible de sa manière, et aux détracteurs « du poison de M. de Marivaux » il répliquait judicieusement : « Qu'on me trouve un auteur célèbre qui ait approfondi l'âme, et qui, dans les peintures qu'il fait de nous et de nos passions, n'ait pas le style un peu singulier ». Evidemment et, comme dit Pascal, *il le faut laisser, c'en est la marque.*

Et cette psychologie dramatique de l'amour naissant, cette micrographie des mouvements du cœur est bien, au fond, la source des séduisantes qualités et des brillants défauts du Marivaux courant. C'est par elle qu'il a été amené à donner à la femme, dans la comédie, ces premiers rôles qu'elle n'avait tenus jusque-là que dans la tragédie. Avoir *féminisé* la comédie n'est pas le moindre des titres à votre reconnaissance, Mesdames, qu'ait eu ce Marivaux qui fut, au dernier siècle, avant Jean-Jacques, le plus déterminé et le plus séduisant des *féministes*. Et, quoi qu'on puisse dire là-contre, il est certain, — ses plus acharnés détracteurs eux-mêmes, un Grimm, un la La Harpe en conviennent — qu'il a créé un genre, lequel fait partie intégrante de l'esprit français, et va de Marivaux à M. Pailleron, à travers Carmontelle et Théodore Leclercq, Musset et M. Verconsin.

Mais ce genre n'est pas le tout du théâtre de Marivaux. Il s'en faut déjà d'une partie de la *Mère Confidente* ; il s'en faut des trois quarts du *Prince travesti*; et c'est là l'intérêt de ce qui me reste à vous dire, à savoir comment *le Prince travesti* va vous révéler un Marivaux inconnu.

Une brève analyse suffira maintenant à ma démonstration, car la représentation fera le reste. D'ailleurs cette analyse ne risque pas de vous déflorer la pièce. Avec Marivaux ce n'est pas le fait-divers dramatique qui fait l'intérêt, c'est le *comment* de ce fait divers.

Cela commence comme un marivaudage ordinaire, à peine plus monté de ton. La princesse de Barcelone apprend mélancoliquement à sa cousine Hortense qu'elle est amoureuse de Lélio, un triomphant aventurier, de bonne mine, auquel elle doit le gain de sa deuxième bataille livrée au roi de Castille, et dont elle a fait son favori. Avec un enjouement spirituel, Hortense taquine cet amour, et dit qu'elle a fait, par un seul mariage de quelques mois, une expérience suffisante de la solidité de l'affection des hommes, pour être désormais à l'abri de pareilles aventures. Son défunt mari manifesta un si passionné désir d'obtenir sa main qu'elle dut craindre qu'il ne mourût de joie en l'obtenant. Il est vrai que celle-ci fut violente le premier mois, devint plus calme le second, à l'aide d'une des suivantes qu'il trouva jolie, baissa à vue d'œil le troisième, et le quatrième il n'y en avait plus. Un seul homme aurait pu lui prendre son cœur, si elle n'eût été mariée, c'est un inconnu qui la tira galamment des mains des brigands, qui n'a pas dit son nom et qu'elle n'a pas revu. Cependant elle consent à sonder le cœur de Lélio dans l'intérêt de la princesse, car il y a de quoi, puisque celle-ci y trouve quatre hommes en un, à savoir un amant, un général, un ministre et... un mari, s'il le faut.

Mais quel coup de théâtre, quand Hortense se trouve en face de ce Lélio ! Elle reconnaît en lui l'inconnu qui lui sauva la vie. Et quel imbroglio ! Car elle sent qu'elle l'aime, et vite, — nous ne marivaudons plus ici, nous brûlons les étapes, vu la situation si critique. — La voilà donc devenue la rivale de la princesse. Et elle voit aussitôt que Lélio n'a d'yeux que pour elle-même. Mais quel péril est le leur! La princesse est violente, et tout est à craindre de sa toute-puissance. Fuir Lélio pour le soustraire au péril de sa rivalité ? Elle y songe, mais sur ce mot de Lélio : « Adieu, puisque vous me haïssez », elle laissera échapper un : « Je ne vous hais plus dès que vous me quittez » qui rappelle à la fois le : *Va, je ne te hais point,* de Chimène, et le : *En te perdant je sens que je l'aimais*, de Musset. Et Gustave Planche risquera que jamais Marivaux n'a réussi à traduire la passion et ne l'a même jamais entrevue !

Plus de marivaudage, dès lors, plus de ces éternelles surprises de l'amour : mais de mâles alarmes, un ton vraiment héroïque et de quoi justifier pleinement le titre de *comédie héroïque* que je trouve dans le *Mercure* du temps. Je vous signale surtout, dans le rôle de la passionnée Henriette, la curieuse progression de l'enjouement au sérieux, puis au tragique et à l'héroïque. C'est, chez Marivaux, un caractère tout neuf, et qui lui fait autant d'honneur que celui des Silvia et des Araminte.

Cependant le danger qui plane sur les deux amants, comme la jalousie de Roxane sur Bajazet et Atalide, prend corps dans le personnage du courtisan Frédéric.

Il y a ici, dans une peinture satirique de l'homme de cour, une vigueur de touche, un relief de caractère, tout à fait inattendus chez Marivaux. Les scènes où Frédéric jaloux de Lélio laisse éclater sa bassesse devant le favori ; son insolence, quand il le croit disgracié ; et, çà et là, son cynisme, sont de main de maître, neuves, annoncent même les sarcasmes de mons Figaro, avec, çà et là, des mots profonds ou cornéliens dont je vous citerai celui-ci. A Lélio qui lui fait honte de ses bas calculs, le courtisan réplique pour son excuse : « *Qui est-ce qui n'aimerait pas à gouverner ?* »

Et Lélio répond : « *Celui qui en serait digne* ».

Il me semble que voilà un Marivaux quelque peu nouveau et capable, lui aussi, du *coup de collier chevaleresque*, dont parlait Sainte-Beuve. En ce sens, je recommande particulièrement à votre attention, au second acte, une grande scène politique entre Lélio, l'ambassadeur du roi de Castille et Frédéric, où le favori appelé à se prononcer sur l'intérêt de l'État, aura, en face du vil courtisan, plus d'une fois le vibrant accent et l'éloquence vengeresse de Ruy-Blas, dans la fameuse tirade aux ministres intègres, aux conseillers vertueux.

En vérité, ce *Prince travesti* a maintes fois une couleur aussi romantique que romanesque. C'est d'ailleurs l'impression d'un chapitre de la *Clélie* ou du *Grand Cyre* porté à la scène : tel *don Sanche* ou l'*Astrate* de Quinault, ou l'*Alexandre* de Racine. On y retrouve, en plus heureuse posture, ce Marivaux qui avait tenté, pour ses débuts, de marier son marivaudage latent à l'héroïsme tragique, dans la pâle tragédie d'*Annibal*.

Cependant la jalousie de Frédéric a pris pour instrument la candeur d'Arlequin, qu'il emploie à espionner son maître, et dont les naïvetés et les balourdises font tour à tour courir les plus grands dangers à Lélio, ou ressortir plaisamment la bassesse du courtisan. Tout ce rôle d'Arlequin soudoyé par Frédéric, achevé par Lisette, sur lequel je vais revenir d'ailleurs et qui porte la pièce, est d'une adresse charmante et piquante.

Grâce à lui, à ses demi-coquineries et à ses demi-vertus, la princesse a tout appris, exhale sa fureur, presque sur le ton de Roxane, fait emprisonner Lélio et... Mais il suffit que l'ambassadeur du roi de Castille, qui n'est autre que ce roi lui-même, redemande la princesse en mariage, et fasse l'apologie de Lélio, lequel n'est autre que le prince de Léon, pour que la princesse accorde sa main à l'un et son pardon à l'autre.

C'est un dénouement qui ne laissera pas de vous surprendre. Quoi! cette princesse qui, tout à l'heure, exprimait sa jalousie exactement sur le ton de Roxane, s'apaiser ainsi ! Je sais bien qu'Hortense lui a crié : « Souvenez-vous, Madame, que vous êtes généreuse! » Mais je l'avais oublié, moi, public. Il fallait m'y préparer un peu, comme Corneille a fait pour la clémence d'Auguste. Victor Hugo fait pardonner Hernani par Charles-Quint, en une situation identique, mais ce revirement a été préparé par la scène du tombeau et de l'élection ! Ici ce n'est plus la clémence de Charles-Quint, c'est vraiment celle d'Arlequin. — Pardon! mais nous sommes à la Comédie italienne —.

Comment, me disais-je aux répétitions, Marivaux a-t-il pu commettre une pareille faute contre les mœurs, qui compromet tout l'effet de la pièce, et nous donner un *Bajazet* à l'eau de rose? Une ligne du *Mercure de France* me mit sur une piste singulière. J'y lus: « Cette comédie a été mise depuis (c'est-à-dire quelques jours après la première) en cinq actes ». Je compilai et découvris que ces trois nouveaux actes avaient été faits avec le troisième. Je ne pus rien trouver de plus : mais n'est-il pas probable que Marivaux devant le succès de sa pièce — du moins après la première qui fut fraîche, — voulut consolider ce succès, en apportant à son dénouement l'art des préparations, en faisant donner par sa princesse quelques *coups de collier héroïques* préparatoires ? Vraisemblance, mais mystère.

J'en étais là, cherchant les vestiges du *Prince travesti* en cinq actes ; quand il m'arriva un *Prince travesti* en un acte, oui un acte. C'était drôle à priori : Je lus. Ce *liebig* du *Prince travesti* est l'œuvre inédite d'un sociétaire de la Comédie Française. Les scènes politiques en ont à peu près disparu, le dénouement escamoté en deux pages demande plus vite pardon de la liberté grande, et, tel quel, fait du *Prince travesti* un marivaudage comme les autres, ou peu s'en faut et du meilleur, au reste. C'est spirituel d'ailleurs et je ne saurais blâmer l'auteur, M. Truffier, d'avoir condensé en un acte ce que Marivaux avait cru devoir étendre en cinq, du moins pour la scène, et je souhaite que ce raccourci de *Prince travesti* monte sur la scène de la rue Richelieu, et y trouve bon accueil. Mais ici, dans ces matinées classiques, faisant office de conservateurs de musée national, nous devions donner l'œuvre dans son intégrité initiale : ainsi en sera-t-il.

Elle vous paraîtra longuette, peut-être, mais neuve, et vraiment piquante, avec sa couleur héroïque et romantique, à travers le brouillard doré qui enveloppe les personnages comme ceux des panneaux en vernis Martin, avec ses coins d'aérienne irréalité, dans son cadre de fantaisie de la Comédie italienne.

C'est de celle-ci qu'il me reste à vous parler, pour que votre attention, bien renseignée, collabore artistement à la restauration que nous avons rêvée, et qui était obligatoire, puisque nous avions l'honneur et la responsabilité de ressusciter un Marivaux inconnu.

Oui, une condition indispensable de la restauration en idée que nous allons tenter ici, c'est de vous bien mettre dans l'esprit pour quel théâtre et quels interprètes fut écrit *le Prince travesti*.

La pièce est de février 1724 ; il y avait plus de sept ans que les comédiens italiens étaient de retour et jouaient au Théâtre du Palais-Royal. Ils avaient été chassés en 1697 par Louis XIV, parce que Mezzetin avait fait des allusions satiriques à Mme de Maintenon, dans une pièce intitulée la *Fausse Prude*: brrr! Le Régent, qui ne faisait rien comme Louis XIV, avait rappelé une troupe italienne.

Celle-ci réussit pendant un an ; puis son succès tiédit pour les raisons que voici. A côté de leurs

traditionnels canevas italiens et de leurs scènes
à l'improvisade, les nouveaux Italiens jouaient,
avant leur départ, des pièces françaises de verte
allure, dont les auteurs étaient des Français parmi
lesquels Regnard et Dufresny sont au premier
rang. Le recueil de ces pièces existe et s'appelle
Théâtre de Gherardi. Or, à leur retour, le 18 mai
1716, les Italiens donnèrent d'abord ce répertoire.
Mais il fut trouvé bientôt trop grossier, trop
chargé, trop décousu; on voulait, même à la
Comédie italienne des caractères, des mœurs, une
intrigue filée. Le fait est fort notable, et je suis sûr
qu'il est fort exact, ayant eu sous les yeux une
solennelle harangue de l'arlequin Thomassin au
parterre, laquelle avait pour objet de l'apaiser
en lui promettant tout cela.

La promesse devait être réalisée par Delisle,
par Piron, mais surtout par Marivaux, à partir
de cet *Arlequin poli par l'amour* que la Harpe
mettait malicieusement au-dessus du reste de son
théâtre. Puis ce fut la *Double Inconstance,* enfin
le Prince travesti dont les dix-sept représentations datent la grande vogue de la Comédie italienne.

En fait ce Théâtre italien était alors et sera jusqu'au *Barbier de Séville* qui fut d'abord écrit pour
lui, ce que nous appelons aujourd'hui, un théâtre
de genre, presque un *Théâtre à côté.* Il fut à la
Comédie Française à peu près ce que lui sont
aujourd'hui les théâtres du boulevard, du *Gym-*

nase aux *Nouveautés,* y compris même *la Bodinière.* Le public s'y montrait beaucoup moins difficile qu'à la Comédie Française où tout nouvel auteur qui s'y produisait, était considéré comme un candidat à l'immortalité, et jugé dans la grande rigueur. C'est en ce sens que l'Aristarque du dernier siècle, l'hypercritique la Harpe appelait la Comédie italienne « un asile ouvert à la médiocrité ».

Ce fut en tous cas le lieu d'élection de Marivaux, pendant vingt ans, depuis *Arlequin poli par l'amour,* jusqu'à l'*Epreuve* (1740) en passant par le *Jeu de l'amour et du hasard* et les *Fausses confidences,* et y compris les deux pièces qu'on va vous donner aujourd'hui : *le Prince travesti* et les *Sincères* (1739).

Quels interprètes y trouvait-il, notamment pour *le Prince travesti*? Les gazettes du temps m'ont renseigné là-dessus.

Louis André Riccoboni, chef de la troupe et qui avait été chargé par le Régent de la recruter, y remplissait, sous son nom de théâtre de Lélio, le rôle du *Prince travesti.* Cet artiste était doublé d'un auteur et d'un critique ; nous lui devons une assez savante histoire du Théâtre italien ; mais c'est son jeu qui nous intéresse. Mes confrères du temps jadis disent que « son dialogue était aisé et animé ; et que personne n'a mieux caractérisé les passions outrées et avec plus de vraisemblance ». Le rôle du *Prince travesti* était donc pour lui taillé sur mesure et c'est, à l'Odéon, l'élégant Roussel qui aura l'honneur de lui succéder.

Le rôle du courtisan Frédéric était tenu par Dominique, lui aussi auteur et lettré, — fils du fameux arlequin Dominique, emploi qu'il tint aussi — mais qui excellait dans le rôle de Pierrot et qui avait d'ailleurs un talent si protéiforme qu'il joua un jour une fille d'opéra « avec beaucoup de finesse et de grâce », nous dit un contemporain. Ici l'emploi sera tenu avec autorité par Ravet. Le rôle de l'ambassadeur était rempli par Mario Balletti, heureux époux de la fameuse Silvia et frère de sa rivale Flaminia, fort galant homme et qui jouait les seconds amoureux ; ici l'emploi sera tenu avec une gravité sonore par Daltour.

Venons aux dames. La Princesse était Flaminia, sœur de Mario et femme de Riccoboni, (vous voyez qu'on était en famille à la Comédie italienne) suave personne et qui jouait à l'occasion Colombine avec « beaucoup de feu et d'entendement », ce qui ne vous étonnera pas, quand vous aurez appris qu'elle savait le latin, étant membre de plusieurs académies italiennes et auteur dramatique. Elle était très belle, par-dessus le marché, et ce sera Mlle de Fehl.

Hortense était cette idéale Silvia, née à Toulouse de comédiens italiens ambulants, au talent si souple et si charmant qu'on la disait, en vers, fille d'une des grâces séduite par Protée : elle avait cette brillante volubilité que Marivaux lui avait enseignée, qu'il avait lui-même dans la conversation, et qui est de règle dans l'emploi des Silvia. Au reste elle était d'une beauté si durable qu'à cinquante ans la petite doyenne de la Comédie italienne faisait illusion et s'identifiait parfaitement avec des rôles de jeune première. C'était une grâce d'état phénoménale : mais vous savez que le phénomène est encore visible, non loin de la porte Saint-Denis, et qu'il le sera sans doute un jour rue de Richelieu. Elle fut la muse de Marivaux qui écrivit ses Silvia pour elle, et avec une adaptation si heureuse du personnage à l'interprète que les mauvaises langues disaient que « sans elle, ses comédies ne seraient point passées à la postérité ». Comme Flaminia elle était d'une taille fort élancée : dans une gravure de Lancret, elle dépasse Arlequin de la tête. Là encore, nous avons pu faire de la restauration, car c'est Mlle Lestat qui est appariée à Mlle de Fehl, et... mais vous allez voir.

Enfin Lisette était Violette, sur le jeu de laquelle je n'ai trouvé aucun renseignement, mais à qui je souhaite d'avoir eu la charmante espièglerie et les grâces frôleuses que vous montrera, dans son rôle, Mlle Piernold. Au reste elle était à bonne école, étant la femme de Thomassin, le fameux Arlequin, qui tint, notamment, l'emploi dans *le Prince travesti*. Ici, il faut s'étendre un peu plus.

On va vous montrer Arlequin sur la scène, parmi

des dames en paniers. Son costume, ses lazzis, même mitigés, et certains traits de son caractère risqueraient fort de vous dépayser, si je n'apportais quelques explications à cette restauration fidèle de l'Arlequin de Marivaux. Son historique d'abord.

Comme *il signor Pulcinello*, il appartient à la famille des *mimes noirs*. Faut-il le rattacher généalogiquement aux *phallophores* de Sicyone barbouillés de suie, ou au jeune Satyre grec armé d'une baguette et couvert d'une peau de tigre, ou au *mimus centunculus* d'Apulée, ou au *coquus* (*cuisinier*) de Plaute, la batte rappellant le couteau de cuisine ? Du tout un peu peut-être : en tous cas ce qui est certain, c'est qu'il est chez les modernes originaire de Bergame. Cette origine italienne ne doit jamais être oubliée pour avoir la clé de certains caractères fixes du rôle, notamment de son agilité de clown, de sautriquet, à travers toute l'évolution du rôle. Ici on ne peut douter, comme pour Pierrot.

Naguères, en effet, à propos du mime Séverin, M. Catulle Mendès, dans une étincelante conférence sur Pierrot, avançait que Pierrot lui paraît d'origine française. Cela peut se plaider, en dépit du type italien au xvi⁰ siècle de Pedrolino et de ce « Pierrot valet » qui figure dans une Comédie italienne de 1547, si l'on songe à certains des farceurs français dont nous parle notamment Montaigne, à ces « enfarinés » dont Gros Guillaume fut le prince, et à cette blouse blanche du paysan français dont Molière affublera encore le Pierrot du *Don Juan*, ou Colin, le valet endormi de Dandin. Et nous répéterons avec l'érudit Desessarts « Pierrot né français sur la scène italienne ».

Mais Arlequin nous vient de Bergame. Lui et Brighella sont deux frères jumeaux, et les historiens du genre veulent que l'un, spirituel et narquois, symbolisât la ville haute, et le balourd Arlequin, la ville basse. Ainsi donc l'esprit aurait gagné les hauteurs à Bergame comme à Paris, témoin *la butte*, et Arlequin serait né dans quelque chat-noir bergamasque.

Il reste balourd, type de gourmandise et de poltronnerie, symbolisant le paysan du Milanais, comme Pierrot celui de l'Ile-de-France, à peu près aussi longtemps que règne Trivelin, le succédané de Brighella. Mais vers 1671, le fameux Trivelin Locatelli meurt, et Dominique prête aussitôt de son esprit à Arlequin et le fait évoluer vers le type moderne. Pierrot que le *Don Juan* de Molière a remis en vogue chez les comédiens italiens, et qu'y joue à merveille un certain Giaratone, hérite des balourdise, goinfrerie et poltronnerie d'Arlequin. C'était un coup de bascule, car nous voyons qu'au xvie siècle, chez les *Gelosi*, c'était Arlequin qui était constamment la dupe de Pierrot, son heureux rival, près de la servante Francischina.

Après ce coup d'Etat de Dominique déniaisant un peu Arlequin, — comme on peut s'en convaincre agréablement, en parcourant, outre le théâtre de Gherardi, l'œuvre de Watteau, dont une vingtaine de tableaux sont consacrés à des scènes de genre de la Comédie italienne, et aussi les gravures si suggestives de Gillot, son maître, — vient Marivaux.

Dès sa première comédie, *Arlequin poli par l'amour*, il aiguise si adroitement la traditionnelle niaiserie d'Arlequin en une piquante naïveté que la Harpe, qui lui est si hostile, se récrie cette fois d'admiration. Marivaux pousse sa veine dans la *Double inconstance* et enfin dans le *Prince travesti* où Arlequin dit de lui-même « qu'il n'a pas d'esprit, mais de la prudence », où il apparaît en enfant de la nature, toujours orienté vers la cuisine, avide d'argent comme de victuailles, cependant que

La chair sur ses sens fait grande impression.

Il a l'agilité, les naïves gourmandises, la pétulance gaffeuse du jeune chat auquel le comparait Marmontel. Puis le type évoluera chez Florian, dans le sens de la bonhomie, et Arlequin, entouré de ses *Arlequinets*, apparaîtra dans sa triple *Arlequinade*, comme bon époux et bon père, tel *Monsieur Scapin*. Après quoi, il retournera aux funambules, à ses jeux de batte et à ses dislocations de sautriquet, comme vous le pourrez voir dans l'intéressante et récente *Histoire des Funambules* de M. Péricaud. — J'y ai appris, notamment, où et par qui Arlequin mit sur son costume ce semis de paillettes qui le fait ressembler à quelque fantastique poisson : ce fut, aux Funambules, une invention de l'arlequin Laurent aîné.

Puis Arlequin est éclipsé par le prince des Pierrots, l'illustrissime Deburau, et retourne à son rôle subalterne du xvie siècle, jusqu'à ce que la fantaisie des lettrés le restaure sur son antique trône de malice, et avec usure.

Mais, pour voir jouer *le Prince travesti* et y goûter le rôle d'Arlequin, oubliez ces derniers avatars du type tel que les symbolise le si spirituel Arlequin de Saint-Marceaux, tel par exemple que vous l'avez vu ici même, dans les *Trois saisons*, où Arlequin est le célibataire, et le bohème et le préféré, en face de Pierrot mari et bourgeois et… le reste ; et restez-en à la définition que je vous donnais tout à l'heure de ce type de naïveté d'enfant de la nature, balourd, d'esprit — *goffagine*, disent les Italiens — et si ingambe de corps, et permettez-lui quelques lazzi, dont je vous garantis l'authenticité. Alors vous aurez le sentiment de la restauration que nous avons cherchée.

Ne vous attendez pas, par exemple, à ces tours de force de clown qui font partie de la tradition du rôle. Les historiographes du genre nous content que Dominique faisait le double saut périlleux en arrière, de pied ferme. Gherardi mourut d'un coup reçu à la tête, en marchant sur ses traces, dans un divertissement avec Poisson et la Thorillère, à St-Maur. Quant à Thomassin, le fameux Arlequin de Marivaux, trinquant dans le *don Juan* italien avec la statue du commandeur, il faisait le double saut en arrière, un verre plein à la main, sans en verser une goutte, ou bien s'élançant sur le rebord des premières, deuxièmes et troisièmes galeries, en faisait au galop le tour. Voilà la tradition : elle ne va pas sans périls et un *professionnel* m'a conté que le dernier en date des Arlequins sautriquets, Derudaire, mourut à Marseille pour avoir été pris comme dans un étau, entre les mâchoires d'une trappe fermée trop vite.

Vous pensez bien que mon amour de la restauration et mon respect de la tradition n'allaient pas jusqu'à demander même le saut périlleux à cet excellent Coste. Aussi bien tous ces lazzi d'*homme volant*, n'étaient-ils pas de mise, très vraisemblablement dans une comédie *sostenuta*, comme *le Prince travesti*. Je me suis borné à dire à Coste que Thomassin avait, au témoignage du dénigrant Collé lui-même « un feu continuel dans l'action et des grâces inimitables » et, au besoin, un pathétique qui tirait des larmes en dépit du masque. Puis je l'ai mis en face des gravures de Guillot, de Watteau et de Lancret. Je lui ai montré *cum commento* les gestes et tous les lazzi traditionnels, *clowneries* à part. Le costumier nous a copié fidèlement le costume de l'Arlequin Thomassin, d'après Lancret, c'est-à-dire avec des sortes de pantalons à la hussarde trop courts et la veste un peu longue. Coste a endossé l'une et enfilé les autres ; il a arboré sur le feutre la queue de lapin traditionnelle, symbole du courage d'Arlequin ; il a eu l'abnégation de se mettre sur le visage le demi-masque, à la mentonnière près, si gênante et qui exige de l'entraînement ; il s'est armé de la batte traditionnelle et de sa fantaisie personnelle ; il est fort intelligent et je crois que sa restauration vous agréera.

Le spectacle du *Prince travesti* étant un peu court, on y a adjoint les *Sincères*, un acte de Marivaux. Ici ma responsabilité est à nu : c'est moi qui ai choisi cet acte, et voici mes raisons, en bref, car le temps me presse.

Je savais bien que la pièce n'était pas très scénique, l'ayant vu jouer ici, il y a quelque deux ans, mais elle est d'un tel intérêt littéraire et, après la première, contribuera si bien à nous faire pénétrer dans le Marivaux inconnu, ce Marivaux moraliste que Sainte-Beuve avait signalé, que M. Laroumet a mis dans tout son jour, et qui passait les derniers soirs de sa vie à lire Pascal, dans le jardin du Palais-Royal !

Jadis cherchant à suivre à la trace la tradition de Molière, dans la comédie de caractère, je n'avais rien trouvé, au dix-huitième siècle, qui m'en parût plus près que les *Sincères*. Or ces jours-ci, au cours des compilations nécessaires, j'ai rencontré la preuve que parmi les 32 pièces de théâtre qu'il a données, Marivaux mettait les *Sincères* au nombre de la demi-douzaine qu'il préférait. Voilà donc sur ce point ma responsabilité fort atténuée.

Au reste la donnée en est piquante. Deux amants, Ergaste et la marquise, épris de franchise, y font profession de se dire toutes leurs vérités, comme le *Misanthrope* et l'*Auvergnat* de Labiche. Tant que ces vérités sont agréables ou indifférentes, ou ne tombent que sur le voisin, cela marche à merveille, mais lorsqu'elles touchent aux défectuosités physiques, quand Ergaste est obligé de convenir qu'il y a au monde de plus belles personnes que la marquise, et que celle-ci réplique en convenant qu'Ergaste est un peu fluet de corps et qu'il a mauvais goût, cela se gâte. Rappelez-vous ici l'*Auvergnat* susdit apportant pompeusement sa perruque neuve au *Misanthrope* qu'une dame à qui il a fait sa cour, venait de louer de la permanence et du mouvement de ses cheveux!

Cependant c'est un parfilage exquis chez Marivaux, avec toute une étincelante galerie de portraits, dans le goût de son modèle avoué la Bruyère, et avec des curiosités d'analyse psychologique qui vont loin dans la nature et enfoncent dans le caractère. Et comme elle se dégage finement du tout la mélancolique moralité, cousine de celle de

Philinte, qu'on pourrait formuler ainsi : quoi qu'on en ait, on ne peut, parmi le monde, se dire ses vérités, car elles seraient trop souvent des injures.

Vous verrez qu'on ne remporte pas de là une conception de la vie aussi légère que du reste du théâtre de Marivaux. C'est qu'il y avait en lui plus de sérieux et d'expérience qu'on ne croit d'ordinaire. Et voici, pour finir, une de ces expériences, qui lui fut cruelle et d'où découla certainement à distance, la pièce des *Sincères*.

Il était jeune, aimait et se croyait payé de retour par une jeune fille dont l'ingénuité, les grâces sans apprêt — « elle était belle et sage, belle sans y prendre garde » — l'enchantaient. Un jour qu'il venait de la quitter, sous le charme, un gant perdu le ramène vers elle à l'improviste. Et que voit-il ! L'ingénue, un miroir à la main, faisant une répétition générale des mines dont elle venait de l'enchanter, et qu'elle corrigeait, et perfectionnait, en vue de la prochaine représentation. « Mademoiselle, dit Marivaux, en tirant sa révérence, je viens de voir les machines de l'opéra ; il me divertira toujours, mais il me touchera moins ». Et de tirer au large, sans esprit de retour. Il nous dit que de ce jour « naquit en lui une misanthropie qui ne le quitta plus ». Il exagère, mais c'est bien d'un des accès de cette misanthropie que naquirent les *Sincères*.

Et puis la jeune fille était-elle si coupable ?

N'aurait-elle pas pour excuse d'être le symbole même de la muse de Marivaux ?

Quoi qu'il en soit, si, après le *Prince travesti* et les *Sincères*, vous emportez une impression analogue à celle que Sainte-Beuve traduisait en ces termes : « Je ne saurais dire combien, en lisant quelques écrits peu connus de Marivaux, j'ai appris à goûter certains côtés sérieux de son esprit », ni le directeur de l'Odéon, ni les acteurs, ni le conférencier n'auront perdu leur peine.

MÉROPE[1]

Mesdames, Messieurs,

A propos des ambitions déçues des successeurs de Racine, Voltaire écrivait un jour à des journalistes : « La place de Campistron est triste », et il donnait à entendre que la sienne l'est moins. C'est ce que nous allons voir ; mais je vous prie de croire que celle des commentateurs de son théâtre, en général, et de *Mérope* en particulier, n'est pas gaie. En effet, ceux-ci sont pris entre deux feux.

Voici d'un côté, une procession de thuriféraires tout le long du dernier siècle. C'est d'abord Voisenon qui, au dire de son biographe, ayant entendu Voltaire lui lire *Mérope*, lui saute au cou et la baigne de ses larmes en lui jurant qu'il n'y a pas de *Zaïre* qui tienne, que *Mérope* est son chef-d'œuvre. Le P. Tournemine, autre confident, écrit au père Brumoy, sur le vu du manuscrit de *Mérope*,

1. Odéon, 13 décembre 1894.

que son auteur vient de nous rendre Euripide. La critique emboîte le pas, et La Harpe, qui fait fumer l'encens devant son maître, dans son *Commentaire*, arrivé à *Mérope*, lui casse vraiment l'encensoir sur le nez. Le siècle entier y souscrit ; l'Université inscrit officiellement *Mérope* parmi les huit tragédies du théâtre classique ; et Saint-Marc Girardin décrit éloquemment ses principaux titres à cet honneur, tandis que Villemain la préfère hautement à l'ambitieux *rifacimento* d'Alfieri.

Mais, d'un autre côté, on n'est pas tendre pour *Mérope*. Lessing lui consacre une centaine de pages de sa *Dramaturgie*, et des meilleures, — j'ai l'honneur de partager là-dessus l'avis de M. Alfred Mézières, — lesquelles constituent un « éreintement soigné ». Geoffroy se charge de naturaliser ces critiques en les aiguisant, et je recommande sa critique de *Mérope*, comme un modèle, à nos jeunes praticiens de la critique dite *rosse*. L'auteur de *Lucrèce Borgia*, oubliant ce qu'il doit à *Mérope*, met son auteur, comme tragique, au niveau de Campistron, et déclare : « Je range les tragédies de Voltaire parmi les œuvres les plus informes que l'esprit humain ait jamais produites. » Le dernier en date, et si ingénieux d'ailleurs, parmi les critiques de son théâtre, M. Emile Deschanel, celui qui a le mieux étalé ses titres à notre estime, marchande cette estime à *Mérope*, évidemment préoccupé des âpres censures de Lessing et de Geoffroy. Enfin, ici même, M. Ferdinand Brunetière, en marquant éloquemment les étapes du théâtre français, a parlé de la seule *Zaïre* : et le silence de M. Brunetière est aussi formidable, dans l'espèce, que la critique douce-amère de M. Deschanel.

Nous voilà bien entre deux feux ou au moins entre deux selles. Laquelle enfourcher ? Celle de droite ? Elle est bien usée. Celle de gauche ? Elle est bien glissante. Si nous ne prenions ni l'une ni l'autre, et faisions l'étape de notre pied, au risque, comme disait Piron, de prendre notre *Voltaire à terre* ?

Examinons d'abord la chose au point de vue de l'histoire du théâtre, qui est le terrain commun aux causeurs odéoniens de cette année, du moins si j'en juge par l'affiche et par les propos diserts de mes prédécesseurs à cette place.

De Racine mort à Voltaire mûr, l'histoire de la tragédie est triste comme celle de Campistron :

> Sur le Racine mort le Campistron pullule.

a dit Victor Hugo : aussi le squelette apparaît vite. Le mot n'est pas de moi, mais de Crébillon lui-même, qui se trouve continuer ici la métaphore de Victor Hugo. En effet, battant sa coulpe, à la fin de sa carrière, dans la préface de son théâtre (elles étaient humbles, dans ce temps-là), il écrit : « Si l'on retranchait de nos pièces tout ce qu'il y a d'inutile, nous mourrions de frayeur, à l'aspect du squelette. » Et ces solennelles inutilités, ces *bourres*, il les fait spirituellement toucher du doigt : « amour à sa toilette », dissertations métaphysiques sur l'effet des passions, au lieu de ces passions mêmes mises en action, vide de l'action, etc...

A qui la faute ? Ce n'est pas à Racine certes et on vous l'a prouvé ici et maintes fois. Je me bornerai seulement à vous rappeler que son art avait consisté essentiellement dans une psychologie assez inventive pour tirer cinq actes des seules actions et réactions d'une passion contrariée, amour, jalousie ou ambition, et qui veut s'assouvir, en dépit de tous les devoirs et de toutes les bienséances. Il réussit ainsi à faire faire à ses héros cent lieues sur un parquet de salon, dans le rayon d'un même lustre, c'est-à-dire, et comme il dit, « à faire quelque chose de rien ». Mais, après lui, son secret est perdu, du moins dans la tragédie. Seul, Marivaux en hérite, dans la comédie, et voilà sans doute pourquoi, ici, nul ne vous a mieux parlé de Racine que celui qui avait si bien écrit sur Marivaux. Mais ôtez de la tragédie de Racine cette psychologie créatrice qui en est l'âme, il n'en reste plus que le cadavre, celui sur lequel pullulent non seulement les Campistron, mais les Lafosse, les Lagrange-Chancel, etc., jusqu'aux Luce de Lancival, aux Brifaut et aux de Jouy, un siècle et demi durant.

Donc un Crébillon voit à nu le squelette et se hâte de le draper dans des lambeaux de roman, pris à Segrais ou à d'autres, et il lui fait faire des gestes violents, appris de Corneille. Car, remarquez-le, la prétendue nouveauté de sa poétique, son fameux pathétique de l'horreur procède du cinquième acte de *Rodogune*. Cette coupe de poison que la mère y présentait au fils, Crébillon « le barbare », — comme l'appelle Voltaire, en jouant méchamment sur le mot, — s'en empare, y verse du sang humain et la fait présenter par l'oncle au père de la victime, dans *Atrée et Thyeste*. Par ces terribles *coups de théâtre*, il fait illusion à ses contemporains, sinon à lui-même, comme vous avez vu, mais il a indiqué la voie à Voltaire.

Ce « singe de génie » bourre le squelette « racinien » — l'épithète est de lui — d'ingrédients romanesques, il le drape dans des oripeaux cosmopolites, il le maquille avec le fard de son style, il le fait déclamer avec un accent légèrement exotique, il le manœuvre avec de subtiles ficelles, et il le présente ainsi à la rampe *verni sec et tout*, comme il est dit dans *Cabotins*. Le public, qui ne demande qu'à être trompé, au théâtre, crie à la résurrection ; mais si Voltaire n'a pas fait miracle, il a du moins galvanisé la morte.

Mais voilà une figure bien macabre ! C'est la faute de Crébillon « le barbare » : il n'en fait jamais d'autres. Quittons-la vite : et pourtant, sans faire vanité du style figuré, un conférencier doit en user, car c'est souvent son meilleur moyen de faire court, en un sujet *implexe*, ce qui est le cas. Je demanderai donc une autre image à Voltaire : elle sera plus gaie. Il appelle son *Mahomet* « du gros vin », et il constate que son *Orphelin de la Chine* n'a pas la « sève et le montant d'*Alzire* ». Ce langage de dégustateur est assez fréquent chez lui, à propos de ses tragédies ; c'est qu'il est là en parfaite convenance avec la nature du sujet.

En effet, après Racine, la tragédie n'est plus qu'une belle bouteille vide. Mais comme elle porte intactes l'étiquette et la grande marque de fabrique, le contrefacteur s'en saisit, et, dans son cristal bien ciselé dont les facettes trompent l'œil, il verse son élixir qui doit tromper le goût : Campistron et consorts, leur sirop ou leur tisane ; Crébillon, son « Auvernat fumeux », donné pour Hermitage ; Voltaire enfin, son clairet bien et dûment corsé, à force de coupages et de raisins secs, lequel passe pour le cru même de Racine, en France et à l'étranger.

Oui, Voltaire a traité la tragédie, comme certains font le vin, quand la vigne est malade : il prend de la sève et du montant à Corneille, un peu de bouquet et beaucoup de sucre à Racine, de l'alcool à Shakespeare, quelques épices à la mode tout autour de lui, des raisins secs aux quatre coins du monde, il lie le tout avec une sauce philosophique qui est sa spécialité, et le public de son temps, à Paris surtout, boit à plein gosier ce vin chimique. Au vin de vigne, Voltaire substitue le vin du coin du quai : il est, en tragédie, passez-moi le mot, l'inventeur du cru de Bercy.

Ce n'est pas très malhonnête, puisque le gosier du public est son complice, et puis c'est très fort.

Pénétrons dans son laboratoire et voyons-le opérer, à propos de *Mérope*, celui de ses coupages où son tour de main a été le plus heureux.

Cette fois, la base de son mélange, le raisin sec vint d'Italie et il était de première qualité. Une tragédie intitulée *Mérope* y avait été jouée avec un succès inouï, quelque vingt ans en çà, laquelle passa longtemps pour le chef-d'œuvre du théâtre tragique italien, au propre témoignage d'Alfieri, qui essaiera, selon la recette de Voltaire, de la refaire pour l'éclipser. Il y aurait injustice à ne pas vous présenter, en ce jour, son auteur.

Il s'appelait le marquis Scipion Maffei. Voltaire venait justement de le rencontrer dans le monde. C'était un grand seigneur italien, spirituel, et qui avait eu, dans ses ambassades, des mots qu'on citait ; galant homme et qui avait disserté sur le point d'honneur ; érudit de marque par-dessus le marché qui avait fait entre autres un bon livre sur les *Antiquités de France*. Je lis, en effet, dans une grande revue du temps : « La description du théâtre d'Orange méritait encore l'attention des journalistes. M. le marquis Scipion Maffei l'a ornée de savantes réflexions et de plans qu'il a lui-même fait lever avec toute la précision possible. Ceux qui ont été donnés par des antiquaires ou par des architectes, ne sont que des jeux de l'imagination. » Je signale donc, au passage, ce précurseur, aux félibres, à M. Formigé et au ministre ami des beaux-arts qui s'emploient à nous donner un *Bayreuth français*. Esprit facile, il n'avait mis que deux mois à écrire cette *Mérope* qui avait eu coup sur coup trente éditions et force traductions, dont une française, dès 1718. Un jésuite, professeur de rhétorique au collège de Paris, disait solennellement dans une harangue, en 1728, à propos de la *Mérope* italienne : « Maffei en est le père, Minerve la mère et Melpomène la nourrice », et, regrettant que l'enfant ne fût pas né en France, il en proposait l'adoption. Le journaliste Desfontaines trouvait l'enfant de bonne maison, mais mal embouché. Ni ce propos fleuri, ni cette nasarde, n'étaient tombés dans l'oreille d'un sourd. Voltaire, toujours à l'affût de pareilles aubaines, se dit que, puisque cet enfant, si bien né, avait été si mal élevé, il fallait le polir à la française et qu'avant de l'adopter il y avait lieu de l'adapter.

Un soldat de fortune, Polyphonte, a détrôné son roi ; il l'a assassiné ainsi que ses enfants, s'est mis à sa place et menace sa veuve, Mérope, de l'épouser, afin de consolider son usurpation. Mais un fils du roi légitime, Egisthe, échappé au massacre, a été confié par la mère à un vieux serviteur. Quinze ans ont passé, l'enfant a grandi et sa mère attend anxieusement le retour de ce fils qui doit être le vengeur. Cependant le bruit court qu'il a été assassiné. Le bruit est faux. Egisthe paraît, mais, sur de trompeurs indices, il est pris pour l'assassin de lui-même. Il ignore d'ailleurs son nom et sa naissance. Mérope, altérée de vengeance, surprend Egisthe endormi et va tuer d'un coup de hache son fils, qu'elle croit venger, quand le vieux serviteur paraît et débrouille l'*imbroille.* Egisthe reconnu prend ses mesures et profite du moment où le tyran présente à sa mère une odieuse main, pour le tuer.

Voilà la matière commune à Maffei et à Voltaire ; voici comment celui-ci l'a malaxée, avec son tour de main propre.

Allons d'abord au *clou* de la pièce. Il était fameux de toute antiquité : c'est la scène où Mérope furieuse lève la hache sur le front de son fils endormi et qu'elle prend pour l'assassin de ce fils. Nous avons un témoignage direct de l'effet qu'elle produisait sur les spectateurs du temps jadis. Plutarque, dans un opuscule bizarre contre les *Mangeurs de viande,* appuie sa thèse de végétarien sur cette considération tirée de la métempsycose, qu'en tuant un animal pour manger sa chair, on pourrait bien tuer un parent. Or, pour commenter l'horreur de cet acte, il rappelle à ses lecteurs l'horreur de la scène de *Mérope,* alors que la malheureuse mère s'écrie, la hache levée sur son fils : « Tiens, reçois ce coup plus sacré ! » si forte, dit-il, « qu'elle met les spectateurs debout ».

Maffei, croyant mieux exploiter l'effet de ce coup de théâtre, l'avait étrangement délayé. Une première fois, Mérope faisait attacher Egisthe à un poteau et se préparait à le larder d'un javelot, quand la brusque arrivée du tyran suspendait le coup et les explications. Une seconde fois, toujours furieuse, elle le trouvait à sa merci, endormi, et allait le frapper d'un coup de hache, quand l'arrivée du vieux serviteur suspendait derechef le coup, mais amenait des explications, cependant qu'Egisthe dormait toujours. Il ne se réveillait qu'au cinquième acte, était instruit de tout par le vieux serviteur, mais la scène de reconnaissance entre sa mère et lui était escamotée.

Voltaire comprit qu'il fallait resserrer à la française ce que Maffei avait divisé : la mère lève la hache sur Egisthe bien éveillé, mais enchaîné. Narbas accourt. On commence à s'expliquer pathétiquement. Le tyran arrive qui force la mère à se taire et nous fait trembler ; le tout est fort émouvant.

Une remarque, par exemple, sur la mise en scène et qui ne m'écartera ni de mon sujet ni de Voltaire. Celle-ci demande à être réglée minutieusement et exécutée avec précision, sinon il se produit un accident qui fait tout rater et qui était fréquent jadis, paraît-il. J'en avertis cet excellent Duparc. Il faut que le vieux serviteur Narbas arrive juste à point pour arrêter le bras de Mérope, ni trop tôt, ni trop tard : trop tard, Mérope reste ridicule, en tenant sa hache en l'air ; trop tôt, elle n'a pas le temps de la lever. Geoffroy nous dit qu'au Théâtre français c'était régulièrement l'un ou l'autre accident qui se produisait.

Au reste, on ne devait voir ni l'un ni l'autre du vivant de Voltaire. Quel metteur en scène ! Justement, c'est à la première répétition de *Mérope*, — au témoignage de Lekain — que fut dit un mot resté proverbial, au théâtre. Mlle Dumesnil, qui tenait le rôle de Mérope, était froide au gré de l'auteur, qui la chauffait de son mieux. « Il faudrait avoir le diable au corps, s'écria-t-elle, pour arriver au ton que vous voulez me faire prendre. — Eh ! vraiment oui, Mademoiselle, riposte Voltaire, c'est le diable au corps qu'il faut avoir pour exceller, dans tous les arts. » Elle y réussit d'ailleurs, témoin cette épigramme de Fontenelle : « Les représentations de *Mérope* ont fait beaucoup d'honneur à Voltaire et d'impression à Mlle Dumesnil. » Ici, Mlle Grumbach... — je ne sais pas si c'est M. Marck qui le lui a passé, — mais elle aura le diable au corps. Je crois du reste qu'on peut retrouver dans la tradition du rôle l'influence directe des indications de Voltaire. J'ai lu, en effet, dans quelque endroit, qu'au IVe acte, quand Mérope vient se placer entre les satellites du tyran et son fils, en criant : « Barbare, il est mon fils ! » Mlle Dumesnil se mit à courir : or on n'avait jamais couru au théâtre ; et l'étonnement fut grand, comme le succès d'ailleurs. N'était-ce pas un effet du *diable au corps* de Voltaire ? Mlle Grumbach courra ; j'ai constaté aux répétitions qu'elle courait : M. Marck n'ignore aucune tradition.

Mais il est plus doux que Voltaire, comme metteur en scène. Autre exemple : l'acteur Le Grand, jouant Omar, dans *Mahomet*, avait à annoncer l'entrée à sensation du prophète en ces termes :

> Mahomet marche en maître et l'olive à la main :
> La trêve est publiée et le voici lui-même.

Son ton fut trouvé plat par Voltaire qui s'écria : « Oui, oui, Mahomet arrive, c'est comme si l'on disait : rangez-vous, voilà la vache. » Au reste il prêchait d'exemple, et Mme du Châtelet nous apprend qu'en petit comité, dans *Zaïre*, il jouait Lusignan « avec une sorte de frénésie ».

Revenons à la scène à faire. En remaniant ainsi le *scenario* de Maffei, Voltaire perdait juste un acte, et, après la scène centrale, il lui restait deux actes à remplir avec le fameux récit d'Isménie pour tout potage. Comment combler ce trou? comment remplacer l'acte perdu? comment fournir jusqu'au bout « cette longue carrière de cinq actes prodigieusement difficile, dit-il quelque part, à remplir sans épisodes »?

Il commence prudemment, comme toujours, par emprunter du cru de Racine. Il transvase une scène d'*Athalie*, celle de l'interrogatoire de Joas. Il met en présence le tyran soupçonneux, comme Athalie; la mère tremblante et prête à se trahir, comme Josabeth; le fils en danger, comme Joas. Mais le danger est plus grand, la mère se trahit et le fils apprend enfin qui il est. C'est ici le triomphe du coupage chez Voltaire, et je vous demande un petit surcroît d'attention, si vous voulez avoir tout le secret de sa manipulation.

Mérope est une de ses pièces les plus travaillées, étant restée six à sept ans sur le chantier, tandis que *Zaïre* fut l'œuvre de vingt-deux jours. Je me suis dit que, pendant ce temps, Voltaire avait dû compiler ; j'ai compilé après lui, et vous allez voir que bien m'en a pris, car je vais pouvoir faire un peu de justice distributive : — n'est-ce pas là la meilleure des compensations aux désillusions inséparables du métier de critique ? —

Saint-Marc Girardin loue fort Voltaire d'avoir donné à Egisthe une fierté digne de sa race et qui se traduit en éloquentes bravades au quatrième acte, en face du tyran, quand il sait qui il est. Il a raison et la fierté d'Egisthe va même porter le reste de la pièce. Mais était-ce une trouvaille de Voltaire ou un coupage ?

Je consultai les auteurs qui avaient traité ce sujet avant lui, à savoir l'italien Torelli, Richelieu et ses « garçons-poètes », Gilbert, la Chapelle, et enfin Lagrange-Chancel, sans compter une *Mérope* italienne de Liviera, une anglaise de Pope, et une française de Clément « l'inclément », exactement contemporaine de celle de Voltaire. Or un, au moins, de ces auteurs avait eu la même idée que Voltaire, et avait même été copié par Lagrange-Chancel, dans son *Amasis*, qui n'est que le sujet de *Mérope* enromancé et transporté en

Egypte. Cet auteur oublié, c'est la Chapelle. Je vous convie à lui rendre justice, pièces en mains.

Son Egisthe, — qui s'appelle Téléphonte, — une fois reconnu, brave le tyran en ces termes :

> Va, ne cherche, tyran, ni preuve ni témoin,
> Je veux bien t'épargner cet inutile soin...
> Je ne te tairai rien. Les sujets d'Amyntas,
> Les peuples soulevés dans tes propres états,
> Tes voisins indignés de voir régner tes vices,
> Les hommes et les dieux, voilà tous mes complices.
> C'est à toi de chercher quelque asile contre eux
> Ou de les perdre tous avec moi, si tu peux.

Cela avait eu du succès en 1682, et ne valait-il pas les honneurs de la citation?

Ajoutez à ces accents quelques échos de *Nicomède* et d'*Héraclius*, et vous avez l'Egisthe de Voltaire. Joignez-y les alarmes de la mère, quand son fils est menacé, — autre écho, mais de Racine cette fois, d'*Andromaque*, — et vous avez toute la mixture de Voltaire pour son quatrième acte. Elle fut d'ailleurs trouvée « excellente » — l'épithète est de Lessing lui-même, — et voilà bien ce triomphe du coupage que je vous annonçais.

Voltaire écrivait à Maffei : « Il est arrivé à notre théâtre ce qu'on voit tous les jours dans une galerie de peinture où plusieurs tableaux représentent le même sujet; les connaisseurs se plaisent à remarquer les diverses manières; c'est une espèce de concours ». Oui, comme à l'école des Beaux-Arts, et Voltaire arrive bon premier, dans le concours, mais avec cette différence qu'il a triché et qu'il avait vu de près et amalgamé sans vergogne, dans sa composition, celles de tous les autres concurrents. Mais s'il a mérité le prix de Rome, il lui a toujours manqué, ici comme ailleurs, d'avoir fait le voyage d'Athènes.

En effet Euripide avait traité le sujet de *Mérope*. Sa tragédie est perdue, mais nous connaissons le sujet de son *scenario*. Voici comment. Vous savez que le bonhomme Lamb a tiré du théâtre de Shakespeare des contes pour enfants, devenus populaires. Eh bien! un Romain en avait fait autant pour les tragiques grecs. C'était un brave homme de conservateur de la bibliothèque Palatine, — la Bibliothèque Nationale de Rome au siècle d'Auguste — qui occupait ainsi ses loisirs. Il s'appelait Hygin, et je regrette fort pour ma part que les bons Pères, le P. Tournemine, par exemple, qui a écrit une lettre un peu hyperbolique sur la *Mérope* française, n'aient pas attiré davantage l'attention de leur ancien élève sur le conte d'Hygin, intitulé *Mérope*.

Voici pourquoi. Voltaire imitant Maffei en cela, a cru bien faire en laissant ignorer longtemps à Egisthe et au spectateur, qui il est. Nous y gagnons le plaisir de la surprise quand nous l'apprenons enfin, après nous en être trop peu doutés, mais nous le payons cher. Supposons, en effet, qu'Egistge se connaisse et se fasse connaître à nous, dès le début, et qu'il vienne à la cour du tyran à bon escient, pour venger son père, comme Oreste ou Hamlet : alors ses premiers périls nous alarmeraient, comme celui de Joas dans *Athalie*, au lieu de nous intriguer seulement ; et surtout comme le dénouement y gagnerait en vraisemblance ! Ce tyran, qui se laisse approcher et massacrer par celui qu'il sait être son ennemi mortel, est vraiment trop « bête », quoi qu'en dise La Harpe. Les traîtres de *mélo*, leurs successeurs directs, sont plus forts. Or, la marche que j'indique est justement celle qu'a suivie Euripide et que Voltaire eût trouvée dans Hygin. Quelle occasion il a perdue de faire un bon coupage et de pur vin grec !

Mais l'eût-il fait ? J'en doute, en me souvenant de sa méprise sur l'*Œdipe-roi*, dans un cas presque identique, et c'est la plus curieuse preuve que je sache de son inintelligence du « dramatique ingénu » des Grecs.

Vous avez tous vu jouer ou lu l'*Œdipe-roi* ; vous savez que, dès le début de la pièce, Tirésias, irrité par les soupçons d'Œdipe, lui déclare que le meurtrier qu'il cherche, c'est lui-même. Nous voilà avertis dès lors de l'horreur finale, car, moins passionnés qu'Œdipe, nous sommes plus frappés des paroles du devin. Aussi à chaque pas que le malheureux fait vers le mot de l'énigme, notre terreur et notre pitié croissent, car nous devinons aisément, grâce à l'indication du devin, que le coupable c'est lui, parce que nous savons qu'au bout de la piste sur laquelle nous haletons avec lui, il y a l'abîme. — Tenez, ici, c'est faute d'une indication suffisante de ce genre au public, que l'interrogatoire de l'assassin dans *Fiancée* n'a pas pleinement porté. — Or, Voltaire, lisant *OEdipe* pour l'imiter, arrivé à la révélation ambiguë de Tirésias, à ce qu'il appelle le second acte, s'écrie : « Vous trouverez que la pièce est entièrement finie au commencement de ce second acte. Nouvelle preuve que Sophocle n'avait pas perfectionné son art, puisqu'il ne savait pas préparer les événements, ni cacher sous le voile le plus mince la catastrophe de ses pièces. » Mon Dieu! comme dit Figaro, que les gens d'esprit sont bêtes parfois! Mais au théâtre, faire prévoir, c'est émouvoir, et c'est ce qu'a enfin expliqué Diderot, le premier en France, dans sa *Poétique*, quand il criait aux auteurs : « Que tous les personnages s'ignorent, si vous le voulez, mais que le spectateur les connaisse tous! » Comme vous le voyez, cette sage leçon de technique théâtrale était un secret renouvelé des Grecs, mais que Voltaire n'avait garde de retrouver.

Et ce qui n'est pas le moins plaisant de l'affaire, c'est qu'il écrit dans la lettre-préface de *Mérope*, à propos de ses devanciers français : « C'était la Vénus toute nue de Praxitèle qu'ils cherchaient à couvrir de clinquant. Il faut toujours beaucoup de temps aux hommes pour leur apprendre qu'en tout ce qui est grand on doit revenir au naturel et au simple ». Or, je me suis assuré précisément qu'aucun des prédécesseurs français de Voltaire, ni Gilbert, ni la Chapelle, ni Lagrange-Chancel, coupables certes d'avoir enromancé leur sujet, n'avait du moins commis la lourde faute de laisser ignorer à Egisthe et au spectateur son identité. Que voulez-vous ! les plus habiles contrefacteurs se trompent sur la qualité des coupages. Et voilà ce que c'est que de se mettre à l'école de Corneille décadent et de Crébillon, et que de sacrifier à ce goût espagnol pour l'intrigue que nous avons dans le sang, depuis le père du théâtre français.

Mais c'en est assez sur la manière dont Voltaire a repétri sa matière italienne. Quelques mots maintenant sur les ingrédients qu'il mêla à sa pâte.

Il y a d'abord son style. Que n'a-t-on pas écrit pour et contre? Je vous renvoie *pour* à La Harpe et *contre* à Geoffroy : le contraste vous amusera, je vous le promets. Restons dans notre sujet : le coupage.

Outre que le style tragique de Voltaire est aussi rembourré et chevillé que le dit Geoffroy, il est souvent un centon de Racine et de bien d'autres, et là, comme ailleurs, le coupage est de règle. Par exemple, Geoffroy trouve ridicule ce vers de Polyphonte :

Madame, il faut enfin que mon cœur se déploie;

mais c'est la faute de l'*Amasis* de Lagrange, dans lequel je lis :

Il faut bien qu'à tes yeux mon cœur se développe :

mauvais coupage ! La Harpe loue cette réplique :

J'allais venger mon fils. — Vous alliez l'immoler :

mais Longepierre avait dit dans sa *Médée* :

J'allais venger mon frère !
— Vous alliez l'immoler :

bon coupage. D'ailleurs, — comme dit Geoffroy, en passant au crible le grain des choses, pour mieux montrer toute la paille des termes, — « cela se prouve papiers sur table » : or nous nous trouvons au théâtre, et nonobstant ses défauts, le style de *Mérope* est assez théâtral.

Sans doute, l'allure est inégale comme toujours dans les tragédies de Voltaire ; c'est une monture qui ne trotte ni ne galope, mais, comme disent Messieurs les *sportsmen*, qui traquenarde, parce qu'elle est montée sans sévérité et qu'elle manque de reins ; toutefois elle a des jambes, elle est vite et elle fait l'étape. Geoffroy a beau dire : ces récits qui chantent encore dans ma mémoire d'écolier (et je n'en suis pas la dupe) :

Au bord de la Pamise, en un temple sacré
Où mon aïeul Hercule est encor adoré...
La victime était prête et de fleurs couronnée,
L'autel étincelait des flambeaux d'hyménée...
On s'écrie : Il est mort, il tombe, il est vainqueur !

> Je cours, je me consume et le peuple m'entraîne,
> Me jette en ce palais éplorée, incertaine,
> Au milieu des mourants, des morts et des débris.
> Venez, suivez mes pas, joignez-vous à mes cris:
> Venez...;

tout cela est d'une fluidité séduisante, d'une vitesse entraînante à la scène! Vous verrez, tout à l'heure, grâce aux interprètes. — Ah! la vaillante troupe que celle de l'Odéon! Je ne puis m'en taire. Il faut l'avoir vue, du *guignol*, avec M. Marck pour capitaine, enlever, d'assaut, six, sept, huit actes par semaine. Ils ne volent pas vos applaudissements, je vous assure. —

Et puis il y a les sentences, les airs de bravoure; les fanfares à la *Nicomède* ou à la *Don Sanche*, avec la dominante philosophique:

> Et le bandeau des rois sur le front d'un soldat?
> Un soldat tel que moi, madame, peut prétendre
> A gouverner l'Etat quand il l'a su défendre...
> Qui sert bien son pays n'a pas besoin d'aïeux...,

et autres maximes qu'on lut brodées sur les banderoles flottant autour du char funèbre, sur lequel le corps de l'auteur de *Mérope* fut porté au Panthéon, en 1791. Il est vrai qu'en 1793, cette même *Mérope* sera interdite comme « contre-révolutionnaire », selon l'expression du conventionnel Génissieux. Mais Napoléon allait se charger de faire un sort à ces vers du même acabit:

> Le premier qui fut roi fut un soldat heureux...
> Je crois valoir au moins les rois que j'ai vaincus...

Ces épices philosophiques mettaient en goût les contemporains, et ne leur paraissaient pas servir d'un petit ornement: vous serez peut-être de leur avis.

J'arrive au tour de force de la pièce, du moins si l'on en croit l'auteur: c'est l'absence d'amour.

Il faut ici louer également la hardiesse et l'intelligence de Voltaire. Après l'énorme succès d'une reprise de l'*Amasis* de Lagrange, qui est exactement le sujet de *Mérope* avec un épisode d'amour, il y avait une certaine crânerie à proposer aux applaudissements du même public une *Mérope* sans épisode d'amour. Or, Voltaire gagna la partie; mais il l'avait jouée si intelligemment!

Il avait senti, à la lecture de Maffei, qu'un sentiment aussi général, aussi vite compris que l'amour maternel, était assez tragique pour porter cinq actes, et il s'appliqua à sa peinture. Elle est très réussie; et sa Mérope est d'un dessein net et ferme, moins monotone qu'on n'a dit, et si bien posée dès le premier vers:

> Quoi ! Narbas ne vient point : reverrai-je mon fils !

Voltaire avait, d'ailleurs, ici d'excellents modèles, dans la *Mérope* même de Maffei d'abord, et surtout dans l'*Andromaque* de Racine. D'autre part, pour la conduite de l'intérêt général à savoir le péril couru par le dernier rejeton d'une race, il avait pour modèle *Athalie*, sans compter que, dans cette même *Athalie*, outre les indications de l'*Amasis* et de la *Mérope* italiennes, il trouvait déjà le ressort de *la voix du sang*, témoin le mouvement instinctif de pitié qui saisit la terrible grand'mère en face de Joas.

Mais, avec la voix du sang, nous arrivons à l'analyse de l'ingrédient le plus curieux qui soit entré dans le coupage de *Mérope*; je veux parler de l'épice à la mode, à savoir le mélodrame à l'état latent.

Le don des larmes s'était fort accru, dans le public de théâtre, depuis « les six larmes » pleurées par Mme de Sévigné à *Andromaque*. La *Judith* de Boyer avait ouvert la source, les écluses des larmes. Les représentations d'*Amasis*, de *Zaïre*, avaient été inondées. Puis était venue la comédie lacrymatoire de la Chaussée ; et *Mélanide*, le chef-d'œuvre du genre, est de trois ans antérieure à *Mérope*. Mais, dès le *Glorieux*, comme vous le faisait, l'autre jour, toucher du doigt notre maître et doyen, M. Sarcey, le mélodrame s'installait dans la comédie. Eh bien ! la tragédie avait suivi une évolution parallèle. Sensible dès les tragédies à situation de la décadence de Corneille, dans *Rodogune* ou dans *Héraclius* surtout, visible dans le *Rhadamiste* de Crébillon, le mélodrame montait toujours. Naguère M. Brunetière vous démontrait que *Zaïre* est le suprême effort de la tragédie pour absorber le drame. Eh bien ! *Mérope*, c'est la capitulation de la tragédie devant le drame.

Oui, dans *Mérope*, le drame, ou plus exactement le mélodrame, le *mélo*, s'est installé en maître, avec la complicité de Voltaire, complaisant de la mode. Voyez plutôt : un traître, un vrai traître de *mélo*, noir scélérat, et menaçant à plaisir, à l'imprévoyance finale près : une mère qui a perdu son fils et qui risque de le tuer quand elle le retrouve, est-ce assez *corsé*? Et ce fils perdu, cet enfant du mystère, ce fils de la nuit, est-il assez suivant la formule du personnage sympathique de *mélo*, de *Victor ou l'enfant de la forêt*, de *Cœlina ou l'enfant du mystère* ? Tout y est, vous dis-je, — sauf le bouffon naturellement — jusqu'au combat traditionnel, dit *le combat des quatre coups*, avec la voix du sang et les ricochets de reconnaissance, le : *Quoi! c'est toi, c'est moi! — Oui, c'est moi, c'est toi ;* et le *Sauvé, mon Dieu, merci*! du cinquième acte, y compris le tonnerre et les éclairs, bien entendu. Dans la tragédie, « rien n'a changé depuis Voltaire » écrivait Schlegel, à la veille du romantisme ; et même après ! Lisez, par exemple, les premières scènes de *Lucrèce Borgia*, après *Mérope*, et les dernières, après *Sémiramis*.

Une formule vraiment nouvelle ne viendra qu'avec la comédie d'Augier et de Dumas, légataire universelle de la tragédie, de la comédie et du drame. En tout cas, *Mérope*, qui marque l'invasion du mélodrame dans la tragédie, est une date mémorable, et les auteurs du programme de ces représentations ont bien choisi, une fois de plus.

C'est aussi grâce au montant de cette épice à à la mode, qu'elle alla aux nues. Dès la première, au café Procope, un spectateur échauffé alla crier dans un entr'acte, que Voltaire était « le roi des poètes ». Dans la salle, le parterre, ivre d'admiration, fit taire une cabale formidable dont les chefs Roi et Cahusac, devinrent « d'une pâleur mortelle » au dire des témoins oculaires. Il demanda l'auteur, fait sans précédent (au témoignage de Condorcet), et Voltaire racontait, trente ans plus tard, qu'à la demande générale il dut embrasser dans sa loge, sur les joues, Mme de Villars. Un rapport de police dit que le baiser fut adressé à la duchesse de Luxembourg, et donné sur sa main. Je crois bien que, pour cette fois au moins, il faut en croire les dossiers de la préfecture de police.

Tels sont donc tous les ingrédients de *Mérope*. Je me résume. Ainsi *tripatouillé*, pardon ! amalgamé, ce vieux sujet offrait un *clou* à chacun de ses cinq actes. Au premier, la dispute, la scène de politique, avec maximes philosophiques, entre le tyran et la mère. Au second, la mère et le fils en présence, s'ignorant, tandis que pathétiquement et à la sourdine parle la voix du sang. Au troisième, la fatale méprise et cette reconnaissance qu'Aristote disait pathétique entre toutes. Au quatrième, la scène la plus originale, Racine et la Chapelle aidant, celle où le tyran force la mère à avouer qu'Égisthe est son fils et où celui-ci brave le tyran. Au cinquième, le récit classique d'Isménie.

Je ne voudrais pas dire une sottise, surtout en finissant, et pourtant il me semble que cette tragédie-mélodrame n'est pas si loin de la tragédie d'Euripide qu'on le dit depuis Lessing.

Supposons qu'on arrive à ce tombeau d'Alexandre caché, nous disait-on ces jours-ci, sous la mosquée de Daniel, et que parmi les papyrus dont on raconte qu'il est jonché, on trouve la *Mérope* (intitulée *Cresphonte*) d'Euripide : eh bien, je crois que la *Mérope* de Voltaire (avec son placage de sentences philosophiques, qui est justement une des caractéristiques d'Euripide ; avec son pathétique à outrance, et Euripide était appelé *le plus tragique* des tragiques grecs ; avec son absence de ce « style de chancellerie de l'amour » que les Allemands reprochent tant à nos tragiques), nous paraîtrait, tout compte fait, moins éloignée de l'original grec que l'*Andromaque* de Racine l'est de celle du même Euripide. Racine, je crois, dit, quelque part, qu'en écrivant pour le théâtre, il faut se demander : « Que dirait Sophocle, que dirait Euripide, en voyant ma pièce ? » En voyant *Andromaque*, Euripide dirait sans doute : « Voilà un rival » ; mais, en voyant *Mérope*, il murmurerait peut-être : « Voilà un écolier de petit goût, mais de vive intelligence et qui sait le théâtre. » C'est un beau mérite et qui me paraît devoir classer d'emblée *Mérope* dans le répertoire futur du théâtre d'Orange. Au pied de la grande muraille, ce bas-relief d'après l'antique ne sera pas écrasé, et le groupe pathétique de Mérope, d'Egisthe et du tyran *pyramidera* assez bien.

Je conclus. Voltaire a cultivé le théâtre avec une passion aussi longue que sa vie. Il a fait en idée le tour du monde pour renouveler la tragédie, la faisant voyager du Brésil à la Chine, la farcissant d'épices des deux hémisphères, inventant, pour ainsi dire, la tragédie planétaire. Cette passion était d'ailleurs si sincère qu'elle lui a inspiré même de la modestie. A ses heures claires, et il en avait beaucoup, il sentait le grand creux de la plupart de ses cinquante-trois pièces de théâtre, il se réfugiait alors dans la critique, et il fondait vraiment la critique théâtrale classique, s'écriant : « Je suis de ces barbouilleurs qui connaissent très bien la touche des grands maîtres... Si je n'ai pu servir mon pays comme auteur, je le servirai du moins comme commentateur ». Eh ! bien, cette passion n'a pas été malheureuse. Un statisticien du dernier siècle évaluait à trente mille le nombre des tragédies composées depuis la Renaissance. Sur ces trente mille on n'en lit guère que cent, mais il y en a deux de Voltaire ; on n'en joue guère que deux douzaines, mais il y en a deux de Voltaire ; il n'y en a que huit dans le théâtre classique officiel, mais il y en a une de Voltaire. « Le second dans tous les genres », disait de lui Diderot : c'est une belle place, dans le genre où la première est occupée par Corneille et Racine.

En jugeant l'ensemble de ses œuvres, et en y cherchant ce système qu'on est en droit de demander à quiconque prend charge d'âmes (et Dieu sait si Voltaire a pris charges d'âmes !), on a pu dire à un point de vue de moraliste : « Voltaire, c'est un chaos d'idées claires ». Mais, en regardant son œuvre d'un biais exclusivement littéraire, et surtout en songeant à la mixture d'une demi-douzaine de ses pièces *Zaïre, Alzire, Mahomet, Sémiramis, Tancrède, Mérope* surtout, la plus vraiment pseudo-grecque de nos tragédies, je ne dis plus de leur auteur : « C'est un chaos d'idées claires », je dis en dégustant son vin savant, comme vous allez le faire : c'est un touche-à-tout de génie.

L' « ECOSSAISE »[1]

Voltaire et le vrai Fréron. — L'*Ecossaise*, première formule du drame populaire.

Mesdames, Messieurs.

L'*Ecossaise* va solliciter votre attention par un double intérêt. L'un est inhérent aux circonstances extraordinaires de la composition et de la représentation de cette pièce ; l'autre sortira directement des mérites dramatiques de la pièce elle-même. Mais ils ont besoin, l'un et l'autre, le second comme le premier, d'être ravivés par des commentaires. Ceux-ci vous donneront le recul tout à fait nécessaire pour s'aviser du premier de ces deux intérêts, l'historique, et goûter pleinement l'autre, le théâtral. Au reste, le premier piquera votre curiosité, et le second la soutiendra.

Le premier gît dans ce fait que l'*Ecossaise* est une pièce du genre dit aristophanesque, c'est-à-

[1]. Odéon, 20 janvier 1898.

dire qu'une personne alors vivante y fut caricaturée et fit les frais de la satire. Je sais bien que l'intérêt de ces personnalités, étant proportionnel à celui des personnes aux prises, vieillit vite. Cependant, quand il s'agit de Voltaire d'une part et de Fréron de l'autre, son principal adversaire dans une lutte dont l'enjeu était le gouvernement de l'opinion, en un temps où celle-ci s'essayait à gouverner tout, l'intérêt n'en saurait jamais être suranné ; car il cesse d'être anecdotique et devient un chapitre de l'histoire de l'esprit en France. J'y insisterai donc.

Le second intérêt, celui qui sortira de la représentation de la pièce, ne se passe pas davantage de commentaires, car il était si neuf alors qu'il a donné naissance à un genre : ce genre n'est rien moins que le drame populaire, celui auquel nous devons la *Closerie des Genêts*, les *Deux Gosses* et la *Joueuse d'Orgue*. C'est ce que je vous démontrerai en second lieu, et dont la démonstration commandera votre attention, et, au besoin, votre respect pour cette mère Gigogne du *mélo* qu'est l'*Ecossaise*, cette soi-disant comédie plus fameuse que connue.

Je commence donc par l'intérêt que j'ai qualifié d'historique.

C'était en 1760 : la lutte était à son paroxysme entre les philosophes et les écrivains défenseurs de l'autel et, par suite, du trône qui lui était adossé. L'armée philosophique qui avait Voltaire pour généralissime, — de parade un peu, —

Diderot et d'Alembert pour stratégistes et grands manœuvriers, l'*Encyclopédie* pour machine de guerre, tous les esprits libres pour sergents de bataille et tous les mécontents pour soldats ou pour francs-tireurs, montait à l'assaut de presque toutes les institutions de l'ancien régime, d'ailleurs fort démantelées. En d'autres termes, on pouvait dire déjà de la monarchie, comme Jeanne Bécu du café du roi : elle *fichait* le camp.

Mais, si, moralement, il n'y avait plus de roi en France, il y avait une reine, l'opinion publique ; celle-ci était capricieuse certes, mais d'une souveraineté si évidente que le pouvoir officiel lui faisait sa cour comme les philosophes.

La preuve en est dans notre sujet même. Au commencement de cette année 1760, une comédie avait été jouée au Théâtre Français, qui bafouait les coryphées du parti philosophique. Or cette comédie, intitulée *Les Philosophes*, avait été commandée à l'auteur, le fait est avéré, par le ministre lui-même, M. de Choiseul. Le pouvoir en était là : il ne comptait plus sur les interdictions de l'*Encyclopédie* et autres coups d'autorité. Il jetait ses armes pour manier celles de ses adversaires, et il poussait l'imprudence jusqu'à descendre, pour se mesurer avec eux, dans leur arène favorite, le théâtre. Il machinait ses coups d'État dans les coulisses de Molière, et il faisait d'un gazetier l'exécuteur de ses hautes œuvres. Voilà bien, pour le coup,

Cet esprit d'imprudence et d'erreur,
De la chute des rois funeste avant-coureur.

Pourtant la manœuvre avait paru réussir d'abord. Cette comédie fameuse des *Philosophes* avait eu les rieurs pour elle. Œuvre d'un certain Palissot, journaliste mercenaire, elle était un pastiche, mince d'invention, des *Femmes Savantes*, ce cadre favori de la satire littéraire au théâtre (voyez le *Monde où l'on s'ennuie* et, hier encore, *Petites Folles*) ; mais elle contenait à l'adresse des philosophes quelques traits assez malins, d'autres très perfides. On y voyait Crispin parodier l'homme de la nature, cher à Jean-Jacques, en marchant à quatre pattes, et renchérir d'avance sur nos végétariens en déjeunant philosophiquement d'une laitue crue, qu'il tirait de sa poche.

Diderot, sous le nom de Dortidius, et sa séquelle, y étaient représentés comme prêchant cauteleusement le vol et la course à la dot, et dégradant les plus nobles instituts, ainsi que dira Figaro ; bref, comme des anarchistes, ainsi que nous disons aujourd'hui. Je n'exagère pas, Messieurs, car je retrouve justement le mot dans Geoffroy, à propos de l'*Ecossaise* et des *Philosophes* : « Nous leur avons obligation de l'*anarchie*, que leur alcoran favorise et consacre ».

Grâce à la cabale, à une suprême levée de boucliers du ban et de l'arrière-ban du parti antiphilosophique, le succès avait été prodigieux, inouï, supérieur à celui du *Cid*, au témoignage de Fréron du moins, avant-courrier de celui qu'allait remporter le *Mariage de Figaro*.

Il était urgent, pour le parti philosophique, d'opérer une diversion. Or, ni le froid d'Alembert, ni le prédicant auteur du *Père de Famille* n'étaient capables de faire changer de côté aux rieurs. La besogne revenait donc à Voltaire. Il tailla encore sa plume et, en une huitaine, bâcla l'*Ecossaise*.

Il n'y laissait pas ses coups s'égarer sur Palissot, un homme de paille, et qui, d'ailleurs, avait eu l'adresse d'excepter de sa satire le seigneur de Ferney. Il alla droit à un journaliste, qui était alors et à la fois le prince de la critique courante et le chef littéraire du parti anti-philosophique, à celui qui avait le mauvais goût de trouver à redire aux productions littéraires et dramatiques de Voltaire, et qui exerçait assez d'influence sur l'opinion publique pour en disputer une part notable à la propagande philosophique, à celui dont il fallait briser la plume particulièrement cuisante au chatouilleux patriarche de Ferney, et prendre d'assaut le journal, — cette bastille littéraire formidable aux frères et amis, — à Fréron enfin, lequel fut drapé comme vous allez voir.

Mais, avant de vous montrer Fréron d'après Voltaire, il est de toute justice que je vous le montre un peu d'après la vérité : car les deux ne se ressemblent guère.

Fréron n'était rien moins que le condottiere du journalisme, et que le vil sycophante, en style du temps, — nous dirions aujourd'hui le maître chanteur, — qui va vous être présenté sur la scène de l'Odéon.

Il était encore moins le noir polisson de plume et de mœurs que Voltaire s'est acharné à nous caricaturer dans cent endroits : notamment, et en cette même année 1760, dans les *Anecdotes sur Fréron*, que Grimm, qui était pourtant un frère, appelle « un tas d'ordures », et dont Voltaire niera jusqu'à son dernier jour qu'il fût l'auteur, l'étant d'ailleurs ; dans un passage enragé du *Pauvre diable* qui défie la citation ; et dans d'innombrables épigrammes dont je ne vous citerai que la plus connue :

> Certain jour, au fond d'un vallon,
> Un serpent piqua Jean Fréron !
> Que croyez-vous qu'il arriva ?
> Ce fut le serpent qui creva.

Non, ce Fréron n'était même pas le cuistre qu'avait été son prédécesseur, l'abbé Desfontaines. Sainte-Beuve a salué en lui le père d'une partie de la critique moderne, de la critique dramatique en particulier, celle de l'école du bon sens qui va, par Geoffroy, son élève et successeur direct à l'*Année littéraire*, jusques à qui vous savez. Critique à férule, soit, mais qui maniait cette férule avec une certaine grâce. Vous en serez juges par deux échantillons, pris au cœur de notre sujet.

Ce sont deux portraits de Voltaire que je cueille dans la revue hebdomadaire de Fréron, la *malse-*

maine, comme l'appelait Voltaire, l'*Année littéraire* de son vrai nom, à qui tous ceux qui ont eu à étudier de près la littérature du dernier siècle doivent beaucoup, croyez-m'en. L'un est de 1752, c'est-à-dire antérieur de huit ans à l'*Ecossaise*. Le voici. Il vient, à propos de Ninon de Lenclos :

« S'il y avait parmi nous, Monsieur, un auteur qui aimât passionnément la gloire, et qui se trompât souvent sur les moyens de l'acquérir ; sublime dans quelques-uns de ses écrits, rampant dans toutes ses démarches ; quelquefois heureux à peindre les grandes passions, toujours occupé de petites ; qui sans cesse recommandât l'union et l'égalité entre les gens de lettres, et qui, ambitionnant la souveraineté du Parnasse, ne souffrît, pas plus que le Turc, qu'aucun de ses frères partageât son trône ; dont la plume ne respirât que la candeur et que la probité, et qui, sans cesse tendît des pièges à la bonne foi : qui changeât de dogme, selon les temps et les lieux ; indépendant à Londres, catholique à Paris, dévot en Austrasie, tolérant en Allemagne ; si, dis-je, la patrie avait produit un écrivain de ce caractère, je suis persuadé qu'en faveur de ses talents, on ferait grâce aux travers de son esprit et aux vices de son cœur.

» Il en est de même des femmes galantes qui savent allier le génie, l'étude et la volupté : elles sont respectées, malgré leurs faiblesses, etc... (à propos de Ninon). »

N'est-ce pas gentiment égratigné et d'une jolie

écriture ? Puis voici quelques traits d'un second portrait :

« Sadi (dans l'espèce, c'est Voltaire) copiait sans pudeur tous les auteurs qui lui tombaient sous la main : les Arabes Bédouins ne dépouillent pas les caravanes avec tant d'audace. Après s'être enrichi de vols et de plagiats, il finit, comme l'Avare de Plaute, qui surprend sa main gauche volant sa main droite : il se pilla lui-même. Nous avons plus de vingt volumes de Sadi, et il n'y en a pas un qui nous offre une idée neuve ; il n'avait d'imagination que dans l'expression..... (Comparer le mot de Marivaux. « Voltaire, c'est la perfection *des idées communes.* »)... On se gardera bien de l'inscrire parmi les historiens..... (*suivent les raisons plus ou moins tirées*). Quel nom donc lui donner ? Celui de philosophe ? Sadi philosophe ? On aurait couvert de huées quiconque l'eût appelé ainsi. Bel-esprit, et quoi encore ? Bel-esprit, tel est le nom que les écrivains persans s'accordent à donner à Sadi... »

« Sadi a répandu dans ses ouvrages un vernis de morale et d'humanité qui en impose en faveur de l'écrivain ; on serait tenté de croire que c'était l'âme la plus sublime et la plus sensible, l'âme d'un demi-dieu ; cependant toutes les histoires du temps le représentent sous des traits bien opposés. On prétend qu'en sa conduite il ne fut qu'un homme et un très petit homme (*suivent des traits à l'appui, drus et durs*)... La même journée voyait dans Sadi vingt hommes différents : toujours en contradiction avec son cœur et son esprit, il haïssait le soir ce qu'il avait aimé le matin, ou plutôt sa vie était une éternelle fureur ou un éternel dégoût. Sa sensibilité allait jusqu'à la petitesse de la créature la plus faible. C'était surtout dans les querelles littéraires (*ceci est de cinq mois après l' « Ecossaise », contemporain des « Anecdotes », etc.....*) qu'il donnait au monde des scènes puériles d'emportement et de déraison. On ne voyait plus en lui qu'un homme ivre, s'abandonnant à tous les écarts de la tête la plus déréglée..... Sadi ne bégaya plus que de mauvais vers, et ne fit que se répéter de plus en plus mal. Il vantait continuellement les délices de son ermitage, où il était dévoré d'ennui, le bonheur qu'il ne goûtait pas, la maison de campagne qu'il appelait son château, et son exil qu'il décorait du beau nom de repos philosophique..... Les gens de bien le plaignirent d'avoir été aussi malheureux avec ses talents, de la fortune et de la réputation. »

Celui-là est tout aussi bien écrit que le premier, tout aussi sagace dans son âpreté, et, s'il vous paraît d'une autre encre, veuillez considérer qu'il est de la fin de 1760, postérieur à l'*Ecossaise*, aux enragées satires que j'ai indiquées, aux indicibles injures qui, si vous vous y reportez, grâce à une table des œuvres de Voltaire, vous feront trouver Fréron d'une modération prodigieuse.

En tout cas, cela suffit à vous montrer que ce

Fréron, bien loin d'être le fripier d'écrits et le bousilleur que dit et redit Voltaire, avait un joli brin de plume, et, dans l'exercice de ses fonctions de critique, une modération relative.

Je dis relative. Ainsi on a voulu expliquer et presque légitimer (encore ce trait) le déchaînement de Voltaire dans l'*Ecossaise* par ce fait que, l'année d'avant, Fréron avait consacré un éreintement soigné à une comédie intitulée la *Femme qui a raison*, et qu'il avait critiqué *Candide*, très finement d'ailleurs. Mais la *Femme qui a raison* est un informe et indécent avorton ; et, dans *Candide*, savez-vous comment l'auteur parlait de Fréron ? Oyez ce début : « Quel est, demande Candide à l'abbé qui le pilote au théâtre, quel est ce gros cochon de critique qui me disait tant de mal de la pièce où j'ai tant pleuré, et des auteurs qui m'ont fait tant de plaisir ? — C'est un mal-vivant, répondit l'abbé, qui gagne sa vie à dire du mal de toutes les pièces et de tous les livres... un folliculaire, un Fréron. »

Quant à l'homme, il n'était pas du tout le besogneux et plat folliculaire que va vous profiler Voltaire. Il était fort bien à la cour, où il avait ses grandes et petites entrées ; ouvertement protégé par le roi Stanislas et par sa fille, la reine de France, dont il fut même en passe d'être le secrétaire des commandements ; et cela, après l'*Ecossaise,* s'il vous plaît, et en dépit des autres pamphlets que Voltaire prodiguait pour le desservir.

Sa revue lui rapportait quarante mille francs de ce temps-là, c'est-à-dire, plus de cent mille du nôtre. Nous savons d'ailleurs qui était serviable et qu'il secourait les siens, quitte à être payé d'ingratitude, à l'ordinaire.

N'y a-t-il pas des ombres à ce tableau ? Mon Dieu si ! Il était mauvais payeur et constamment en procès au Châtelet avec ses fournisseurs, tout comme un grand seigneur. Il était trop bon biberon, en breton bretonnant qu'il était. Il aimait d'ailleurs à avoir sa table aussi ornée de jolies femmes que de grands crus. C'était une joyeuse société que celle de Fréron, mais fort épicurienne et un peu débraillée, comme l'amphitryon. Au reste, le ton y restait critique, et on n'y entrait qu'après des sortes d'initiations qui étaient de vraies brimades. Celles-ci étaient célèbres, et c'est même pour elles que les mots *mystifier* et *mystification* furent créés par Fréron et ses complices.

J'insiste là-dessus pour vous blanchir un peu un homme que Voltaire a vraiment trop noirci, et qui, en somme, est un des plus gros patrons de la critique dramatique, notre ancêtre direct. J'aurais bien, pour le faire connaître et vous prouver qu'un homme si gai ne pouvait être un méchant homme, une anecdote caractéristique. Mais je crains qu'elle ne le soit trop, et je renvoie votre curiosité à l'une des deux meilleures études sur Fréron, — l'autre étant celle de M. Soury, — à celle de M. Ch. Nisard, où elle se satisferait amplement[1].

1. N'étant plus tenu, par écrit, à l'étroite bienséance de la parole publique, je risquerai ici cette anecdote, qui est tirée de l'*Espion anglais*. Elle reste dans les limites de ces farces dont nos pères, depuis toujours, jusques et y compris le grand roi et sa cour, riaient à belles dents. Au surplus, je la mets sous le patronage non seulement des matassins de Molière et du Laripète d'Armand Silvestre, mais de la gravité de M. Charles Nisard, qui n'a pas dédaigné de la rapporter plus au long que je ne le ferai.

Il était alors un petit auteur que l'on appelait le petit Poinsinet qui, par grand hasard, fit un jour un bon petit acte *le Cercle*, au reste si vaniteux qu'il en était sot et que l'on disait couramment « bête comme Poinsinet ». Or un jour Palissot, l'auteur des *Philosophes*, ami de Fréron et son collaborateur à l'*Année littéraire*, s'en vient trouver le petit Poinsinet et lui tient à peu près ce langage : « Mon cher confrère, Fréron est au plus mal. Pour que sa revue ne périclite pas après lui, il a cherché qui lui succédât, avec une autorité efficace. Son choix s'est arrêté sur vous, et il me dépêche pour vous emmener sur-le-champ à son lit de mort, où il veut vous faire de bouche ses suprêmes recommandations et confidences. » Poinsinet s'étonne un peu, mais suit Palissot.

A l'arrivée chez Fréron, une compagnie aussi nombreuse qu'attristée se lève avec force signes de déférences à la muette, à l'adresse de Poinsinet, qui fait jabot. Mais une alcôve est au fond de la pièce. C'est là, en un recoin obscur, que Fréron exhale des soupirs si profonds qu'ils semblent devoir être les derniers. Poinsinet s'avance. Un médecin est au chevet qui fait mine de tâter le pouls du moribond, dont la face s'entrevoit dans la pénombre, horriblement tuméfiée, les traits absolument effacés dans la bouffissure du reste.

Sur un geste d'étonnement du visiteur, le médecin explique le cas, des tumeurs, des « hémorrhoïdes linguales » qui ont déformé les traits. Cependant de la face hypertrophiée partent des sons distincts, mais inarticulés. Nouvel étonnement de Poinsinet que le médecin dissipe en lui expliquant doctoralement que c'est là une suite du mal, mais qu'il a, lui, la clef de ce langage embarrassé du pauvre Fréron et qu'il va être son interprète. Et le dialogue s'engage, avec force « Cher maître ! » émus de Poinsinet, en

Tout compte fait, et c'est ce qu'a fort bien vu M. Jules Soury, le plus grand tort de Fréron fut de n'être guères qu'un critique littéraire, trop occupé à éplucher la forme, au reste d'une érudition fort sujette à caution et surtout absolument incapable de sentir quelle grave partie se jouait, au fond, entre la soi-disant *philosophie* et l'ancien régime, dont il était pourtant le défenseur attitré. A l'enthousiasme et à la poésie qui bouillonnaient par exemple dans le cerveau fumeux d'un Diderot ou que distillait la tête bien faite d'un d'Alembert et

réponse au langage du malade de plus en plus inarticulé, mais dont l'homme de l'art donne gravement, au fur et à mesure des sons explosés ou sibilés, une traduction pathétique.

Ce pathétique est même tel, il porte à un tel comble l'émotion du néophyte, et d'autre part l'honneur de ces confidences suprêmes du grand critique flatte si délicatement sa vanité d'auteur, aussi hypertrophiée que la face de Fréron, qu'il se jette sur celle-ci, l'accole et l'arrose de ses larmes.

On apporte alors des lumières pour éclairer un tableau si touchant, mais quel tableau !

Cette face de Fréron qui resplendit là soudain, humide encore des larmes de Poinsinet,

      Comme un soleil levant dessus notre horizon,

ce n'est qu'une lune, la post-face du joyeux compère qui se retourne en s'exclamant : « Et maintenant à table, mon cher confrère et ami ! Monsieur Poinsinet, vous êtes mystifié, c'est-à-dire initié, et vous voilà des nôtres ». Et la société compta une tête à nasardes de plus.

Grosse était la farce, certes, et peut-être de moine moinant de moinerie, comme disait Rabelais, mais elle était d'une gaîté drue, et, étant si haute en couleurs, elle a du moins le mérite de chasser les vilaines images de Fréron, dont Voltaire a voulu salir la mémoire de la postérité.

dont une foule s'enivrait formidablement, il ne comprenait rien, non plus qu'à la portée pratique de la croisade encyclopédique. Il ne voyait là qu'une fronde des esprits mettant en périls les formules et les bienséances classiques, au secours desquelles il se portait diligemment et exactement, croyant avec cela sauver le reste, content de bien fermer à clé une maison à laquelle on mettait le feu. Aussi, quand l'incendie éclata, vainqueur, quand il apprit, un soir, à la Comédie Française, en 1776, que le privilège était retiré à sa revue, il en mourut d'étonnement, à son poste d'ailleurs.

Voilà le critique que fut Fréron, narquois et judicieux, mais à œillères, bien renté et bien vivant, un peu débraillé certes, mais au fond brave homme et à la charge duquel je ne trouve aucune vilenie.

Or voici sous quels traits Fréron fut présenté au public, le 26 juillet 1760, sur la scène du Théâtre Français, dès le lever du rideau. (*La scène représente un café... Frélon, dans un coin, auprès d'une table, sur laquelle il y a une écritoire et du café, lisant la gazette*) :

« Que de nouvelles affligeantes ! Des grâces répandues sur plus de vingt personnes ; aucune sur moi ! Cent guinées de gratification à un bas officier, parce qu'il a fait son devoir ! Le beau mérite ! Une pension à l'inventeur d'une machine qui ne sert qu'à soulager des ouvriers ! Une à un pilote ! Des places à des gens de lettres ! Et à moi rien ! Encore, encore, et à moi rien *(Il jette la gazette et se promène.)* Cependant je rends service à l'Etat, j'écris plus de feuilles que personne ; je fais enchérir le papier... et à moi rien ! Je voudrais me venger de tous ceux à qui on croit du mérite. Je gagne déjà quelque chose à dire du mal ; si je puis parvenir à en faire, ma fortune est faite ; j'ai loué des sots, j'ai dénigré les talents ; à peine y a-t-il de quoi vivre. Ce n'est pas à médire, c'est à nuire qu'on fait fortune. »

Le reste suivait du même air. Fréron sera le traître de la pièce comme nous le verrons.

Je vous prie de remarquer au passage, d'abord que, si cela est méchant, ce n'est que médiocrement plaisant ; que c'est ce genre de satire très froid où le personnage dit de lui tout le mal que le satirique en pense. Ce genre, déjà frisquet dans un livre, si bien écrit qu'il soit — voyez le *Pauvre Diable* de Voltaire ou le *Dupont et Durand* de Musset taillé sur ce modèle :

> Délayant de grands mots en phrases insipides,
> Sans chemise et sans bas, et les poches si vides,
> Qu'il n'est que mon esprit au monde d'aussi creux,
> Tel je vécus, râpé, sycophante, envieux ; —

ce genre devient au théâtre, d'une invraisemblance si choquante, qu'il suffit à expliquer l'échec constant de Voltaire dans la comédie satirique.

Que cela est gauchement direct et porte peu, à côté du *Mariage de Figaro* et de ses formidables ricochets ! Mais la comédie aristophanesque était encore dans l'enfance, et on peut ici mesurer le chemin parcouru de l'*Ecossaise* aux *Effrontés*, Figaro aidant. Cependant, dès la première *Ecossaise*, cela prit par-dessus les nuages.

Ma foi, tant pis ! c'était une mauvaise action et l'*Ecossaise* est un monument des vilaines mœurs littéraires de ce temps-là. Hélas ! elles sont aussi vieilles que la littérature, et se retrouvent encore aujourd'hui, de temps en temps, je crois. N'y a-t-il plus d'officine de dénigrement envers les œuvres les plus laborieuses et même envers les caractères les plus loyaux ? N'y a-t-il plus de ces cloaques littéraires où des coteries vont recruter de ces *condottieri* de la plume, professionnels de l'éreintement, bousilleurs et boueux, tel ce Durand de Musset :

> A quelque vrai succès lorsqu'on vient d'assister,
> Qu'il est doux de rentrer et de se débotter,
> Et de dépecer l'homme et de salir sa gloire,
> Et de pouvoir sur lui vider une écritoire,
> Et d'avoir quelque part un journal inconnu,
> Où l'on puisse à plaisir nier ce qu'on a vu !
> Le mensonge anonyme est le bonheur suprême.

Ce fut trop souvent celui de Voltaire. Mais, pas plus aujourd'hui que sous l'ancien régime, on n'est protégé contre ces espèces, par de bonnes et justes lois, estimant le dommage à l'anglaise, frappant à la caisse, et écrasant la calomnie avec son organe, à son premier sifflement. La victime gémit contre la barbarie des mœurs et le snobisme de la galerie, et philosophiquement va sur le pré, trop contente de laver cette boue avec quelques gouttes de sang. C'est déplorable, mais trop souvent inévitable.

Certes, Fréron était homme à faire blanc de son épée. Il l'avait prouvé en vidant sur l'heure, au carrefour de Buci, certaine querelle de critique à auteur, entre Marmontel et lui, commencée au foyer de la Comédie. C'était alors un solide quadragénaire et qui n'avait pas froid aux yeux. Mais Voltaire avait 66 ans : il se disait mourant et ne se disait pas l'auteur de la pièce.

Fréron crut sans doute mieux faire, en le prenant sur le mode plaisant. En toute cette affaire, sauf sur un point que nous verrons tout à l'heure, il se conduisit avec une crânerie intelligente qui doit soulever pour lui l'équitable avenir.

Ainsi la pièce ayant paru, quelques semaines auparavant, imprimée et d'ailleurs anonyme, comme elle le fut sur le théâtre, il en fit une critique enjouée qui ne niait pas les qualités, notait quelques outrances dans la plaisanterie et dans les jeux de mots, dont il priait l'auteur inconnu de se corriger en vue de la représentation. (*Ce que fera Voltaire, je m'en suis assuré, et c'est à noter à l'actif de Fréron.*) Il affectait de défendre Voltaire contre le bruit qui courait qu'il fût l'auteur d'une si basse satire à son adresse, dans laquelle il refusait personnellement de se reconnaître d'ailleurs, par conséquent de se fâcher.

Cette égalité de ton, cette affectation de justice distributive et d'impassibilité stoïque, dont ne se départira guère Fréron, enrageaient Voltaire, qui voyait bien qu'il n'avait pas le beau rôle.

Fréron fit mieux encore. Ayant appris que les comédiens (malgré leur plaisir secret de se venger d'un critique qui les malmenait fort, à l'occasion) hésitaient à le jouer sous le nom à peine déguisé de Frélon, il alla les trouver pour leur offrir toute liberté de l'appeler Fréron tout net, sur la scène. On s'arrêta pour la représentation au nom de Wasp, qui, en anglais, signifie *frelon* : c'était on le voit, un calembour à double détente.

Or, Fréron vint à l'orchestre à la première. Comptait-il par sa présence rallier contre la cabale philosophique une opposition suffisante, recrutée parmi les lecteurs de sa revue et les anciens applaudisseurs des *Philosophes* ? C'était mal calculer. Il put voir, à ses dépens, combien le parti philosophique avait la majorité. Les huées partaient par bordées à son adresse, sans protestations de personne en sa faveur. Son voisin, M. de Malesherbes, le vit d'abord rougir et pâlir, puis faire bonne contenance, ce que Voltaire appellera gentiment « se carrer dans sa boue », et même lancer des mots sur le beau mérite qu'il y a à insulter gratuitement les gens et à les livrer en pâture à la voracité du parterre. On voit d'ici la scène. Au reste, Monselet l'a depuis mise en scenario, avec un spirituel dialogue là-dessus entre Fréron et son ami et voisin Favart.

Mais où Fréron fut moins bien avisé qu'en venant à la pièce, ce fut en y amenant sa femme. Il l'avait installée au premier rang de l'amphithéâtre. Elle avait une jolie figure, sur laquelle, au dire de l'ami Favart, Fréron comptait pour faire un appel aussi éloquent que muet à l'esprit chevaleresque du public. Malheureussment, cet appel ne fut pas muet : car devant les vociférations du parterre, Mme Fréron s'étant mise à larmoyer, un voisin lui dit : « Ne vous troublez point Madame, le personnage de Wasp ne ressemble en aucune façon à votre mari. M. Fréron n'est ni calomniateur ni délateur. — Ah ! Monsieur, répliqua la pauvre Mme Fréron, on a beau dire, on le reconnaîtra toujours. »

Le mot courut tout Paris, et ce coup de gaffe devait achever la noyade de Fréron. Il revint sur l'eau pourtant, et prit sa revanche, la plume à la main.

D'abord il écrivit, dans son feuilleton du lendemain, sous le titre de *Relation d'une grande bataille*, un récit de la soirée qui est un petit chef-d'œuvre, où Sainte-Beuve voit du Jules Janin, plus court et plus net. Fréron y montre plaisamment les fortes têtes du parti de Voltaire, le *Sénat philosophique*, assemblées au jardin des Tuileries pendant la représentation, recevant par estafette, d'acte en acte, les nouvelles du champ de bataille et des manœuvres de leur cabale, et accueillant le bulletin de victoire finale par un *Te Deum* qui est devenu plaisamment un *Te Voltarium*.

C'était bien joué. Il fut encore plus beau joueur. Je le vois, quelques semaines après, en décembre, dans un autre article, de fond celui-là, revenir sur l'*Ecossaise* et y faire une part étroite, mais une part, aux mérites de la pièce, non sans appuyer sur les défauts, mais en constatant le succès très loyalement.

D'ailleurs ce succès il ne l'attribuait pas du tout à la partie satirique dont sa caricature faisait les frais. En quoi il avait raison, car Voltaire lui-même fera une remarque analogue dans la préface de la pièce imprimée, quelques mois après, alors que celle-ci avait fait son tour de France, de Lyon à Marseille, en passant par Bordeaux. J'ai même pu m'assurer que ce succès fut long, car trente ans plus tard, La Harpe, — *seconde manière*, c'est-à-dire repenti, hostile au parti philosophique et dont ce témoignage a alors d'autant plus de prix dans l'espèce, — constate que ce succès dure encore, et que la satire de Fréron défunt et oublié n'y est plus pour rien.

Quels étaient donc ces mérites durables de l'*Ecossaise*, qui l'avaient fait saluer par Grimm comme ouvrant une ère nouvelle? En effet, après avoir, dans sa fameuse correspondance, de tant de sans-gêne, à l'occasion, constaté ce succès considérable, surtout celui du rôle de Freeport et du dénouement, — succès d'autant plus singulier que la pièce, étant sue par cœur de tout le monde, ne devait pas faire l'effet d'une pièce nouvelle, — il ajoutait : « Voilà l'époque d'un nouveau genre plus simple et plus vrai que celui de notre comédie ordinaire ». Jamais *le petit prophète* de Bochmischroda ne devait être plus prophète.

Il semble que ces mérites se soient singulièrement obscurcis aujourd'hui. Car on dit couramment, et on n'a pas tort, que l'*Ecossaise* fut une mauvaise action ; mais on ajoute, et M. Emile Deschanel lui-même — avec qui j'ai le regret pour une fois de me trouver en désaccord sensible — que ce n'est pas une bonne pièce.

Il faut s'entendre. Je suis loin de partager cette sévérité. Je crois qu'elle vient de ce que la méchanceté de Voltaire, dans l'espèce, nous rend méchants pour son œuvre ; et aussi de ce que la pièce n'ayant pas été vue aux chandelles, ses mérites dramatiques plaident mal pour elle ; enfin de ce que des pièces innombrables ayant été jetées depuis dans le moule de celle-ci, la nouveauté de son pathétique ne frappant qu'à la réflexion, on se trouve, au bout du compte, assez ingrat envers le novateur.

Il me reste donc à corriger cette erreur de perspective historique ; la représentation vous donnera ensuite la perspective théâtrale ; et l'accueil que vous ferez enfin à la pièce elle-même décidera si le parterre de jadis fut bon juge, si le directeur de l'Odéon a eu raison d'offrir cette reprise à la curiosité du parterre d'aujourd'hui, si le conférencier est la dupe de son sujet, et si la critique est en droit de se montrer aujourd'hui plus sévère pour l'*Ecossaise* que Fréron lui-même.

Nous sommes à Londres. Le lieu de la scène de l'*Ecossaise* ou *Le Café*, selon le sous-titre, est, jusqu'au bout de la pièce d'ailleurs, un café (tel, le café Will, où Saint-Evremond et Dryden causaient littérature). C'est un vrai café, comme dans *Boubouroche*, avec de vrais consommateurs consommant de vraies consommations, dont un qui régale, — comme dans *Boubouroche*, vous dis-je — et qui fument la pipe, et des garçons qui servent et desservent et font la toilette instantanée des tables, avec un gérant qui dirige la manœuvre, une serviette sous le bras. Ah ! cette serviette ! Il faut voir comme elle fait loucher le classique Fréron ! Une serviette sur la scène ! Saluez cette serviette, osée par Voltaire : elle est l'avant-courrière du romantique mouchoir de la Desdémone de Vigny, qui soulèvera, trois quarts de siècle plus tard, sur la même scène de Molière, la furieuse tempête que je contai ici naguère. Tout ce réalisme des détails sent le voisinage des théories de Diderot sur la matière, et devance notamment celui de l'*Eugénie* de Beaumarchais. Notons-le bien.

Au reste, dans ce café, on parle théâtre et littérature, politique et philosophie, le tout plaisamment mêlé et hurlé d'après nature. Cela parut très neuf et l'était en somme.

Je signale pourtant aux curieux un précurseur français de Voltaire dont ne s'avisa pas Fréron, non plus que d'autres, comme vous verrez : on ne s'avise jamais de tout, même quand on a la rancune pour conseillère. C'est Jean-Baptiste Rousseau qui, trois quarts de siècle auparavant, avait eu l'idée d'encadrer dans un café, lui qui devait s'attirer tant de misères pour des couplets de café, — la destinée a de ces ironies! — une bluette dramatique, dont l'intrigue n'a d'ailleurs aucun rapport avec celle de l'*Ecossaise*. Au reste, le café de Rousseau était déjà un café aussi vrai que celui de Voltaire. On y entendait des consommateurs qui abondaient dans ce raisonnement creux sur la politique qui est le sublime du nouvelliste, au dire de La Bruyère, et qui fut, de tout temps, on le voit, le passe-temps favori du bourgeois français, et la soupape de sûreté des régimes à hautes pressions.

Un détail, en passant : je relève, dans la distribution du temps, que l'un des interlocuteurs qui ne font que traverser la scène était Lekain. Soit dit pour donner du cœur aux jeunes artistes de l'Odéon qui vont tout à l'heure se résigner à esquisser ces silhouettes.

C'est dans ce milieu qu'évolue et pérore le folliculaire Fréron, que j'ai eu l'occasion de vous présenter déjà. Il y distille le fiel qui suinte de sa plume altérée, y sème la calomnie en récoltant grands et petits profits, et est, à l'heure actuelle, en quête d'une proie. Or il la flaire dans une belle et modeste et mystérieuse jeune fille, nommée Lindane, qui est locataire d'une des chambres qui donnent sur le café même.

Ne vous récriez pas là-dessus! Ne dites pas, avec Fréron, que, même à Londres, des jeunes filles ne se logeaient pas dans un café-hôtel. C'est arrivé: je vous le prouverai. Mais quelle est cette jeune fille? Quel est donc ce mystère?

En interrogeant cauteleusement une suivante de l'inconnue et le cafetier, une excellente pâte d'homme, nommé Fabrice, Fréron entrevoit que l'on se cache sous un faux nom ; donc qu'il y a matière à scandale et à profits. Quant à nous, nous apprenons bientôt, par de touchantes confidences, que cette Lindane est une Ecossaise de haute naissance, qui cache, en effet, son nom et cherche son père ; que ce père est le lord écossais Monrose, une lamentable victime de la rivalité de la famille Murray et dont la tête a été mise à prix à la suite des derniers troubles d'Ecosse.

Quels troubles? Voltaire ne nous le dit pas, sans doute parce que tout le parterre le savait. Vous pourriez vous le demander, pendant la représentation. Je vais donc au-devant de votre inquiétude. Par la date du reste, il me semble évident qu'il s'agit de la révolte des *highlanders* en faveur du prétendant Charles-Edouard, et de l'héroïque équipée qui avait abouti, quatorze ans auparavant, au désastre de Culloden.

Cependant Lindane, la fille du proscrit, est dans la plus noire détresse; mais elle n'a garde de l'avouer, sachant à quel prix une fille trouve des protecteurs. Elle nourrit sa suivante du travail de ses mains, des broderies; elle mange à peine pour son compte, prétextant que c'est par régime, tandis que le brave cafetier, qui a deviné cette misère, s'ingénie à la soulager, en vendant à sa locataire tout à demi-prix. Quel cafetier! Là est la seule faute que j'aurai à relever contre le réalisme. Et l'heureuse faute! D'ailleurs Lindane est soutenue par l'amour qu'elle éprouve pour un beau jeune homme, mylord Murray, le propre fils du persécuteur de sa famille.

Sur ces entrefaites, le lord Monrose est descendu, *incognito,* par hasard, dans le même café-hôtel que la fille, perdue depuis des années, et qu'il cherche.

Chicanerez-vous sur cette coïncidence, comme le fait encore Fréron? Alors si vous n'admettez pas ces rencontres plus ou moins providentielles, en des lieux d'élection, il n'y a plus de théâtre possible, de celui-là s'entend ; et il nous faudra condamner les trois quarts des comédies, tout le théâtre romantique et tous les *mélos* surtout : ce serait dommage. Accordez donc le postulat : vous en verrez les fruits.

Enfin survient une femme du monde, lady

Alton, amoureuse de lord Murray, avec qui celui-ci a des engagements, au reste jalouse et vindicative. Pauvre Lindane ! Et son amoureux qui ne revient pas ! Et la rivale qui vient ! C'est de quoi se tuer : elle y pense. C'est sur cette entrée sensationnelle de la rivale furieuse, puissante et terrible, que tombe le rideau.

Le premier acte forme une exposition excellente et un spectacle intéressant, tout en tableaux, comme le préconisait Diderot. Du coup Voltaire, qui courait si obstinément après la tragédie pittoresque, inventait, veuillez bien le remarquer, la comédie pittoresque.

Les autres actes tiennent les promesses du premier. L'intérêt y est adroitement filé et va en croissant, chaque acte ayant d'ailleurs une scène culminante, un clou.

Au second acte, une scène qui alla aux nues et qui est vraiment remarquable, absolument neuve, et qui devrait être retenue de tous les curieux, sous l'appellation de *scène du chocolat*, par exemple, et que voici.

Dans le café vient un gros négociant, une sorte de courtier, qui arrive de gagner la forte somme à la Jamaïque et qui est en humeur de bienfaisance. C'est d'ailleurs un bourru, dont la grosse bonhomie et les manières, très *peuple*, nous donneront la comédie. Le rôle fut créé par Préville, acteur d'un comique si dru que Garrick l'appelait « l'enfant gâté de la nature », et qui créera aussi le

Bourru bienfaisant de Goldoni, tracé d'ailleurs d'après le Freeport de Voltaire. Il s'intéresse à la belle Lindane, que jouait cette Gaussin, toujours si gracieuse, malgré la cinquantaine très proche, — ici Mlle Rabuteau et son printemps avec ses fleurs et leurs promesses de fruits, — et qui avait le don des larmes, comme elle l'avait prouvé dans *Zaïre* en une reconnaissance dont celle de l'*Ecossaise* allait être justement une variante. Sur ce que Freeport a appris des malheurs et de la modestie de Lindane, il la veut secourir, et malgré elle, si bien qu'il en arrive à forcer la porte de sa chambre qui donne sur le café. Il paraît même, d'après les *soiristes* du temps, que Préville enfonçait la porte d'un coup de pied. Siblot va se risquer à vous rendre ce jeu de scène. Au reste, Freeport fait ses offres de service avec une délicatesse de cœur qui est d'un plaisant contraste avec la grossièreté de ses manières. Je n'entre pas davantage dans les détails, pour vous en laisser le plaisir : il y a là un ambigu de sentiments alors très neuf, mille fois copié depuis, et qui souleva des applaudissements enthousiastes. J'en ai pour garant Fréron lui-même.

Cependant la vindicative lady Alton a lié partie avec ce scélérat de Frélon. Celui-ci la met sur la piste du secret de la pauvre Lindane, qu'achève de lui révéler une lettre, interceptée par elle, de lord Murray à sa bien-aimée. Des proscrits politiques ! C'en est assez, Frélon aidant, pour inventer qu'ils sont criminels, qu'ils trament une conspiration, si bien qu'un messager d'État vient pour arrêter Lindane.

Cette péripétie émouvante se produit au troisième acte. Heureusement le providentiel Freeport est là qui fait un coup de théâtre, en se portant caution avec ses guinées, à l'anglaise (bien que la caution n'existe pas en matière de crime d'État, assure Fréron : quel homme !) et Lindane reste chez le bon Fabrice, où son amant et son père pourront la retrouver et la venger, à l'heure mélodramatique où le crime doit toujours être puni et la vertu récompensée.

C'est là qu'aura lieu, au quatrième acte, entre son père et elle, une reconnaissance très touchante et qui fit vibrer fort la sensibilité dont on se piquait alors, comme vous savez.

Mais on est sur la piste du proscrit. Il faut fuir. Mais fuir c'est ne plus revoir celui qu'on aime, lord Murray. Mais c'est aussi lui sauver la vie, car le père de Lindane cherche ce lord pour se venger dans son sang des outrages et des persécutions dont les siens l'ont abreuvé.

Cela est, il faut en convenir, fortement noué et se dénouera d'ailleurs très bien au cinquième acte.

Lord Murray revient à point : s'il a été si longtemps absent, c'est qu'il intriguait pour obtenir la grâce du père de Lindane. Et quand celui-ci, apprenant qui est ce lord, se précipite sur lui, l'épée à la main, altéré de vengeance, avec Lindane éperdue entre eux deux, Murray jette la sienne et tend le parchemin qui répare toutes les injustices de sa race. Devant cette générosité évidente, Monrose pardonne et donne à Murray la main de sa fille. Freeport, dont le vieux cœur s'égarait vers cette jeunesse, se console en brave homme avec un : « Je me doutais bien que cette demoiselle n'était pas faite pour moi ; mais, après tout, elle est tombée en bonnes mains, et cela me fait plaisir ». Lady Alton, un peu ridicule et qui eut le tort de rappeler aux spectateurs la baronne de Croupillac de l'*Enfant prodigue,* en est pour ses frais avec le sycophante et pour sa courte honte ; Frélon, lui, pour sa très longue honte, car il a été traité, comme il le mérite, au courant de la pièce, par les honnêtes gens qui y pullulent : Fabrice, lord Monrose, lord Murray, Freeport surtout, les consommateurs même.

Peut-être trouverez-vous qu'il n'est pas assez puni. C'était aussi l'avis de Voltaire, qui nous apprend, dans sa préface, qu'il le punissait « comme de raison » dans un premier dénoûment.

Il n'est peut-être pas très difficile d'imaginer quel était ce dénoûment inconnu. Le puissant lord Murray devait faire envoyer aux galères Frélon, le bandit de lettres, comme Voltaire y a envoyé si souvent, en prose et en vers, Fréron, son malicieux mais judicieux critique. Mais il s'aperçut que cela jetait un froid, comme on dit aux répétitions ; que cette justice, qu'on rendait soudain, semblait mêler un peu de froideur au vif intérêt qui entraîne l'esprit au dénoûment. Il s'abstint donc, se bornant, ainsi qu'il est expliqué gentiment quelque part, dans sa correspondance, à mettre Fréron dans un coin, comme les peintres y mettent un crapaud ou une couleuvre, préférant le plein succès à la pleine vengeance, quitte à compléter celle-ci ailleurs, et jugeant, en somme, qu'il avait assez rempli son but, qui était de « faire donner Fréron au diable ».

Récapitulons. Une jeune fille pauvre mais honnête, née de parents nobles mais inconnus, aimée d'un jeune homme, noble et riche, persécutée par de fort méchantes gens, mais qui finalement retrouvera ses parents et épousera son amoureux. — Un père noble et proscrit qui retrouve sa fille et son crédit perdus. — Une femme du monde jalouse et vindicative. — Un traître à tout faire, bien noir. — Un brave homme, très *peuple*, bourru et bienfaisant, dont l'aide est providentielle et dont la bonhomie fait rire, comme la noirceur du traître fait frémir. — Une reconnaissance pathétique et qui met les mouchoirs en bannière ; le vice puni, la vertu récompensée à la tombée du rideau. Voilà le personnel et le scenario de l'*Ecossaise*.

Mais c'est exactement le personnel et le *scenario* du drame populaire, depuis les drames de Beaumarchais, en passant par ceux de Mercier, jusqu'à ceux auxquels nous convient, plusieurs fois l'an, le théâtre de la République ou l'Ambigu, par exemple. Ce bourru bienfaisant qu'est Freeport, que reprendra Goldoni, mais il est devenu le pilier du drame populaire. Aujourd'hui même, vous applaudissez dans le manchot de *la Joueuse d'Orgues* à son rôle de sauveteur, comme vous applaudissez à l'exécution en règle de la femme du monde très rosse, empêcheuse du bonheur des personnages sympathiques, dans *la Closerie des Genêts*. Cela est de toute évidence, et je n'ai pas besoin d'insister. Quant au traître, à la limace de *mélo* ; où n'est-elle pas ? Je signale même aux curieux qu'il y a dans l'*Ecossaise*, jusqu'à la phraséologie du genre, les appels au Dieu de l'innocence et de la justice, et même çà et là un pathos dont je livre à vos méditations cet échantillon : « Que de coups de poignard auraient fini mes jours, s'exclame Monrose, si la juste fureur de me venger ne me forçait pas à porter dans l'affreux chemin du monde ce fardeau détestable de la vie » ! Est-ce assez *mélo* ? Et c'est de Voltaire. Faut-il que la poétique du genre ait de l'influence !

Voilà donc un fait acquis. Dans sa pièce, trop peu lue, de l'*Ecossaise*, — fort improprement dénommée comédie — et qu'il appelle plus justement un drame dans sa préface (ce mot avait été lancé, dès vingt ans plus tôt, à propos de *Melanide*, par la Chaussée, concurremment avec celui de *Romanédie*, et sera arboré, pour la première fois, sur l'affiche, par l'*Eugénie* de ce révolutionnaire de Beaumarchais), dans l'*Écossaise*, Voltaire a le premier donné la formule du drame populaire, lequel se trouve être issu du mariage de la farce et de la tragédie; car ce monstre est issu d'accouplements hideux.

Je dis le drame populaire, celui qu'il faut bien distinguer de la *Comédie larmoyante* de La Chaussée, ainsi que du *drame romantique*.

En inventant la comédie sérieuse, où la partie comique se réduit à si peu que rien, ou même à rien du tout, — comme dans son chef-d'œuvre, *Mélanide*, une pièce dont la reprise serait curieuse, — La Chaussée à ouvert de loin les voies, ainsi que l'a aussi brillamment que nettement démontré M. Lanson, à la comédie d'Augier et de Dumas. Mais la formule de l'*Écossaise* est différente de celle de *Mélanide*, différente de celle de cette fameuse *Cénie* de Mme de Graffigny, qui avait eu, dix ans auparavant, un si colossal succès de larmes et provoqua dans toute la critique un enthousiasme lyrique, et fort explicable pour qui sait les faits et l'*ambiance*. Elle en diffère essentiellement par le mélange du bouffon avec le pathétique, par ce rôle de Freeport, sur l'intérêt duquel critiques amis et ennemis furent unanimes. Voltaire triomphe de cela dans sa préface, et a bien raison.

Il a un peu moins raison quand il se récrie sur la nouveauté du caractère de Lindane, lequel, ainsi que « celui de Freeport, ne ressemble à rien de ce que nous connaissons sur les théâtres de France ». L'équité m'oblige à constater qu'on en trouverait le prototype dans cette jadis si fameuse et aujourd'hui si oubliée *Cénie* (une curiosité à reprendre comme *Mélanide*), si ce prototype n'était déjà dans une autre pièce de Voltaire, la toute « racinienne » *Zaïre*.

D'autre part, ce drame populaire qui ira, par Beaumarchais, Mercier, Pixérécourt, à Bouchardy, d'Ennery, Frédéric Soulié et M. Decourcelle, ne doit pas être confondu avec le drame romantique proprement dit. *Hernani* et *Marion Delorme* ne diffèrent de la tragédie voltairienne que par la forme des vers. Ils sont la suite directe de ce dernier rêve de Voltaire pour galvaniser la tragédie moribonde et qui a nom la tragédie pittoresque. C'est la dernière et d'ailleurs infructueuse tentative pour adapter la formule surannée de la tragédie au goût moderne.

Nous conclurons donc que le drame populaire, avec tout son personnel, son mélange de pathétique et de bouffonnerie, son romanesque dans l'intrigue et son réalisme dans la mise en scène, avec sa justice finale si rigoureusement et inévitablement distributive, a eu, historiquement, sa première formule dans l'*Ecossaise*.

Ce n'est pas un petit honneur, et Voltaire l'a pressenti, et Fréron le lui a disputé de son mieux. Il a cherché, en conséquence, à diminuer l'originalité de Voltaire; il me reste à la préciser.

Fréron a cherché à Freeport, dans les comédies du temps, une demi-douzaine de précurseurs, lesquels, après un examen dont je vous fais grâce, ne diminuent en rien le mérite de cette création. Il a insinué que le grand effet de la reconnaissance de Lindane et de son père n'était qu'une transposition de celui de la reconnaissance entre Zaïre et Lusignan. Cela est exact, mais laisse à la reconnaissance de l'*Ecossaise* tout son mérite différentiel, comme Voltaire avait le droit de prendre son bien où il le trouvait, surtout quand c'était chez lui.

Fréron était mieux avisé quand, en quête d'autres sources où Voltaire aurait puisé, il se fit envoyer par son ami Favart qui nous le raconte, ce théâtre italien de Goldoni, dont M. Sarcey nous disait l'autre jour la vogue en France à cette époque. Avait-il été mis sur la piste par un passage de la préface où Voltaire attribue à sa pièce le naturel de Goldoni, peut-être avec l'arrière-pensée de prendre les devants sur une accusation de plagiat qu'il prévoyait? Il était si malin! Je ne sais; mais ce que je sais bien, c'est que Fréron a aussi mal cherché cette fois que la fois où il indiquait une *Henriade* en provençal comme l'original de la *Henriade* de Voltaire. Il n'a jamais pu mettre la main sur le félibre d'alors qui aurait eu cette gloire mitigée, et la *Henriade* restera de Voltaire, sauf un vers, le second,

> Et par droit de conquête et par droit de naissance,

qui est de l'abbé de Cassagne.

Il a fait le même buisson creux pour le modèle de l'*Ecossaise*. Je le vois, en effet, dans un de ses articles, indiquer comme étant ce modèle cette même *Locandiera* de Goldoni, où vous avez pu naguère admirer la Duse. Il est vrai qu'il y a là un personnage de bourru, *Ripafratta*, lequel prend, comme Freeport, du chocolat sur le théâtre. Mais de là à *la scène du chocolat*, nul autre rapport, je vous assure, que le chocolat. Franchement c'est trop peu pour crier au plagiat. Or, le plaisant de la chose est que Fréron a passé à côté du lièvre.

Permettez-moi de le lever devant vous. Je me hâte de dire que j'ai été mis sur la piste par une note de ce même M. Emile Deschanel, avec lequel j'ai exprimé le regret de n'être pas d'accord sur le fond des choses. J'ai lu une pièce de Goldoni qui a pour titre la *Bottega del Caffe*. Je la signale aux curieux. Ils y trouveront un certain don Marzio, une mauvaise langue, qui bave sur tout le monde, et opère dans un café, d'où on finit par le chasser, en chœur. Il me paraît évident que Voltaire s'est directement emparé du *Café* de Goldoni pour le cadre et le mouvement de son joli premier acte et même pour des traits de son odieux et déplaisant Frélon.

Ah? si Fréron avait su cela! Comment diable ses collaborateurs ne le lui ont-ils pas signalé?

Quant à l'intrigue elle-même, il avait beau

chercher dans une demi-douzaine de comédies anglaises plus ou moins intitulées le *Café*, il ne trouva trace d'aucun plagiat de Voltaire : c'est que cette fois-là Voltaire n'avait plagié que la réalité et avait peint d'après nature. Aussi bien est-ce par là que je terminerai.

Voltaire avait eu, au temps de sa jeunesse folle, pour bonne amie, une demoiselle de Livry, à laquelle il donnait des leçons de déclamation, lesquelles n'étaient ni plus ni moins désintéressées que celles de Racine à la Champmeslé, et que lui souffla l'ami Génonville :

> Tu sais combien l'amour m'a fait verser de larmes.
> Fripon, tu le sais trop bien.
> Toi, dont la délicatesse,
> Par un sentiment fort humain,
> Aima mieux ravir ma maîtresse
> Que de la tenir de ma main.

Or elle était passée en Angleterre, avec une troupe de comédiens, dont le cabotinage tourna mal. Ensuite de quoi, la belle échoua dans la maison d'un Français, qui tenait un café, lui plut par sa décence, sa réserve touchante, dans sa détresse, et, du même coup, à un habitué du café, un marquis de Gouvernet, surnommé le *Fleuriste*. Il offre sa main. Elle refuse, trouvant le mariage mal assorti pour lui ! Il la décide à accepter pourtant un billet d'une loterie sur l'Etat, fabrique une fausse liste où le billet gagne la forte somme, revient à la charge, est enfin accepté, et voilà l'amie de Voltaire devenue Mme la marquise de Gouvernet. Vous avez reconnu l'*idée-mère*, comme disait Mirabeau *l'ami des hommes*, du scenario même de *l'Ecossaise*.

Ajoutons, pour être quitte envers cet original de Lindane, que Voltaire s'étant présenté plus tard, certain jour, chez elle, le suisse de Mme la marquise de Gouvernet éconduisit Voltaire, — que Mlle de Livry avait habitué jadis à un autre accueil, — et que là-dessus il lui décocha l'épître des *Vous* et des *Tu*, que je m'en vais vous lire, du moins ce qu'on en peut lire honnêtement, car elle vous prouvera combien cette charmante personne occupa l'imagination et même un peu, si incroyable que cela paraisse, le cœur de l'amant de *Pimpette* :

EPITRE

connue sous le nom des Vous *et des* Tu.

> Philis, qu'est devenu ce temps
> Où dans un fiacre promenée,
> Sans laquais, sans ajustements,
> De tes grâces seules ornée,
> Contente d'un mauvais souper
> Que tu changeais en ambroisie,
> Tu te livrais, dans ta folie,
> A l'amant heureux et trompé
> Qui t'avait consacré sa vie ?
> Le ciel ne te donnait alors,
> Pour tout rang et pour tous trésors,
> Que les agréments de ton âge,
> Un cœur tendre, un esprit volage,
> Un sein d'albâtre, et de beaux yeux,
> Avec tant d'attraits précieux,

Hélas ! qui n'eût été friponne ?
Tu le fus, objet gracieux :
Et (que l'amour me le pardonne !)
Tu sais que je t'en aimais mieux.

Ah, Madame ! que notre vie,
D'honneurs aujourd'hui si remplie,
Diffère de ces doux instants !
Ce large suisse à cheveux blancs,
Qui ment sans cesse à votre porte,
Philis, est l'image du temps :
On dirait qu'il chasse l'escorte
Des tendres Amours et des Ris :
Sous vos magnifiques lambris
Ces enfants tremblent de paraître.
Hélas ! je les ai vus jadis
Entrer chez toi par la fenêtre,
Et se jouer dans ton taudis.

Non, Madame, tous ces tapis
Qu'a tissus la Savonnerie,
Ceux que les Persans ont ourdis,
Et toute votre orfévrerie,
Et ces plats si chers que Germain
A gravés de sa main divine,
Et ces cabinets où Martin
A surpassé l'art de la Chine :
Vos vases japonais et blancs,
Toutes ces fragiles merveilles ;
Ces deux lustres de diamants
Qui pendent à vos deux oreilles ;
Ces riches carcans, ces colliers,
Et cette pompe enchanteresse,
Ne valent pas un des baisers
Que tu donnais dans ta jeunesse.

Il la revit, elle et lui octogénaires, dans son triomphal voyage de 1778, au bord de la tombe, et disait le lendemain : « Ah ! mes amis, je viens de passer d'un bord du Cocyte à l'autre ». Sur quoi il recevait d'elle ce portrait de lui-même, peint jadis par Largilière, qui se voit aujourd'hui à gauche de la chambre à coucher de Ferney, d'après lequel a été fait récemment la statue de la mairie de la rue Drouot, où revit un Voltaire jeune avec ce même sourire aux lèvres qui n'est point tant hideux, et que l'on crut voir voltiger, hier encore, dans le caveau du Panthéon, sur son crâne retrouvé.

Ce portrait de Voltaire et *l'Ecossaise*, voilà deux titres de Mlle de Livry au souvenir de la postérité, de quoi prendre rang après Mme du Châtelet, et tout est bien qui finit bien.

Messieurs, vous voilà instruits maintenant des circonstances de la composition et de la représentation de la pièce que l'on va vous jouer, avertis de la nouveauté de la formule qu'elle apporte, et orientés vers les deux sortes d'intérêts, l'historique et le théâtral, qu'elle offre.

Je ne compte pas beaucoup sur le premier pour soutenir votre curiosité. Mais j'espère que vous y retrouverez le second. C'est une expérience qui était à faire. Ma conférence a eu surtout pour but de la mettre dans les conditions du recul historique nécessaire. Seront-elles suffisantes à sa réussite ?

C'est avec curiosité que je vais guetter votre arrêt, *Monsieur Tout le monde* ayant plus d'esprit que M. de Voltaire lui-même et que tous les Frérons passés et présents.

LA PREMIÈRE DU BARBIER DE SÉVILLE, EN CINQ ACTES [1]

Le Barbier, première manière, et son acte inédit.

Mesdames, Messieurs,

Le jeudi gras, 23 février 1775, jour de l'avènement de Figaro sur la scène de Molière, est, à certains égards, une date aussi mémorable, dans l'histoire de l'esprit français, que le sont celles des premières représentations du *Cid*, des *Précieuses* ou d'*Andromaque*. L'Odéon va solenniser cet anniversaire en reprenant le *Barbier de Séville*, tel qu'il fut joué à la première, et tel qu'il était resté dans le portefeuille de l'auteur où je l'ai retrouvé.

C'est même ce qui me constitue un titre périlleux à votre attention. Aussi me hâterai-je de vous faire remarquer que si, aux matinées précédentes, le nom du conférencier ajoutait du lustre à l'affiche, c'est aujourd'hui l'affiche qui patronne le confé-

[1]. Odéon, 23 février 1888.

rencier. Son devoir est donc de contribuer à la restauration dont vous allez être les témoins, en vous rendant en idée les contemporains de la première du *Barbier de Séville*, et en vous prédisposant à être juges de *la seconde*.

Ce n'est pas que je vous invite à casser l'arrêt du parterre de 1775 ; il a bien jugé, en gros. Mais Beaumarchais ne passa condamnation qu'en maugréant ! « Dans un moment d'oppression », s'écriait-il six mois plus tard, au cœur du succès de sa pièce en quatre actes, « ne vaut-il pas mieux » sacrifier un cinquième de son bien que de le voir » aller tout entier au pillage ? » Il regrettait donc quelque chose ; c'est ce quelque chose que je vous invite à retrouver et à signaler par vos applaudissements et vos rires.

Beaumarchais comme Molière a toujours vu dans le parterre, le juge suprême des œuvres dramatiques, tout en guettant le moment d'en appeler, comme Damis,

Du parterre en tumulte au parterre attentif.

Ce moment est enfin venu. Il y a aujourd'hui cent treize ans, jour pour jour, que le *Barbier de Séville* fut joué pour la première et unique fois en cinq actes et accueilli par une tempête de rires et de sifflets. Cet événement, deux fois comique, eut lieu au théâtre des Tuileries, où la Comédie-Française recevait alors l'hospitalité, entre cour et jardin, en attendant qu'elle vînt s'installer ici même, sept ans plus tard, sur l'emplacement de l'hôtel de Condé, à quelques pas de la maison de Beaumarchais qui porte aujourd'hui le n° 26 de la rue de Condé, et où vous pourrez faire en sortant un pèlerinage commode.

Je vous convie donc à goûter la satisfaction d'une curiosité rétrospective, et aussi à tenir une séance de critique expérimentale. Vous allez avoir en effet une occasion sans pareille d'apprécier tout ce qu'il faut sacrifier de verve et d'esprit, non pas au dieu des cabales, comme dit Beaumarchais, mais au dieu du bon goût, pour toucher à la perfection.

Ce n'est pas tout. Si l'on se fût piqué de reproduire tout le spectacle du 23 février 1775, il aurait fallu rendre aux *Vendanges* de Dancourt l'honneur d'escorter Figaro. Mais le programme de ces matinées classiques, depuis longtemps fixé réunissait aujourd'hui sur l'affiche les *Plaideurs* au *Barbier*. J'en remercie le hasard qui se trouve avoir bien fait les choses. Il y a en effet un intérêt très réel, encore que subtil, à écouter les *Plaideurs* après le *Barbier* en cinq actes, et cet intérêt gît dans ce fait que les deux pièces furent d'abord écrites pour la Comédie italienne.

Racine voulant, comme il dit, *donner aux Français un échantillon d'Aristophane*, songea à mettre sa tentative sous le couvert des hardiesses traditionnelles des Italiens, et il écrivit sa pièce pour Scaramouche. Beaumarchais qui rêvait déjà de nous rendre Aristophane lui-même, alla droit aux mêmes tréteaux. Mais le départ de Scaramouche, au moment où les *Plaideurs* étaient sur le chantier, et, cent ans plus tard, le refus d'un acteur du tripot italien qui, ayant été barbier jadis, fut assez sot pour refuser de jouer Figaro d'après nature, changèrent les destinées des deux pièces. Le théâtre français les hérita du théâtre italien, revues, corrigées et accommodées à son goût.

On va vous révéler ce que cette toilette de cérémonie coûta à l'une de ces deux parvenues, et vous pourrez raisonner par analogie sur le cas de l'autre. Vous vous demanderez par exemple ce qu'étaient les *Plaideurs*, quand Racine les jugeait dignes de la gravité de Scaramouche ; quels auraient été les lazzis de Petit-Jean en Arlequin, et de l'Intimé en Scaramouche ; sur quel ton Dandin débitait à Isabelle ses galanteries surannées ; comment les accueillait la sémillante héritière d'Isabelle Andreini, l'étoile des *Gelosi*; et enfin jusqu'où le pathétique auteur d'*Andromaque*, de complicité avec Scaramouche, s'était risqué sur les traces d'Aristophane. C'est une critique conjecturale dont je me contente de vous indiquer la matière, mais que je vous laisse à greffer, à votre aise, sur la critique expérimentale à laquelle vous êtes spécialement conviés.

Maintenant je vous invite à pénétrer en idée dans le théâtre des Tuileries le 23 février 1775. La salle est comble. « Jamais, rapporte Grimm, première représentation n'attira tant de monde. » Tout Paris, comme on disait déjà est là, bruyant et minaudant; mais passons vite. A noter pourtant au passage, le prince de Conti et la *divine comtesse* de Boufflers, deux patrons déclarés de l'auteur; et, dans leurs entours, le bataillon des fidèles du Temple ; et aussi çà et là, la présidente de Meinières et les parlementaires vainqueurs de Maupeou, qui espèrent bien trouver, dans la comédie de leur vaillant auxiliaire, l'écho bruyant de leurs rancunes et l'occasion de savourer sournoisement leur triomphe tout récent.

Mais venons aux « ennemis acharnés »; traversons d'abord les rangs des auteurs où clabaude Collé et où pateline Baculard, et arrêtons-nous un peu au bataillon des journalistes. Ils sont tous à leur poste, j'allais dire de combat, car on vient d'y siffler, bien que le rideau ne soit pas encore levé. Voici d'abord le critique à férule, l'austère, mais en somme impartial Fréron, puis Grimm et Meister côte à côte, et Métra et Laharpe, etc. Vous guetterez surtout, dans ce coin, « le critique adolescent » qui écrit pour le journal « établi dans Bouillon avec approbation et privilège ». Quel succès aura son article! Il provoquera la préface du *Barbier de Séville*. Jamais ruade folliculaire, comme va nous dire Figaro, ne fit jaillir pareilles étincelles d'esprit. Aussi coûta-t-il deux mois de méditation à son auteur; mais quel titre de gloire pour la *Revue philosophique et littéraire de la*

Société typographique de Bouillon, et pour la critique théâtrale en général !

Une vive curiosité fouette toute cette salle houleuse. L'auteur en est l'objet plus encore que sa pièce, bien que celle-ci, « censurée quatre fois et cartonnée trois fois » soit interdite depuis deux ans. Prêtez l'oreille, vous entendrez la calomnie qui pianissimo murmure et file. Si vous en croyez celui-ci, Beaumarchais n'est pas plus l'auteur de la comédie nouvelle que des Mémoires où il vient de faire rire toute la France aux dépens d'une magistrature sortie d'un coup d'État. Si vous le poussez, il vous soutiendra que ce sont les magistrats évincés qui tinrent alors la plume et que Beaumarchais n'a fait que signer leurs rancunes. Collé n'a-t-il pas déjà reconnu la main de Diderot dans *Eugénie*, la première pièce de notre auteur ? Un autre vous glissera dans l'oreille « que le sieur Caron de Beaumarchais ne s'est jamais bien lavé de l'accusation d'avoir empoisonné ses trois femmes », bien qu'il n'en ait encore épousé que deux. Mais on n'y regarde pas de si près, tant on est pressé d'arriver au compte de Barbe-Bleue. La conclusion est qu'il a conquis la fortune *per fas et nefas*, comme il essaie de voler la gloire.

Vous le savez, « il n'y a pas de plate méchanceté, pas d'horreur, par de conte absurde qu'on ne fasse adopter aux oisifs d'une grande ville en s'y prenant bien », et nous avons ici, dans la salle de 1775, des gens d'une adresse ! Tenez ! Pidansat de Mairobert par exemple, le continuateur du gazetier Bachaumont, celui qui fera une fin si tragique et si méritée. Constatons seulement que les femmes protestent. Beaumarchais les eut toujours pour lui. C'était justice en tout sens; et d'abord il en épousa trois, sans compter qu'il les aima toutes. Et puis tout son théâtre est un plaidoyer en faveur des femmes. Ce sont elles, si nous en croyons ce jaloux de Collé, qui firent un succès de larmes à son drame d'*Eugénie*, comme elles se préparent à en faire un de rire au *Barbier*; elles encore dont le mauvais exemple, toujours au dire de Collé, entraînera les hommes. J'espère bien qu'aujourd'hui, mesdames, vous ne voudrez pas renier vos aïeules et que vous recommenceriez au besoin la même tactique.

Au fond d'ailleurs pures calomnies, dont le temps et les amis de Beaumarchais feront justice. Soyez à l'aise avec lui, croyez-moi ; vous en avez le droit, et que l'homme ne fasse pas dans votre esprit tort à l'auteur, comme au jour de la première.

La vérité c'est que l'auteur est un parvenu, vraiment fils de ses œuvres, inventeur, riche, mondain, ayant de l'esprit et de la figure, homme à bonnes fortunes, qui a su forcer les rangs des courtisans comme il va triompher dans la mêlée des auteurs. Ces succès-là se paient sous tous les régimes de la même monnaie, celle de Basile, la calomnie.

Mait chut! la toile se lève, le vengeur va entrer

en scène, c'est Figaro, sous les traits de Préville.

Le premier acte a réussi, les rieurs ont le dessus, mais la cabale ne désarme pas et continue à escarmoucher, en guettant l'occasion de donner en masse. Elle essuie, sans broncher la tirade de la calomnie. Elle a son mot d'ordre ; c'est *le critique adolescent* qui le lance, dès l'entrée de l'Eveillé. *La pièce est une farce*, clame-t-il. Sur quoi Fréron se récrie que le temple de la Comédie-Française est violé par les barbares, par les forains. Dès lors la cabale fait des recrues : « Siffleurs, moucheurs, cracheurs, tousseurs et perturbateurs, » font merveilles, surtout au quatrième acte, que ne sauve pas la scène de stupéfaction de Basile. Qui diable y résisterait ? La salle fait chorus. Mais de quoi se plaint-on ? De trop rire. On ne rit plus que du bout des dents à la Comédie-Française, depuis que Molière et Regnard sont morts. Il faut donc y mettre bon ordre ; la pièce tombera elle tombe, elle est tombée.

Et quel lendemain ! Écoutez l'auteur : « Vous
» eussiez vu les faibles amis du *Barbier* se disper-
» ser, se cacher le visage ou s'enfuir ; les femmes
» toujours si braves quand elles protègent, en-
» foncées dans les coqueluchons jusqu'aux pana-
» ches, et baissant des yeux confus ; les hommes
» courant se visiter, se faire amende honorable
» du bien qu'ils avaient dit de ma pièce, et reje-
» tant sur ma maudite façon de lire les choses tout
» le faux plaisir qu'ils y avaient goûté. C'était

» une désertion totale, une vraie désolation. »
Mais « ce pauvre Figaro fessé par la cabale en
» faux-bourdon » *le jeudi* et « presque enterré le
» vendredi, ne fit point comme Candide ; il prit
» courage et mon héros se releva le dimanche
» avec une vigueur que l'austérité d'un carême
» entier, et la fatigue de dix-sept séances publi-
» ques, n'ont pas encore altérée. Mais qui sait
» combien cela durera? Je ne voudrais pas jurer
» qu'il en fût seulement question dans cinq ou
» six siècles, tant notre nation est inconstante et
» légère. »

Quel élégant persiflage ! Croyez-vous que si, par quelque miracle, Beaumarchais rentrait ici, dans cette salle, — où il aurait, je le sais, plus d'un sujet d'orgueil légitime[1], — il serait étonné de nous voir occupés à ramasser, selon son expression, « les copeaux épars sur le chantier » où fut ouvragée cette fine et solide construction ! Il l'avait prévu, il savait que les morceaux en étaient bons.

Le samedi donc, il se souvient que son drame d'*Eugénie*, tombé à la première, s'est gaillardement relevé à la seconde, et il tente incontinent la même résurrection pour son *Barbier*. Elle s'opère à merveille, et le dimanche gras l'auteur entend *un bravo général s'élever en circulant des bas-*

---

1. Il y avait dans la salle des descendants de Beaumarchais dont un vaillant soldat, le colonel de cavalerie Delaruc de Beaumarchais, son arrière petit-fils.

fonds du parterre jusqu'aux hauts bancs du paradis.

Comment le public avait-il pu se déjuger à trois jours d'intervalle ? C'est une énigme que déchiffre très clairement un manuscrit de la pièce.

Le *Barbier de Séville* était d'abord en quatre actes, mais, entre le permis de représenter la pièce et la première représentation, Beaumarchais grossit la pièce d'un acte. Etait-ce par respect pour les règles et d'Aubignac, comme il le dit ironiquement ? Peut-être ! Il tenait à mettre tous les atouts dans son jeu. Et puis il avait tant dépensé d'esprit dans les métamorphoses de son *Barbier*, tour à tour parade et opéra-comique, qu'il voulait en perdre le moins possible. Quoi qu'il en soit, toutes les additions de l'acte supplémentaire étaient simplement épinglées dans le manuscrit primitif. Le samedi, Beaumarchais ôta provisoirement les épingles, et les pages condamnées s'envolèrent au vent des sifflets. Je les ai ramassées ; on va vous les jouer.

Pour donner à cette épreuve toute sa sincérité, et pour vous mettre au point de juger équitablement ces audaces *farcesques*, une digression est nécessaire ; je la ferai courte.

Ces scènes ont été écrites, plus directement que les autres, sous l'inspiration de la farce foraine du xviiie siècle. Cette dernière était la sœur jumelle de notre comédie d'intrigue, bâtarde comme elle de la Comédie italienne qu'elle supplanta. C'est une histoire que je vous dois en bref, car elle est intimement liée à celle du *Barbier de Séville* en cinq actes. Et puis si c'est une digression, la nature de ces conférences l'excusera.

Le principal mérite de ces affiches parlées est d'être une revue instructive de tous nos titres à la gloire dramatique. Je profite donc de l'occasion qui m'invite à saluer courtoisement, dans le second théâtre français, ces comédiens italiens et surtout ces farceurs gaulois qui ont contribué à l'éclosion des chefs-d'œuvre de notre comédie de mœurs et d'intrigue, depuis l'*Etourdi* jusqu'au *Barbier de Séville*.

La vitalité propre à la farce gauloise se développa entre les années 1697 et 1716, grâce à l'exil que s'attirèrent Mezzetin et sa bande, pour avoir osé jouer la *Fausse Prude*, la reine de la main gauche, Mme de Maintenon. Quand le Régent qui éprouvait, comme toute la France, le besoin de se dédommager du royal ennui de la fin du règne de Louis XIV, rappela les Italiens bannis, il était trop tard. Les farceurs français étaient en possession de divertir le public à la foire Saint-Laurent et, ici près, à la foire Saint-Germain. Bravement, pendant trois ans, les Italiens vinrent leur disputer les rires de la foule, au préau même de la foire ; mais enfin ils durent se replier dans leur fort, à l'Hôtel de Bourgogne, où Beaumarchais leur voisin de la rue Saint-Denis, viendra les étudier avec son père, grand amateur de spectacle.

Les Italiens avaient été vaincus par leurs propres armes. Leur pantomime expressive et savante, l'agilité de leurs acteurs, ce brio d'action qui avaient si puissamment contribué à mouvementer la scène de Molière, avaient été dérobés par les forains. Ceux-ci avaient même emprunté impunément à leurs modèles ce droit à la satire que proscrivait le rigorisme croissant des héritiers dégénérés de Molière, plus classiques en cela que les plus classiques de l'âge précédent. Voici en effet en quels termes un critique influent s'exprimait, en lisant le *Théâtre italien* de Gherardi : « Depuis Molière, il n'y a point eu de bonnes » pièces sur le théâtre français. Ce sont des pau- » vretés qui font pitié. On m'a envoyé le théâtre » italien. J'y ai trouvé de fort bonnes choses et » de véritables plaisanteries. *Il y a du sel par-* » *tout... Je plains ces pauvres Italiens*, il valait » mieux chasser les Français ». — Ce critique influent qui faisait si peu de cas des timides copistes de Molière et prisait tant le rire, avait été justement le complice de Racine dans la *farce* des *Plaideurs* ; j'en frémis, mais c'est Boileau.

Et il avait raison. Il dut applaudir *in petto*, quand il vit les forains rentrer en possession de ce droit de rire de tout, usurpé chez nous sur Molière par les Italiens, mais qui était notre droit d'aînesse, celui des vieux farceurs français, des auteurs de fatrasies et de coq-à-l'âne. N'exagérons pas les mérites de nos rivaux. Ils n'ont que trop de pente à prendre au sérieux l'hyperbolique légende du portrait de Scaramouche :

> Il fut le maître de Molière
> Et la nature fut le sien.

Pour ma part, je donnerais volontiers tout le recueil de Gherardi et les canevas manuscrits de Dominique pour la seule farce de Pathelin qui est bien et dûment parisienne. D'ailleurs au xviii° siècle, la Comédie italienne n'a guère d'italien que le nom : ses fournisseurs attitrés sont Régnard, Dufrény, Marivaux, Lesage, Piron, etc... Dès le xvii° siècle même, elle s'approvisionnait chez les Français, témoin les *Précieuses* de l'abbé de Pure et le projet des *Plaideurs*, et tant de pièces de Noland de Fatouville qui écrivit par exemple pour elle la *Précaution inutile*, l'aïeule de celle que vous allez voir jouer et que Beaumarchais avait certainement lue.

Les forains n'avaient donc plus rien à envier aux Italiens, sans en excepter leurs improvisations, car après un mûr examen des manuscrits de Dominique, je suis convaincu que ses meilleurs mots à l'improvisade étaient des impromptus à loisir, comme ceux de Mascarille ou de Figaro.

Cependant les forains, ainsi qu'on les appelait par abréviation, envahissaient tout. Ils attirent d'abord à la foire les gens de robe et les gens d'épée, je dis les plus huppés ; le chevalier d'Orléans, d'Argenson *la guerre*, de Maurepas, de

Caylus qui, travestis en bourgeois, viennent grossir leur public. Puis ils montent de la rue aux salons. L'honneur d'y introduire les parades effrontées de la foire, échoit à un procureur, le fameux Gueullette, héritier et traducteur des cahiers de Dominique. Vous le voyez, c'était une vocation; et si vous vous rappelez que Noland de Fatouville, un des fournisseurs les plus féconds de la Comédie italienne était conseiller au parlement de Rouen, vous conviendrez avec moi que l'exercice de la magistrature sous l'ancien régime n'engendrait pas la mélancolie, et que, s'il y avait des Brid'oisons, abêtis par la *foorme*, il y avait aussi de gais compères, en qui la simarre et la procédure n'avaient pas étouffé le basochien.

La vogue mondaine des parades dure un demi-siècle. A la faveur du huis clos, elle dépasse les audaces du préau de la foire. « Elles sont », comme dit avec candeur un éditeur de Collé, « trop libres pour être représentées ailleurs qu'en société »! A Bagnolet, au Palais-Royal, à Choisy-le-Roy, chez Maurepas, « le premier homme du monde pour les parades » disait Voltaire, à la cour de Pologne même, au témoignage de Gueullette, sur cent théâtres de société elles sont la débauche d'esprit qui prépare ou qui atténue l'autre,— je ne sais; cela peut se plaider, mais ailleurs qu'ici.— Une fois pourtant les dames prennent la fuite, à Brunoy, chez Monsieur, et Louis XVI lui-même, le roi débonnaire, a failli se fâcher.

Cependant, au dehors, les forains poussaient leur veine. En dépit des théâtres prévilégiés qui les rançonnent et les persécutent, ces héritiers d'Adam de la Halle font sortir de l'opéra-comique la comédie à ariettes.

Avec une souplesse toute nationale, les comédiens italiens prennent alors l'unique parti qui pût les sauver ; ils s'allient à leurs vainqueurs. Le 3 février 1762, l'opéra-comique, éclos à la Foire, est adopté par les Italiens qui mettent en commun troupes et répertoire.

C'était la troisième alliance de la farce gauloise et de la pantalonnade italienne : la première avait eu lieu dans les plaisantes personnes de Tabarin et de la romaine Vittoria Bianca qui s'étaient bel et bien mariés ; la seconde fut la cohabitation sous le toit du Palais-Royal des Italiens et de Molière qui vivait en bon camarade avec ceux dont il avait commencé par changer le cuivre en or ; la troisième fut définitive et au profit de l'esprit gaulois qui avait conquis et absorbé la saillie italienne ; le tout profita directement à Beaumarchais.

L'histoire de son *Barbier de Séville* est en raccourci celle de la farce italo-gauloise, que je viens de retracer, pour vous indiquer, à mots couverts, de quel gras terroir monte la sève héritière des « verves » de Gros Guillaume et des hardiesses satiriques de Mezzetin, qui circule en s'épurant et en s'aiguisant, pétillante et capiteuse, dans le

Barbier de Séville et le *Mariage de Figaro*.

Les portefeuilles de Beaumarchais m'ont appris en effet que le *Barbier de Séville*, fut d'abord une folle parade « farcie de mots de gueule », comme on disait alors. Il la fit jouer, ou plus exactement il la joua lui-même, chez son ami, le riche financier, mari de la Pompadour, Lenormand d'Etioles. Elle y obtient un si vif succès qu'il la transforme en opéra-comique pour l'amusement du plus grand nombre et la satisfaction de son dilettantisme de musicien. C'est alors que ces échappés du préau de la foire s'offrent aux Italiens qui boudent Figaro et la musique de son père. De cette deuxième métamorphose il reste quelques couplets et les airs que vous allez entendre. Enfin le gai Figaro, sans oublier sa guitare à l'opéra-comique et suivi de toute la bande, vient frapper à la porte de la maison de Molière : c'est Scapin qui l'ouvre à son cadet.

Je vous ai faits les témoins du premier accueil qu'il reçut du public ; quel sera le second ? C'est votre secret. Je nuirais à la sincérité et au plaisir de cette expérience, si je vous commentais les scènes inédites qu'on va vous jouer ; il me suffit de vous avoir mis au point d'en bien juger, en vous montrant l'intérêt critique de leur filiation.

Je ferai pourtant exception pour deux de ces scènes et je vous les signalerai d'avance [1].

---

[1]. On en trouvera le texte original ainsi que des autres jusqu'alors inédites, dans notre *Beaumarchais et ses œuvres* (Hachette).

C'est d'abord celle du rire sur les talons de Basile, destinée par l'auteur à parachever cette impayable mystification qui a son prototype dans les *Mémoires* de Retz et sa copie dans la *Camaraderie* de Scribe. Il me semble que le public n'a pas fini de rire quand Basile est parti, et c'est ainsi qu'à l'opéra-comique vous le voyez prolonger les éclats de rire par une fausse sortie. Cette fois le metteur en scène et M. Castil-Blaze se trouvent avoir deviné Beaumarchais.

La seconde scène que je me permets de vous recommander est la dernière de la pièce. Il faut avouer qu'après le *crescendo* de gaîté des premiers actes, le dénouement du *Barbier* tiédit. Les acteurs l'ont si bien senti qu'ils se permettent des mots supplémentaires, comme jadis Préville, à qui Beaumarchais son ami s'en plaignit. C'est ainsi qu'à la dernière saillie de Figaro : « Calculez, docteur, que l'argent vous reste », ils ajoutent : « Et la clef ! » en lui remettant celle de la jalousie. Il est téméraire de prêter de l'esprit à Beaumarchais, et plus sûr de lui en emprunter. Il suffirait donc de reprendre dorénavant tout ou partie de la scène inédite, pour fouetter la marche et rehausser le ton du dénouement connu. Cette scène est un peu haute en couleur, mais bien moins que tant d'autres de Molière que vous n'avez pas bondées ; permettez-moi de vous le rappeler en oculaire témoin.

En faveur de l'auteur des *Précieuses ridicules*

faites donc grâce à l'auteur du *Barbier de Séville en cinq actes*. Souvenez-vous que Boileau regretta un jour la perte du *Docteur Amoureux*, et ne cherchez pas, comme on dit vulgairement, des vers dans les cerises. Il y a dans le *Barbier de Séville* et dans le *Mariage de Figaro* une fleur d'esprit gaulois dont on a voulu vous montrer quelques racines ; voilà notre excuse, quoi qu'il advienne : elle est toute littéraire.

Je conclus donc que je verrais, sans scrupules, la première de ces deux scènes rentrer intégralement dans la pièce en quatre actes. Je ne voudrais pas non plus que la dernière pérît entièrement, et je crois qu'on pourrait, en carnaval du moins, coudre çà et là quelques-uns des autres traits que vos rires vont trier dans le tas [1].

D'ailleurs je sais un juge excellent après vous

---

1. Outre la reprise du 23 février, le *Barbier de Séville* en cinq actes a eu une seconde représentation le dimanche 25 mars 1888. Nous avons noté les manifestations de spectateurs pendant cette double épreuve et nous avons constaté que si les traits accumulés par Beaumarchais dans les scènes nouvelles n'ont pas tous porté également, il n'est pas une de ces scènes qui n'ait soulevé des éclats de rire. Les passages les plus applaudis après les deux que nous signalons ci-dessus ont été ceux que nous publions pp. 238, 241, 244 et 246 de notre étude sur *Beaumarchais et ses œuvres*. — Il n'en est pas moins vrai que toutes ces scènes, sauf la XVIe de l'acte IV et en partie la Xe de l'acte V, gâtaient la pièce ; qu'elles font longueur à la représentation ; que la curiosité toute littéraire que nous escomptions et le prestige déjà séculaire du nom de l'auteur ont commandé l'attitude bienveillante du public et sont entrés pour moitié dans son plaisir, mais que nous maintenons toutes nos conclusions de la page 251, *op. cit.*

de tout ce qu'on peut oser en ce sens, pour votre plaisir ; c'est M. le Directeur de l'Odéon. Avec quel sens dramatique il a aidé à cette restauration discrète de la farce française, faite sous le couvert du chef-d'œuvre de la comédie d'intrigue ! Que ne puis-je vous le retracer ici, sans paraître un flatteur, tel que j'ai vu aux répétitions. C'était une comédie dans la comédie, mais elle n'a eu pour témoins que ses vaillants et habiles collaborateurs, votre humble serviteur et, sans doute, derrière le guignol, dans l'obscurité de la salle, l'ombre souriante de Beaumarchais. Remerciez-le donc avec moi, de vous avoir offert ce régal critique.

Je n'ai plus le temps et je n'avais pas le devoir de vous parler après tant d'autres de l'ensemble de la pièce. Je serai donc très bref là-dessus.

Un de vos critiques favoris, M. Larroumet, ramenait récemment devant vous les règles du théâtre à deux, essentielles, organiques : la logique et le mouvement. Or Beaumarchais était la logique faite homme, comme cela est évident par ses mémoires où cette logique était déjà si dramatique ; d'autre part il était lui-même le mouvement perpétuel. Il n'a donc eu qu'à souffler sa nature à ses créations, pour qu'elles fussent éminemment dramatiques.

Quant au dialogue, il ne jaillit pas moins, de source. Nul n'a eu, à un plus haut degré que Beaumarchais, le don de l'improvisation et le génie de la réplique. Les témoignages des contemporains abondent sur ce point, et, puisque nous sommes au théâtre, en voici un de topique. Ne s'avisa-t-il pas un jour de haranguer les spectateurs d'une répétition générale payante qui *fessaient en faux bourdon*, son opéra de *Tarare* ? Cette sortie qu'un gazetier compare à un foudre de l'orateur romain, fit, en tombant de la loge de l'orateur, l'effet du *Quos ego* de Neptune sur les flots du « parterre ondulant, agité, grondant au loin ». Je recommande la manœuvre aux auteurs, pour quelque répétition générale orageuse ; elle les dispensera des récriminations et des polémiques de presse du lendemain. Mais sur le dialogue de Beaumarchais, je passerai très humblement la parole à M. Sarcey qui a écrit : « Beaumarchais a la phrase ramassée et lumineuse, il a le mot qui flamboie, il a le trait. Il a surtout le mouvement, un mouvement endiablé. La scène file rapidement de réplique en réplique, les grammairiens eux-mêmes et les professeurs de rhétorique n'ont pas le temps d'en éplucher les syllabes. Ils sont étourdies, éblouis. » Je me tais donc sur ce point, quitte à faire ressortir ici, pour mon compte, l'idée-mère de **la** pièce.

Le sujet du *Barbier de Séville* était partout. On le trouvait déjà dans la comédie de Moreto, traduite par Linguet, sous le titre de *La Chose impossible*. Cette chose impossible, c'est de garder une femme malgré elle. Il y a longtemps qu'on le sait et j'ai bien raison de vous dire que le sujet n'est pas neuf. Il était dans le *Sicilien* et dans l'*Ecole des femmes* ; il était dans les *Folies amoureuses* ; il était dans les *Vendanges* de Dancourt, une gaie paysannerie qui dut sans doute à cette analogie d'intrigue l'honneur d'être la petite pièce de la première représentation du *Barbier*. Il était enfin et surtout dans *On ne s'avise jamais de tout* de Sedaine, joué quatorze ans auparavant. Et pourtant l'originalité de Beaumarchais reste entière : c'est ce qu'il donnait à entendre avec autant de fierté que de malice, en répliquant à ceux qui criaient au plagiat, que sa pièce était *On ne s'avise pas de tout* lui-même, puisqu'on ne s'était pas encore avisé de sa pièce. Nul ne s'était en effet avisé de mettre autant d'esprit dans cette vieille intrigue, et l'idée cardinale de sa comédie est précisément dans l'emploi qu'il fit de cet esprit. C'est du vieux neuf : je m'explique.

Dans cet antique quadrille de dupeurs et de dupés, le dupé, le barbon, *la barbe*, comme on disait sur la scène espagnole, avait toujours été, à quelques degrés près dans l'imbécillité, une ganache ou au moins un sot, qu'il s'appelât Arnolphe, Albert ou le docteur Tue. Lui donner de l'esprit, c'était un coup de maître, mais c'était s'engager à en dépenser prodigieusement pour nous dégager ensuite de « ce léger dédale ». C'était une gageure, une partie d'échecs, où le gain probable dès le début serait compromis à tout coups par la résistance cauteleuse de l'adversaire. Alerte Figaro, tête et bras, *consilio manuque* ! Pour risquer cette partie et la gagner sans tricher, il ne fallait être rien moins que Beaumarchais, c'est-à-dire, au témoignage de Carlyle lui-même, « le plus brillant spécimen de l'esprit français » dont cette pièce est la fête, le triomphe.

Or toutes ces qualités de logique, d'intrigue et de dialogue sont concentrées et incarnées dans Figaro ; tous ces vifs rayons de gaieté et d'esprit ont pour centre Figaro, « ce soleil tournant ». C'est donc de lui, « du machiniste », comme l'appelle son père, qu'il me reste à parler.

Figaro est un parvenu auquel on s'est empressé de trouver d'illustres aïeux ; vous m'épargnerez d'en répéter la liste. Il en est ici de même qu'à la Chine ; Figaro a anobli ses ancêtres les valets de comédie. Remarquons d'abord, comme ferait Brid'oison, qu'il est le fils de son père, de Beaumarchais. On a dit que Beaumarchais était un *Grandisson un peu polisson* ; et bien ! Figaro et le fils Caron ne sont qu'un : *fils Caron-Figaro*. Le premier est, comme le dit Beaumarchais lui-même *un nom de bal* qui masque le personnage réel. Le « *fi Caron* », comme on prononçait rue Saint-Denis, fut pour les siens *Grandisson* : et Figaro c'est « *l'un peu polisson* », à l'optique de la scène.

Au théâtre d'ailleurs, Figaro a des parents que vous allez reconnaître avec moi. Frontin dit à

Lisette dans *Turcaret* : « Vive l'esprit, mon enfant, nous allons faire souche d'honnêtes gens » ! De cette union naît Figaro, fripon honoraire dans le *Barbier*, l'honnête homme de la pièce dans le *Mariage* et l'ennuyeux moraliste de la *Mère coupable*. Mais je ne peux qu'indiquer ici tous ces avatars du personnage tant de fois étudiés. Je me bornerai à signaler dans cette création, — la plus vivante du théâtre français, à côté, je ne dis pas au-dessus de *Tartuffe*, — un aspect que l'on ne démêle pas assez dans l'exubérance de sa vie théâtrale.

Il y a en lui un personnage allégorique que Beaumarchais y a mis de propos délibéré. Dès le *Barbier*, il a voulu personnifier en lui « le feu, l'esprit, les ressources de l'infériorité piquée au jeu ». Voilà, au dire de son père, le *véritable Figaro*. Prenez-y garde; et le rôle ainsi conçu, vous apparaîtra comme la dernière et la plus française des branches du roman de *Renart*, cette vieille incarnation de la lutte du tiers et du *quart* état contre la féodalité, de la ruse *per fas et nefas* contre *l'abus de la puissance*, *l'oubli des principes* et ce *droit du plus fort* qu'invoque si imprudemment Barthoto.

Mais ne nous laissons pas entraîner sur cette pente qui conduit au *Mariage de Figaro*. Il est encore temps de rire, et même il en sera toujours temps avec Beaumarchais. Pour aujourd'hui, Figaro, l'enfant trouvé sur la borne, le fonction-

naire cassé, l'auteur tombé, ne veut que rire de
sa misère et s'en venger par des bons mots, où ne
gronde pas encore l'âpre antithèse de Ruy-Blas ce
Figaro révolté :

> J'ai l'habit d'un laquais, mais vous avez l'âme !

Il ne songe nullement à se draper en tribun et
ne fait pas tourner à l'aigre ses rancunes d'anti-
chambre. Le personnage politique nous échappe
donc en partie ; mais il est un autre aspect du
rôle qui nous appartient, et qui, à mon sens, est
plus intéressant que le premier : Figaro incarnation littéraire du type français. Au-dessus de
l'escarmoucheur politique, plaçons le type idéal.
Beaumarchais l'appellera « l'homme le plus dé-
gourdi de la nation : » mais ce n'est pas d'Espagne que vient Figaro, ce n'est pas à Madrid ou à
Séville qu'il lie partie avec Almaviva, c'est dans
le faubourg même du vieux Paris qui fut témoin
de l'immortelle rencontre de Panurge et de Pan-
tagruel. Il est né natif de Paris, comme Beaumarchais ; du cœur de ce vieux Paris, où a pris
naissance la glorieuse lignée qui va de Rutebœuf
à Voltaire, par Molière, Boileau et Regnard.
M. Jacques Normand l'a fait dire ici même en
vers excellents :

> De la tête aux talons je suis Parisien,
> Tu le sais, bravant tout, ne m'étonnant de rien,
> Parisien de cœur, d'esprit et de naissance...
> Ah ! c'est qu'il est bien nôtre et bien vraiment Français

> Cet esprit descendu de l'aïeul Rabelais,
> Par Voltaire aiguisé...
> Esprit qui malgré tout, conquêtes et combats,
> Tient bien à notre sol et ne s'arrache pas...

Figaro a du Parisien les traits essentiels dans le caractère et dans l'esprit : la gaieté aiguë et fanfaronne à l'ordinaire, mais dans l'instant de la crise, tout le sérieux nécessaire : très moqueur, et pourtant très sensible ; très attaché à ses droits et parfois à ses maîtres ; tenant d'ailleurs moins à son salaire qu'à son franc-parler ; le plus souvent mutin, rarement dupe, jamais sot ; ayant l'esprit antique, mais mâtiné de gauloiserie ; provisoirement vengé par des mots pour rire qui préparent des barricades très sérieuses. Tel est Figaro, le plus brillant et le plus terrible des gamins de Paris, au demeurant comme le Gascon de Marot (car il y a toujours du Gascon dans tout Parisien, de même qu'il y a un peu de toute la France),

> Au demeurant le meilleur fils du monde.

Tel quel, il a sa place marquée dans ce musée théâtral des nations, où chacune a son portrait-charge, parmi les grotesques *Sanniones*, les alertes *Zannis*, les lourds *John Bull*, les excentriques *frères Jonathan*, parmi tous les Polichinelles nationaux ; et, comme il incarne l'esprit français, cette place est celle d'honneur, à côté du Démos aristophanesque.

Aristophane et Beaumarchais, quel thème! Je l'effleure. Dans ses belles études sur Ménandre, M. Guillaume Guizot suppose un dialogue des morts entre Aristophane, Antiphane et Ménandre d'une part et Molière de l'autre. *Les deux premiers,* dit-il, *regretteraient bien des choses de leur art.* Eh bien! faites écrire le dialogue par l'auteur de *1802*, par M. Renan; qu'il y ajoute le père de Figaro, qui en sera le plus brillant interlocuteur, et la conversation sera générale, et le grand Aristophane ne regrettera de son art que le lyrisme et saluera, dans Caron de Beaumarchais, l'Aristophane de la France.

En somme, par cette création du type de Figaro, Beaumarchais est, à distance respectueuse, le premier des comiques français après Molière l'incomparable peintre des caractères. Et en ce sens un poète a pu dire

Le fils de Molière est trouvé;

et Victor Hugo a eu raison de le compter parmi « les trois grands génies caractéristiques de notre scène ».

Remarquez d'ailleurs, messieurs, pour moraliser en finissant, que le rire de Molière et celui de Beaumarchais jaillissent tous deux de la même source. On a dit des comédies du premier que

Lorsqu'on vient d'en rire on devrait en pleurer,

et Figaro ne dit-il pas qu'il se hâte de rire de tout de peur d'être obligé d'en pleurer?

Si donc rire est le propre de l'homme, d'après *maître François*, Molière et Beaumarchais, ses élèves, ont prouvé qu'il appartenait aux Français d'apprendre à rire aux hommes modernes.

Au fond, il y a dans ce rire un mâle défi aux injustices et aux vices de la nature, du sort et des hommes. Ce rire est un courage ; celui de Beaumarchais a même un avantage sur celui de Molière, qui est de nous donner l'illusion d'être supérieurs aux événements. Usez-en, messieurs, et pour vous ôter tout scrupule je vais vous citer Montesquieu : « Qu'on donne un esprit de pédanterie à une » nation naturellement gaie, l'État n'y gagnera » rien, ni pour le dedans ni pour le dehors. » Laissez-lui faire les choses frivoles sérieusement » et gaiement les choses sérieuses. » Le conseil est encore de saison en France, messieurs, et la preuve c'est qu'il était répété hier par l'homme de notre temps qui est le plus digne de louer la langue et l'esprit français. M. Renan disait, en s'adressant aux femmes de France, ce qui lui eût valu un surcroît d'approbation de la part de Beaumarchais : « Le français réjouit, ses locutions favorites impliquent un sentiment gai de la vie, l'idée qu'au fond rien n'est bien sérieux et qu'on entre dans les idées de l'Éternel par le rire. Apprenez à toutes les nations à rire en français. C'est la chose du monde la plus philosophique et la plus saine. Il est d'une bonne politique de travailler à rendre l'homme content. C'est le seul moyen de l'empêcher d'être très méchant. »

Mesdames, messieurs, jeunes gens, il y a quelques jours, ici même, M. Jules Lemaître vous prêchait éloquemment d'après Corneille et Molière, l'héroïsme et le bon sens; permettez-moi d'y ajouter d'après Beaumarchais, la gaieté, cette revanche spontanée du bon sens contre la sottise, qui est aussi à l'occasion une des formes de l'héroïsme français. Croyez-en donc M. Renan, mesdames et messieurs, et riez bien, pour vous-même d'abord, pour la santé de l'esprit français, et aussi pour la pauvre humanité.

DON CARLOS [1]

La genèse et la *formule* du théâtre social.

Mesdames, Messieurs,

Don Carlos Infant d'Espagne, poème dramatique de Schiller, joué ici, il y a six mois, ne réussit qu'à moitié. C'était prévu. De ce dernier succès la cause revient, pour une bonne part, à certains défauts de la pièce, que l'adaptation de M. Charles Raymond, par sa clarté et son ordonnance françaises, a bien pu pallier, mais ne pouvait enlever radicalement, car ils sont organiques, c'est-à-dire tenant à la constitution même de l'œuvre.

Pour une autre part, la cause de cet accueil, ça et là frais, doit être reportée à la nature même de notre public. Habitué à la rigidité d'une certaine géométrie théâtrale, ce public a le besoin de la pièce bien faite dans le sang, c'est dire qu'il est français, et certes ce n'est pas de cela qu'une con-

1. Odéon, 29 avril 1897.

férence doit chercher à le guérir. Mais c'était un public du soir, ce qui le différencie assez foncièrement de vous, Mesdames et Messieurs, public de matinée. Sans vous flatter, ont peut bien vous dire que vous êtes plus entraînés à goûter certains exotismes de facture, en un mot plus éclectiques.

J'ai lieu de croire, ayant l'honneur de vous suivre depuis longtemps, que vous ferez à *Don Carlos* un accueil plus chaud, plus digne des admirables beautés dont ce poème dramatique étincelle : je le crois, la conférence aidant.

Elle est ici fort nécessaire, car si brillantes ou si pathétiques que soient certaines scènes de *Don Carlos*, le dessein général de son auteur demeure obscur. Il l'était même pour les Allemands de son temps, témoin les douze lettres où Schiller s'évertua à expliquer sa pièce, avec des subtilités rivales de celles de notre Corneille, quand il plaide pour la beauté de certains enfants mal venus de son génie. Au reste il a lui-même, dans certaines lettres, passé condamnation sur la subtilité, la recherche, le raffinement dont ses productions étaient alors entachées, et dont il comptait se guérir en allant de l'école de Shakespeare, à celle de ses Grecs que son ami Wieland lui conseillait.

Un critique allemand, dénigrant à l'égard des Français, non suspect ici par conséquent, Schlegel avoue que, dans le *don Carlos*, « il y a une telle subtilité de motifs que l'intrigue en devient embrouillée ». Je vous citerai comme exemple de ce *brouillamini*, une scène du deuxième acte où une coquette de cour, une certaine princesse d'Eboli veut séduire *don Carlos*, lequel vient là, aussi peu prévenu que nous, croyant se rendre chez la reine qu'il aime. Il y a, en cette scène, un marivaudage chaotique, un rébus de motifs bien agaçant, et qui met à la torture dans le texte allemand, et qui restera encore trop énigmatique, pendant la moitié de la scène, quelque effort qu'ait fait M. Raymond, pour éclairer la lanterne ; il ne pouvait pourtant pas refaire la pièce de son auteur.

En dernière analyse, les vices organiques de *don Carlos* qui nuisent à l'effet de sa représentation, me paraissent se ramener à un seul qui les a tous engendrés, et qui est la duplicité d'intérêt. Il y a en effet dans la pièce, deux ordres d'intérêts, l'un qui est passionnel, l'autre qui est philosophique, l'un qui s'attache à don Carlos tragique amant de sa belle-mère, l'autre que sollicite le personnage idéal de Posa, citoyen du monde et député de l'humanité près du fanatique Philippe II.

Dans le premier de ces intérêts, le passionnel, vous entrerez aisément, en dépit de quelques gaucheries de conduite dans l'action. Le second le philosophique, risque fort de ne pas vous imposer toute la chaleureuse attention, toute la poétique exaltation espérée et méritée par l'auteur et ce sera un peu votre faute. Mais ce qui sera tout à fait la faute de l'auteur, c'est que l'intérêt spécial, un troisième intérêt, qui devait résulter de l'amalgame des deux autres, vous échapperait, si le conférencier n'était pas là, ce conférencier dont Schiller lui-même a senti le besoin, puisque *ses lettres sur don Carlos* ne visent en somme qu'à faire naître ce troisième intérêt chez le lecteur. Et quel dommage! Cet almagame de pathétique et de philosophie, d'idéalisme politique, de rêveries sur la fraternité universelle et le bonheur de l'humanité, mais c'est la formule même du théâtre social tant cherchée! Car le drame de l'avenir sera social ou ne sera pas.

Eh! bien, en dépit des gaucheries de Schiller dans la soudure des deux parties de son drame, — la passionnelle et la philosophique, — j'estime qu'il a ébauché la formule du théâtre social, et je vous le veux prouver directement et par l'exemple de ses imitateurs.

Voici donc la tâche du conférencier. En face de ce monstre dramatique, qu'est le *don Carlos*, dégager brièvement l'intérêt passionnel de l'action, puis son intérêt philosophique, et faire toucher du doigt les défauts et les mérites de la soudure de ces deux intérêts où gît la formule si attendue du théâtre social.

Je crois que le plus intéressant et le plus sûr moyen d'atteindre ce triple but, c'est de suivre la genèse de la pièce, c'est-à-dire, la manière dont le drame idéal est greffé sur le drame réel de la vie de l'auteur, et comment il a été tramé avec certaines idées qui furent toujours l'essence même de son être moral.

Le sujet d'abord, en deux mots, en *argument*, comme on disait jadis :

Philippe II, roi des Espagnes, avait fiancé don Carlos, fils d'un premier lit, à Elisabeth de Valois, fille de Henri II. Mais il s'est ravisé et, étant veuf, le despote a épousé lui-même la fiancée de son fils. Celui-ci nourrit en secret un ardent amour pour celle qui est cruellement devenue sa belle-mère. Il est payé de retour, mais en tout bien tout honneur, comme on dit. Cependant sa passion lui fait commettre des imprudences qui inspirent des soupçons à son terrible père. A ce ressentiment amoureux viennent s'ajouter certains griefs politiques, don Carlos promettant d'être aussi libéral que Philippe II fut despote et fanatique, et cela sous l'influence du libre-penseur et philanthrope Posa. La fureur du roi devient alors sanguinaire et il livre son fils à l'Inquisition qui doit le faire périr.

Sur la réalité historique des faits vous n'attendez pas que je m'étende. Certes, une dissertation historique serait là-dessus riche en développements intéressants, et je pourrais l'essayer, car j'ai beaucoup compilé, n'en doutez pas. Mais elle ne nous préparerait guère à comprendre et à goûter le *don Carlos* de Schiller. Je ne m'arrêterai pour déblayer le terrain qu'à un fait et peu ; celui de la réalité de l'assassinat, plus ou moins juridique, de don Carlos par son père Philippe II.

Sur ce sujet, trois érudits se sont livrés à la plus vaste et à la plus minutieuse enquête : en Belgique M. Gachard, en France M. de Mouy ancien ambassadeur de France à Rome, en Espagne M. Guell y Rente. M. Gachard et M. de Mouy concluent à l'aliénation mentale de don Carlos petit-fils de ce toqué de Charles-Quint (témoin le monastère de Saint-Just) et arrière petit-fils de Jeanne la Folle (il avait de qui tenir, sans compter Philippe II) ; et à des excès de table et de toutes sortes qui auraient abrégé ses jours, dont son père aurait caché les derniers, par cette honte que la folie d'un fils inspirait jadis aux pères, même bourgeois. Des mêmes documents que MM. Gachard et de Mouy, M. Guell y Rente, tirait il y a vingt ans, la preuve que Philippe II a bel et bien fait assassiner don Carlos, son rival en amour et son adversaire en politique, et que ces prétendues indigestions se réduisent à l'absorption mortelle de ce qu'on appelle en Orient le *mauvais café*, et de ce qui s'appelait en Espagne, une bouchée, la mauvaise bouchée, *un bocado*. Mais M. de Mouy ne s'est pas tenu pour battu et, dans une nouvelle édition de sa dissertation, il a maintenu énergiquement ses conclusions innocentant Philippe II, au moins du chef d'assassinat.

J'avoue que j'ai été plus touché par le réquisitoire véhément de Guell y Rente, mais que j'ai été presque convaincu par le plaidoyer de M. de Mouy : et que si j'étais d'un jury contre Philippe II, prévenu posthume, — comme le fut le pape Formose, — je n'acquitterais pas son vilain cadavre, mais je lui accorderais des circonstances largement atténuantes. Vous voilà donc libres, historiquement, de prodiguer à Philippe II une haine plus ou moins mitigée et à son malheureux fils, — qui fut de l'aveu même de M. de Mouy sinon un Adonis, du moins un prince généreux et un ami fidèle, à travers ses violences et excentricités, — toute la sympathie et la pitié que Schiller sollicite. Et désormais l'histoire, la grosse histoire, n'étant pas heurtée de front, ce qui suffit en cas pareil, venons à la genèse du drame.

Vers 1783, quand Schiller conçut le sujet de *don Carlos*, il était dans un état d'esprit analogue à celui de l'infant d'Espagne. Agé de vingt-quatre ans, en proie au démon du théâtre, il avait planté là son emploi de chirurgien militaire à Stuttgard, le ridicule costume vert, la coiffure à queue et les 45 francs d'appointements qu'il lui valait, pour courir les hasards de la carrière littéraire. Le scandale et le succès de son drame anarchiste des *Brigands* l'avaient laissé gueux comme devant. La mère d'un de ses camarades de collège lui avait offert l'hospitalité, et il s'était amouraché de la fille de la maison Charlotte de Wolzogen. Il rêvait la gloire qui l'eût élevé jusqu'à la main de la bien-aimée. « Je ferai toutes les années, une tragédie de plus, disait-il, j'écrirai sur la première page : *Tragédie pour Charlotte* ». Hélas ! Charlotte était promise à un autre, et son frère l'avait confiée à l'amitié de son camarade. Noblement — les idéalistes ont de ces héroïsmes, surtout au pays froid de Siegfrid-Schiller domina sa passion, laissa Charlotte ignorer son amour et la vit bientôt en épouser un autre,

> N'ayant rien demandé et n'ayant rien reçu.

Mais il conçut une *Tragédie pour Charlotte*, et cette tragédie était une transposition de son amour platonique pour la fiancée de son âme, devenue la femme d'un autre ; son héros fut don Carlos amoureux d'Elisabeth, jadis sa fiancée et épouse de Philippe II.

Tel fut le germe du *don Carlos* ; j'en suis sûr, autant qu'on peut l'être de ces choses là. Voilà qui explique ou du moins commente curieusement la touche délicate, la suave ardeur, l'enivrante poésie des scènes d'amour entre Carlos et Elisabeth, et notamment de celles qui ouvrent si brillamment ce sombre drame.

Au reste, Schiller avait, pour le soutenir dans l'exécution, de nombreux modèles. Il n'y en a pas moins de six bien comptés.

La tragique aventure de Philippe II avait été d'abord contée et enromancée en France, dès 1672, par l'abbé de St-Réal, et sa « Nouvelle historique » fut la mère Gigogne des drames que voici, exactement sur le même sujet. Dénombrons les auteurs : le tragique anglais Otway dès 1676 ; notre Campistron, bientôt après, qui dépaysa le sujet sous le titre d'*Andronic* ; puis l'italien Alfieri ; ensuite le tragique français le Fèvre (dont, par parenthèse, la pièce fort inconnue et qui ne fut pas représentée, et qui est de 1783, m'a paru la meilleure de toutes, avant celle de Schiller) ; enfin un sixième auteur, un Français que je ne veux pas vous nommer encore, dont l'œuvre est à la fois la plus inconnue de toutes et celle qui influa le plus considérablement sur Schiller.

J'ai lu tous ces auteurs, par scrupule professionnel, et aussi pour avoir le droit de ne pas vous en parler. Les rapprochements entre eux et Schiller seraient oiseux, fugitifs et ne vous prépareraient en rien à la représentation. Je vous prie de m'en croire sur parole, quand je conclus de ces lectures que Schiller ne doit sensiblement rien à aucun de ses précédesseurs au théâtre, le dernier encore anonyme, excepté, — sauf, peut-être une ou deux indications de caractère, pour le rôle de Posa, à l'anglais Otway, — et que tout le fond de son sujet, pour l'intérêt passionnel, est pris au récit de St-Réal, hormis la couleur qui venait de son âme et de son amour chevaleresque pour Charlotte.

Au reste, ce thème du père et du fils rivaux d'amour, est éternel au théâtre. *Don Carlos* c'était encore avant Schiller, le Xipharès du

Mithridate de Racine, ou le fils de l'*Avare* ; ce sera après lui, le *Philippe II* de Marie-Joseph Chénier, le *don Carlos* de John Russel et celui de l'Opéra de Verdi ; c'étaient cet hiver, le héros de *la Faute* de M. Loriot-Lecaudey, ou ici-même, il y a quelques semaines, *Trois cœurs* de M. Mourey : et ce n'est pas fini.

Ce thème est donc un des lieux-communs du théâtre, un moule dramatique usuel, et qui devient original, juste en proportion de la matière que chacun y coule. Nous avons vu que Schiller avait cru renouveler le sujet en lui infusant sa sensibilité, toute frémissante encore du choc d'une mésaventure de cœur, et le lyrisme dont son âme débordait.

Il en était là, quand la lecture d'un opuscule français vint bouleverser la conception première de sa pièce, lui ouvrir de vastes et séduisants horizons, et le jeter dans la tentative théâtrale la plus neuve qu'ait enregistrée l'histoire du théâtre, depuis le *Prométhée* d'Eschyle, à savoir le drame social et l'admirable conception du caractère de Posa.

Laissez-moi poser le fait, avec quelque précision, car il est singulier, tout à l'honneur de la littérature française et d'un de ces auteurs de second ordre auquel notre orgueilleuse richesse en grands écrivains nous empêche de rendre justice. Il serait pourtant temps d'exercer, en histoire littéraire, un peu plus de justice distributive, et de ne pas laisser ce soin aux critiques d'outre-Rhin qui ne s'y livrent pas sans malignité, depuis Lessing, en passant par Schlegel.

L'écrivain dont il s'agit est si dédaigné que l'auteur d'une savante thèse sur Otway, où il énumère tous les *don Carlos* ou *Philippe II* des deux derniers siècles, pour les comparer à l'anglais, est absolument muet sur son compte, bien que son *Philippe II* soit le plus original de tous, avant le *Carlos* de Schiller. Dans les attiques études de M. Bossert sur Gœthe et Schiller, où le *Carlos* a les honneurs d'une critique minutieuse et savante, même silence sur son prototype français. Il faut attendre jusqu'à ces derniers temps et aller chercher chez le plus récent des biographes allemands de Schiller, le patient M. Minor, pour voir rendre quelque justice à l'auteur français qui féconda le génie de Schiller en gésine de *don Carlos*.

Cet auteur, fameux chez les spécialistes de l'érudition théâtrale, par ses attaques pétulantes contre le théâtre classique, véritable père du drame naturaliste, c'est le fougueux et fumeux, mais si curieux et réaliste auteur de *Tableau de Paris* dont Rivarol a dit qu'il avait été pensé dans la rue et écrit sur la borne, peignant la cave et le grenier, et sautant le salon, c'est « le singe de Rousseau », l'ancêtre de M. d'Ennery, l'auteur du drame de la *Brouette du vinaigrier*, c'est, puisqu'il faut l'appeler par son nom, c'est Sébastien Mercier.

Les critiques de *don Carlos* qui l'ignorent, ont une excuse : c'est qu'il n'est pas commode de mettre la main sur son drame de *Philippe II*, en l'absence d'une édition complète de ses œuvres, et parmi l'énorme fatras de ses productions. Et puis ce n'est pas un drame, contrairement à l'indication des répertoires spéciaux. Cela est intitulé *Portrait de Philippe II*, commence en dissertation historique, et se métamorphose brusquement en un dialogue dramatique. Avec une désinvolture — dont Schiller fera expressément son profit ainsi que du reste, — l'auteur, interrompant son portrait historique, déclare que pour faire pénétrer plus vite et mieux le lecteur dans les caractères des personnages sur lesquels il disserte, il va employer la forme dramatique ; que c'est son droit en face de cette sorte de « despotisme de la République des lettres » qui voudrait borner l'emploi de cette forme aux pièces strictement faites, qu'on est libre de s'en servir dès qu'on ne vise pas aux suffrages de parterre, « trop mobile, trop frivole pour le sérieux des affaires publiques » ; que d'ailleurs avant lui le président Hénault, dans son *François II*, et les Grecs et Shakespeare en usèrent ainsi. Là-dessus, il enfile une espèce de drame, uniquement divisé en cinquante-deux scènes.

L'année même de leur publication, en 1785, dissertation et pseudo-drame tombent sous les yeux de Schiller qui traduit la dissertation dans son journal intitulé la *Thalie du Rhin*. L'œuvre de Mercier déclamatoire, mais pittoresque et avec des traits dramatiques, s'empare de son imagination. Il y trouvait d'abord un réquisitoire enflammé contre le despotisme de Philippe II et la cruauté féline de l'Inquisition ; puis la passion de don Carlos pour la reine, d'après Saint-Réal, s'alliant chez ce prince à d'ardentes aspirations vers la liberté de penser, à de courageuses intercessions pour les Flandres tyrannisées par l'Espagne, à de véhéments et téméraires défis portés aux Inquisiteurs devenus ses juges.

Du coup sa conception du sujet de *don Carlos* se modifie profondément, et il conçoit cet intérêt philosophique, « une idée sublime entre toutes », dit-il dans sa deuxième lettre, que devait incarner le marquis de Posa. J'ai ici une preuve matérielle du fait.

Le premier plan du *don Carlos*, celui conçu en 1783, nous a été conservé et écrit de la main de Schiller. Il est découpé dans la nouvelle de Saint-Réal, pivote exclusivement sur la passion amoureuse de don Carlos, est vide de toute philosophie politique, ne nomme « le marquis », c'est-à-dire Posa, qu'une fois et *en lui laissant le rôle de pâle confident qu'il avait chez ses devanciers*.

J'ajoute une seconde preuve, plus intéressante et non moins matérielle de l'influence directe de notre Mercier sur l'auteur de *don Carlos*. Attention je vous prie ! Le lièvre qui gît ici est assez gros.

Un des plus beaux traits du drame de Schiller est dans l'admirable scène où le Grand Inquisiteur gourmande Philippe II, et, interrogé par le roi humilié et soumis, sur la punition qu'il faut infliger à son fils, s'entend répondre par l'effrayant vieillard. « Pour apaiser l'éternelle justice, le fils de Dieu est mort sur la croix ! » Hé bien, cette réponse d'une obliquité si dramatique, je l'ai trouvée textuellement dans le *Philippe II* de Mercier. La voici : « Songez que vos décisions émanent de Dieu même, de ce Dieu qui, pour le salut des hommes, n'a pas épargné son propre fils ! » Et donc Schiller fit-il pas bien de chercher des perles dans le fumier de ce pauvre Mercier ?

Mais quitte envers ce dernier, attachons-nous maintenant à la genèse de ce caractère de Posa qui est, à mes yeux, la plus grande originalité et, en un sens, l'intérêt capital du *don Carlos*. Elle offre un intérêt historique et littéraire qui me semble devoir piquer votre attention et la douer, au besoin, d'un peu de cette patience que les compatriotes de Schiller prodiguent au spectacle de ses pièces. Ils en sont récompensés par un plaisir poétique dont vous n'êtes sûrement pas incapables : vous le prouvez ici tous les samedis[1]

Ce germe de théâtre social trouvait en Schiller

---

1. *Les Samedis poétiques* de l'Odéon où la récitation des vers par les acteurs durant une heure et demie, est écoutée avec cette *attention merveilleuse* dont parle la préface du *Cid*.

un terrain singulièrement préparé. De bonne heure, comme notre Rousseau, il s'était enivré de l'héroïsme des hommes de Plutarque. Puis ce furent les influences qu'il subit de 13 à 21 ans, à l'*Académie de Charles*, sorte de Faculté interne de Stuttgard, où le grand-duc de Wurtemberg, qui avait nommé son père, un ancien chirurgien militaire, intendant de ses jardins, l'avait fait entrer, bon gré, malgré.

La discipline y était, à la prussienne, de fer. La punition courante était d'être « battu jusqu'à ce que le sang vienne ». Ce militarisme scolaire avait eu sur Schiller un effet contraire à celui qu'en attendait le grand-duc, — et je crois qu'il en sera toujours ainsi sur les natures généreuses. — Il lui avait inspiré une horreur de la tyrannie, sous toutes les formes, qui devait être l'âme de ses écrits, de son théâtre en particulier, *des Brigands* à *Guillaume Tell*, et le ciment de sa vie morale laquelle fut d'un bloc.

A cette espèce de choc en retour s'ajoutèrent des impulsions directes. Ses biographes notent qu'un jour il pleura de pitié, avec ses camarades, à une leçon que leur fit leur professeur d'histoire, Schott, sur la persécution sanglante que le duc d'Albe avait exercée contre les Flandres, au nom de Philippe II et de l'Inquisition, lequel sujet devait être le fond historique de *don Carlos*. Puis ce fut le professeur de philosophie, François Abel, fauteur de la doctrine d'Adam Fergusson, une sorte de *tolstoïme*, qui était fondé sur le double principe de l'amour désintéressé et de l'esprit spontané de sacrifice dont Posa sera le symbole.

A ce double principe allaient faire écho toutes les poésies dramatiques et lyriques de Schiller ; de là allait procéder l'admirable unité de sa vie morale, — si différente de celle de l'ondoyant et éclectique Gœthe, — laquelle aura son reflet dans son œuvre, vaste projection de son moi, c'est-à-dire selon le mot qui résume tout cela, si éminemment subjective. Les poésies lyriques sont là, pour en témoigner éloquemment en remontant de *la Cloche* aux *Dieux de la Grèce* — cette Grèce qui garde le privilège d'orienter vers elle toutes les générosités, tous les idéalismes, où fut promulguée la théorie du droit immanent contre toutes les barbaries des hommes et des choses, toujours fertiles en hommes prêts à passer ici de la théorie à la pratique, à inscrire ces vérités indomptables en lettres de sang sur les froides pages de l'histoire utilitaire et courtisane, quitte à tacher de rouge la livrée jaune ou bleue des recueils diplomatiques de tout cet Occident fin de siècle qui semble plus vieille qu'elle[1]. —

Je ne rappellerai qu'une de ces poésies parce qu'elle fut conçue à la même époque que le *don*

---

[1]. A cette date, la Grèce pitoyablement se débattait et saignait, imprudente, seule, mais héroïque, sous le cimeterre turc. De là, le ton échauffé du passage, à l'unisson des sentiments du public d'alors.

Carlos deuxième manière : l'*Hymne à la Joie* (1785). Son refrain est encore populaire en Allemagne, se chante dans les réunions amicales et dit : « Millions d'êtres, soyez tous embrassés d'une commune étreinte ! Au monde entier ce baiser ! Frères, au-dessus de la tente étoilée doit habiter un bon père ». Voilà bien, n'est-ce pas une inspiration exactement jumelle de celle du personnage de Posa qui veut créer, avec son Carlos pour instrument « un paradis pour des millions d'êtres » ?

Sous l'influence de l'amitié de Kœrner et autres, et de l'amour, même malheureux, l'âme de Schiller, jusque-là contractée par la discipline et l'isolement, se dilatait idéalement. Il se dégageait de la mélancolie farouche qui, le *Contrat social* aidant, lui avait inspiré les *Brigands,* ce drame étrange, conçu et écrit au collège, dont le héros Moor froissé par les injustices de la famille et de la société, s'insurge contre elles, et se fait chef de brigands pour être justicier, quitte à payer, spontanément, à la fin sa dette à l'ordre social. Il avait ainsi traversé cette orageuse période que l'histoire littéraire appelle *période de trouble et d'assaut* (Sturm und Drangk), — d'après le titre d'une des fiévreuses productions qui la datent, un drame de Klinger. — Il était au seuil d'une sérénité relative, dont le *don Carlos* est justement l'œuvre liminaire. A l'influence révolutionnaire de Jean-Jacques s'alliait l'influence constructrice de Montesquieu, qu'il nomme expressément et seul dans ses lettres sur *don Carlos* : et Posa remettra debout, sur un plan optimiste, ce que Moor avait rageusement ruiné.

Et le poète rêvait : et, un jour, avec un ami il s'entretenait « du développement progressif de l'humanité, un des sujets favoris du temps présent », le thème cher à Condorcet. Fidèle à une conception particulièrement chère au xviiie siècle, de Fénelon à Rousseau, il faisait des vœux pour que cette conception « ce souhait romanesque » du bonheur universel, se réalisât par un prince en l'âme duquel l'éducation déposerait ces idées. —

L'éducation d'un prince, la seule voie ouverte aux rénovations sociales pour des hommes nés chrétiens et sujets : mais quel raccourci !

Nous tenons maintenant tous les éléments constitutifs du *don Carlos* deuxième manière. Voyons comment il pétrit cette argile et lui souffla son âme.

Dans Mercier ces idées étaient incarnées en *don Carlos* lui-même et, gênant son amour, en faisaient un personnage inconsistant, pour l'optique théâtrale. Schiller s'avisa de dédoubler *don Carlos*. Il prit, dans Saint-Réal et ses prédécesseurs, un confident et ami du prince, que Philippe II avait fait assassiner, à cause de cette même amitié, le marquis de Posa. C'est en ce marquis de Posa qu'il incarna tout l'idéalisme politique que nous avons dit, et il campa le personnage au premier plan, du moins dans les trois derniers actes, — dont il a noté lui-même combien l'inspiration fut différente des deux premiers. —

A ses juges Socrate avait déclaré qu'il n'était ni athénien, ni hellène, mais citoyen du monde, *cosmios*. Schiller qui avait lu le mot dans son Plutarque, s'en empare. Son Posa est un *citoyen du monde*, qui l'a beaucoup parcouru, qui revient de ses voyages en *député de l'humanité*, qui a dérobé à Dieu le plan du paradis, et cherche à le réaliser sur la terre, en commençant par la liberté de penser.

Justement il a sous la main *don Carlos*, l'héritier présomptif de la couronne d'Espagne, son ami d'enfance, dont le génie étonné et débile tremble devant le sien. Son ascendant sur *don Carlos* sera son instrument de règne. C'est dans l'âme de son ami, futur roi de toutes les Espagnes, qu'il édifiera d'abord le paradis pour des millions d'êtres.

Naturellement s'offrit alors à lui l'antithèse dramatique que devaient faire le despotisme de Philippe II et le fanatisme de l'inquisition, avec ce transcendant « libéralisme ». Cela était indiqué dans Mercier, et son génie ardent eut tôt fait de féconder en idée cette antithèse. Certes il n'eût pas été plus embarrassé pour la porter au théâtre que l'auteur de *Torquemada* mais il était gêné par les trois premiers actes de *don Carlos* qu'il avait déjà publiés, et où rien de tout cela ne pointait.

D'autre part il ne pouvait faire table rase des trois actes dont le public était en possession. Son embarras était cruel, ses lettres en témoignent et son œuvre définitive devait s'en ressentir toujours.

Il dépensa néanmoins beaucoup d'ingéniosité pour opérer cet amalgame définitif, ce *tripatouillage*, et, si nous voulons l'en croire, il aurait réussi à donner à son *don Carlos* une véritable et organique unité.

Voici comment il opéra la soudure entre les *don Carlos* première et deuxième manière.

D'abord et d'une part, de l'amour initial et fondamental de Carlos pour la reine il fit le ferment de la plus noble exaltation ! Car la reine, elle aussi, a pitié des Flandres martyres et aidera Posa à pousser l'Infant à l'évasion, pour aller prêter aux insurgés l'appui de son épée et de son nom.

D'autre part Philippe II, écœuré de la bassesse et de la tromperie universelles, se défiant de l'Infant et cherchant un homme, s'adressera à Posa. Le citoyen du monde, par sa mâle franchise, sa lyrique éloquence, trouvera un moment le chemin difficile du cœur du monarque, lequel sera en passe de devenir ainsi le bon tyran.

Arrivé là Schiller s'applaudit d'avoir amené, par des voies différentes, le père et le fils au même point, c'est-à-dire à subir l'un et l'autre le noble ascendant de Posa, d'avoir ainsi conduit la double action et le double intérêt à leur confluent.

Les critiques du temps ne l'en crurent pas et multiplièrent les objections auxquelles ses douze lettres répondent, sans les ruiner. De ces objections je ne retiendrai que deux, mais dont l'une est capitale au point de vue du théâtre : elle vise l'indécision du rôle de Posa, à partir du moment où il prend son ascendant sur le roi.

On nous l'avait donné jusque-là comme un ami idéal de Carlos — et personne n'a peint l'amitié de couleurs plus vives que Schiller qui peignait là, d'après nature, — et le voilà qui dessert, dans une certaine mesure, son ami d'enfance, le meurtrissant dans son amour, pour le hisser à l'héroïsme, il est vrai, mais aussi en songeant un moment à réaliser par Philippe II, ce qu'il doute de pouvoir réaliser par le faible Carlos. Mais, répond Schiller, c'est avant tout un ami de l'humanité : que peut peser pour lui l'amitié d'un Carlos en balance avec le bonheur du genre humain? Son but est sacré et son génie suit la meilleure voix qui s'offre *per fas et nefas*. Un peu plus et Schiller ferait d'avance, à propos de son Posa, le mot de Renan : « l'amitié est un vol fait à l'humanité ». Mais le poète a beau dire, au théâtre nous n'entrons que peu ou prou dans ces raisons : aussi à ce point l'action paraît-elle vacillante et le caractère de Posa entaché de ce qu'on appelait jadis une faute contre les mœurs, ce qui, en tous cas, refroidit.

Il est vrai que, déçu par Philippe II, Posa revient

à son cher Carlos, s'attache à lui de plus belle et se fait tuer à sa place, croyant garder au monde le sauveur, celui qui fera monter avec lui sur le trône l'édénique bonheur.

Quant à une autre objection qui a été faite au rôle de Posa, touchant l'impossibilité d'une pareille conception politique, au seizième siècle, je suis également étonné et de l'importance qu'y attache Schiller et de la faiblesse de ses arguments en faux-fuyant.

Mais pour affirmer qu'un pareil personnage était possible, ne suffisait-il pas de rappeler qu'il a existé ou bien peu s'en faut? Serait-il donc si difficile d'en trouver la monnaie, sinon dans le politicien Antonio Pérez, ou le député des Flandres Montigni, un Montmorency martyrisé par Philippe II, du moins dans Morus et son *Utopie*, dans François Hotman et ses *Vindiciæ contra tyrannos*, dans notre la Boétie et son *contre-un*, sans descendre jusqu'à Companella ou remonter jusqu'à Joachim de Flore? Passons donc sur cette objection et d'autres fort négligeables. Quant à celle que Posa est un personnage trop idéal, c'est ce dont j'ai plus envie de louer Schiller que de le blâmer.

Je ne sais, dans toute l'histoire du théâtre qu'une conception analogue en beauté et en puissance symboliques au Posa de Schiller; c'est ce grand ami du bonheur de l'humanité qui donna à l'homme le feu par lequel il eut le métal et fut roi de la création, c'est le légendaire fondateur des civilisations futures que la haine des vieilles et jalouses et tortionnaires divinités cloua sur un roc, avec, au flanc, l'insatiable vautour de l'idéal, c'est le Prométhée d'Eschyle. Vous voyez qu'il le faut aller chercher loin et haut. — Mais notez au passage ceci : Prométhée sur le roc, rongé du vautour pour la civilisation, actuellement quel symbole de l'héllénisme ! —

Ainsi trêve aux critiques qu'appellent le rôle de Posa, et surtout le changement d'intérêt qui va jusqu'à nous faire oublier, dans les deux derniers actes, la sympathie si vive qui avait été excitée en nous par les amours de Carlos et de la reine. De cette seconde conception de la pièce plaquée sur la première, il est pourtant résulté, outre certains aspects triomphants du caractère de Posa, les deux principales scènes et qui sont au-dessus de toute discussion.

La première est celle du troisième acte où l'admirable éloquence de Posa bat en brêche les sombres théories de Philippe II, et fait luire un rayon de céleste optimisme dans l'âme de celui qu'on appella « le démon du midi ».

La seconde scène qui est de toute beauté est celle, où, se croyant trahi par Carlos que Posa lui a d'ailleurs préféré, le roi fait ses soumissions au Grand Inquisiteur, s'entend gourmander comme un enfant désobéissant, coupable d'avoir pactisé avec les idées du siècle, le saint office l'ayant laissé goûter pour ses punitions, « au poison des novateurs », où il est vertement tancé pour avoir tué Posa « un homme qui appartenait à l'Inquisition laquelle tenait le fil au bout duquel il voltigeait », où enfin il finit par prosterner la royauté aux pieds du formidable vieillard et à offrir son fils en victime expiatoire. Je ne sais pas de scène d'une plus tragique grandeur. Et veuillez remarquer, par surcroît, que, cette fois au moins, les deux sortes d'intérêts que la pièce avait excités en nous, un peu tumultueusement, sont fondus et concourent à l'effet de terreur et de pitié.

Ah ! si tout était de cette venue, Schiller aurait eu la gloire non d'écrire un beau poème dramatique, de donner un modèle très haut du théâtre d'idées, en vertu des licences dont Mercier lui avait fourni la théorie et l'exemple, mais même de trouver ce que nous attendons toujours et exigeons presque des *nouveautés*, à savoir la formule du théâtre social.

Oui, je crois bien que le drame de demain sera social ou ne sera pas. Mais veuillez remarquer que cette formule, on la cherche dans le sens indiqué par Schiller. Une seule preuve : cette pièce de Björne-Bjornson, *Au delà des forces humaines*, qui s'est imposée à l'attention — et à la réflexion, ce qui est plus rare — de la critique, où frémit vraiment l'être théâtral en devenir, le *Cid* du théâtre social que nous attendons tous, mais elle est suivant la formule du *Carlos* : et le pasteur Bratt, si ardemment épris de l'éternel rêve du bonheur humain, réalisé par la société, n'est-ce pas notre Posa, trait pour trait, avec une différence pourtant, c'est que Bratt meurt désespéré se faisant écraser avec son rêve, tandis que Posa se fait tuer avec sérénité, espérant invinciblement dans les générations futures.

J'aime mieux l'espérance de Posa, que la désespérance trop contemporaine de Bratt dont le terme logique est le néant anarchique. L'espérance de Posa en les générations futures, son aspiration irréductible vers le mieux-être, mais elle est peut-être la seule chose moralement debout quand le reste est si affaissé, elle est l'intangible noblesse, l'irréductible jeunesse de ce monde décrépit et ruineux ! Honneur donc à celui qui la conçut assez fortement pour l'incarner sur la scène en une inoubliable figure.

Au reste elle fut l'essence de sa vie morale, laquelle réalisa du moins une idéale unité, si celle-ci est absente de son drame. Je sais bien qu'il eut, comme nous tous, ses heures de découragement, qu'il jeta parfois un regard chagrin sur le chemin parcouru, que l'auteur des *Brigands* accueillit sans enthousiasme, parmi l'enthousiasme ambiant du salon où il se trouvait, la nouvelle de la prise de la Bastille, disant : « Les Français ne pourront jamais s'approprier les

véritables opinions républicaines ». Je sais bien
que dans certaine poésie du *Pèlerin*, il se représente mélancoliquement comme étant parti, au
printemps de la vie, poussé vers l'Orient par une
voix mystérieuse qui lui annonçait une porte d'or
au delà de laquelle ce qui est terrestre devient
céleste, impérissable, puis se repentant d'avoir
fait tant de chemin inutilement car « le ciel au-
dessus de nous nulle part ne touche à la terre ;
là et *ici* ne sont jamais même chose ». Et quand
cela serait, on n'est pas dupe ! On a gagné de
marcher, de marcher vers l'Orient, vers la porte
d'or, que le pèlerin verra peut-être luire dans la
suite des siècles ; et, en attendant, l'illusion féconde
habitera son sein.

Et, après cet accès mélancolique, c'était bien là
le fond de la pensée de Schiller, celle qui a engendré le *don Carlos*, car, sur son lit de mort, à
sa belle-sœur, qui lui demandait comment il se
trouvait, il répondait, fixant les derniers rayons
du soleil qui venait mourir dans ses yeux agran-
dis par les visions de l'au delà : « Toujours mieux,
toujours plus tranquille ». Lui aussi, il touchait
par d'autres voies aux cimes sereines où plana son
ami l'olympien Gœthe, avec, pour devise, celle de
Faust : Toujours plus haut, toujours plus loin
(immer höher ! immer weiter !)

Aussi estimé-je, avec Henri Heine, que si l'auteur du *don Carlos* n'est pas le plus grand poète
de l'Allemagne, il en est le plus noble. C'est bien

ce que devinaient d'instinct les hommes de la Révolution, quand comprenant « *M. Gille* (sic) publiciste allemand, en Allemagne », parmi les dix-sept étrangers « amis de la liberté et de la fraternité universelle », ils lui décernèrent le titre de citoyen français.

Veuillez penser à toutes choses, mesdames et messieurs, un peu au courant de la représentation du *don Carlos*, et beaucoup pendant les entr'actes; et alors, pour peu que vous soyez dans cette disposition d'esprit, cette réconfortante *réceptivité* poétique qui fait si triomphants ici les samedis populaires, il vous sera suggéré un sentiment plus haut et plus fécond que la curiosité, à savoir cet émoi sacré que donne le spectacle du génie même inégal, cette élévation morale qu'émane l'accord visible d'un beau talent et d'un grand caractère.

Et vous emporterez, tout compte fait, d'abord du spectacle de *don Carlos* une noble curiosité pour le théâtre social de demain, puis de l'idéalisme contagieux de Schiller un parfum durable pour le coin de votre âme où, chez chacun de nous, et aujourd'hui plus que jamais, doit être une petite chapelle au très nécessaire et très salubre idéal.

CLAVIJO [1]

Sa genèse. — La conception de la vie, de la femme et de l'art chez Gœthe.

Mesdames, Messieurs,

Dans ses mémoires, — fort maquillées d'ailleurs comme l'avoue le titre : *Poésie et vérité*, — Gœthe a écrit : « Mes œuvres ne sont que les fragments d'une grande confession ». Je voudrais le prendre au mot pour son drame de *Clavijo*.

C'est là un procédé dont M. Alfred Mézières montra naguères la légitimité et la fécondité, dans ses magistrales études sur l'œuvre entière de Gœthe ; il a parfaitement réussi hier encore à M. Edouard Rod, dans son très remarquable *Essai sur Gœthe* ; aujourd'hui je vais en user, à mon tour et de mon mieux, pour vous montrer dans *Clavijo*, un chapitre des confessions de Gœthe et le plus pathétique. Rien ne renseigne

1. Odéon, 3 février 1898.

mieux sur le caractère de l'homme et sur les procédés favoris de l'écrivain que cette genèse de la pièce qu'on va vous jouer ; et rien, je crois, n'est plus susceptible de vous préparer à en bien goûter la représentation.

Il y avait, en 1774, à Francfort, la ville natale de Goethe alors âgé de vingt-cinq ans, une société dont il était, composée de jeunes personnes des deux sexes, où l'on *flirtait* à qui mieux mieux. On y jouait aux petits ménages. On s'y mariait pour rire, nominalement, pour une huitaine, en tout bien tout honneur. Pour éviter toute jalousie les couples étaient tirés au sort.

Ce dernier statut si contraire à la doctrine des *affinités électives*, ne devait pas être de Goethe, mais je parierais qu'il avait été élaboré par sa sœur, qui était l'aînée de ce cercle. Elle avait, en effet, beaucoup plus d'esprit que de beauté, et l'horreur de *faire tapisserie*, — témoin certain *flirt* avec un jeune Anglais qui, ayant mal tourné, ne fut peut-être pas étranger à la genèse de *Clavijo*, — passons.

Trois semaines de suite, la même personne était échue à Goethe. Elle était charmante d'ailleurs, cette madame Goethe d'occasion. Or un jour le poète, pour la distraire, ainsi que leurs amis, apporta le *quatrième mémoire* judiciaire de Beaumarchais, qui avait paru en février de cette même année. — Notez au passage cette force d'expansion de notre littérature au dernier siècle. — Il y lut un épisode si intéressant et si dramatique que *le flirt* de Gœthe se récria : « Si j'étais ton amante, au lieu d'être ta femme, j'userais de mon droit d'être exigeante pour te demander de mettre en drame le récit que tu viens de nous lire. » Huit jours après, Gœthe apportait à la belle le drame demandé et c'était *Clavijo*.

Or que s'était-il passé dans sa tête pendant cette huitaine ? Je crois pouvoir vous le conter point par point, sans outrer les droits de la critique conjecturale. Tant pis si, dans la genèse de *Clavijo*, tout n'est pas aussi gracieux et aussi à l'honneur de son auteur que ce début.

D'abord que trouvait-il dans ce récit de Beaumarchais qui, après avoir si vivement intéressé la jolie *flirteuse*, l'avait si vite inspiré lui-même ?

Beaumarchais avait eu un procès, à propos d'un héritage. Au cours de ce procès, ayant graissé le marteau d'un juge, comme au temps de l'Intimé, et ayant fait accepter en guise d'*épices* des bijoux de la femme du dit juge, toujours suivant la coutume, il s'était vu, à la suite de circonstances dont le récit m'entraînerait trop loin, accusé de corruption de juge. L'accusation était formidable : il n'y allait de rien moins que de la fortune, de l'honneur et de la liberté de Beaumarchais. Il se défendit désespérément, en violant le secret des procédures, dans des mémoires qu'il répandit à profusion, pour faire la France entière, comme il dit, juge dans sa cause. La manœuvre lui réussit. Mais un passage du quatrième de ces Mémoires, acheva de lui gagner les cœurs. C'est celui-là même que Gœthe avait lu à Francfort. Beaumarchais l'avait écrit en réponse à une insinuation de ses adversaires qui semaient le bruit que, dix ans en çà, à propos d'un mariage raté d'une de ses sœurs, il avait joué à Madrid un si vilain rôle qu'on l'avait ignominieusement expulsé d'Espagne. Beaumarchais riposta par le récit des faits, avec preuves à l'appui.

En voici le résumé nécessaire. Cela datait de 1764. A cette époque Beaumarchais n'avait encore rien écrit. Il était dans les affaires pour le plus grand bien des siens. Or un jour il apprend qu'une de ses sœurs, nommée Marie, qui habitait Madrid, avec une sœur aînée mariée, venait d'être scandaleusement abandonnée par son fiancé, un certain *Clavijo*[1]. Aussitôt il quitte tout pour se porter au secours de cette pauvre sœur. Avec de bonnes lettres de recommandation des filles de Louis XV, dont il était le professeur de musique et l'intendant des menus plaisirs, avec de bonnes lettres de change du financier Paris-Duverney dont il était l'homme de confiance, il court sus à l'infidèle à étripe-cheval, et arrive dare-dare à Madrid.

Au débotté il se présente, incognito et accompagné d'un ami sûr, chez le Clavijo, et lui joue

---

[1]. Dans sa correspondance, Beaumarchais orthographie *Clavica*, pour faire sentir la *jota* aspirée de l'espagnol. Les acteurs de l'Odéon ne pouvaient donc mieux faire que de suivre cette indication: ce qu'ils firent.

une comédie de sa façon destinée à faire avouer à ce fiancé fugace qu'il avait tous les torts, sans que sa sœur en eût aucun.

Notre homme était journaliste. Beaumarchais se présente à lui comme envoyé par une société de gens de lettres qui veut avoir des correspondants par toute l'Europe, et les choisit parmi les hommes d'élite. Le Clavijo ainsi chatouillé et amadoué, il se livre sur lui à une petite expérience de vivisection morale que je m'en vais vous lire ; — cela ne se résume pas, comme l'a compris Gœthe qui l'a littéralement traduit dans sa pièce : —

Au milieu de sa joie, il me demande à mon tour quelle affaire me conduisait en Espagne ? heureux, disait-il, s'il pouvait m'y être de quelque utilité. « J'accepte avec reconnaissance des offres aussi flatteuses, et n'aurai point, Monsieur, de secrets pour vous. »

Alors voulant le jeter dans un embarras dont la fin seule de mon discours devait le tirer, je lui présentai de nouveau mon ami. « Monsieur, lui dis-je, n'est pas tout à fait étranger à ce que je » vais vous dire, et ne sera pas de trop à notre conversation. » Cet exorde le fit regarder mon ami avec beaucoup de curiosité.

« Un négociant français, chargé de famille et d'une fortune assez » bornée, avait beaucoup de correspondants en Espagne. Un des » plus riches, passant à Paris il y a neuf ou dix ans, lui fit cette » proposition : « Donnez-moi deux de vos filles, que je les emmène » à Madrid, elles s'établiront chez moi, garçon âgé, sans famille, » elles feront le bonheur de mes vieux jours, et succèderont au » plus riche établissement de l'Espagne ».

» L'aînée déjà mariée et une de ses sœurs lui furent confiées. » En faveur de cet établissement, leur père se chargea d'entrete- » nir cette nouvelle maison de Madrid de toutes les marchandises » de France qu'on lui demanderait.

» Deux ans après, le correspondant mourut et laissa les Françaises » sans aucun bienfait, dans l'embarras de soutenir toutes seules » une maison de commerce. Malgré ce peu d'aisance, une bonne

» conduite et les grâces de leur esprit leur conservèrent une foule
» d'amis qui s'empressèrent à augmenter leur crédit et leurs affai-
» res. (*Ici je vis Clavico redoubler d'attention.*)

» A peu près dans ce même temps, un jeune homme natif des
» îles Canaries, s'était fait présenter dans la maison (*toute sa gaîté
» s'évanouit à ces mots qui le désignaient*). Malgré son peu de
» fortune, les dames lui voyant une grande ardeur pour l'étude de
» la langue française et des sciences, lui avaient facilité les moyens
» d'y faire des progrès rapides.

» Plein du désir de se faire connaître, il forme enfin le projet
» de donner à la ville de Madrid le plaisir, tout nouveau pour la
» nation, de lire une feuille périodique dans le genre du *Specta-*
» *teur anglais*; il reçoit de ses amies des encouragements et des
» secours de toute nature. On ne doute point qu'une pareille
» entreprise n'ait le plus grand succès : alors, animé par l'espérance
» de réussir à se faire un nom, il ose se proposer ouvertement
» pour épouser la plus jeune des françaises.

» Commencez, lui dit l'aînée, par réussir ; et lorsque quelque em-
» ploi, faveur de la cour ou tel autre moyen de subsister honorable-
» ment, vous aura donné le droit de songer à ma sœur, si elle vous
» préfère à d'autres prétendants, je ne vous refuserai pas mon con-
» sentement. (*Il s'agitait étrangement sur son siège en m'écoutant;
» et moi, sans faire semblant de m'en apercevoir, je poursuivis ainsi.*)

» La plus jeune, touchée du mérite de l'homme qui la recher-
» chait, refuse divers partis avantageux qui s'offraient pour elle,
» et préférant d'attendre que celui qui l'aimait depuis quatre ans,
» eût rempli les vues de fortune que tous ses amis osaient espérer
» pour lui, l'encourage à donner sa première feuille philosophique
» sous le titre imposant du *Pensador*. » (*Ici je vis mon homme
» prêt à se trouver mal.*)

» L'ouvrage (*continuai-je avec un froid glacé*) eut un succès
» prodigieux ; le roi même amusé de cette charmante production,
» donna des marques publiques de bienveillance à l'auteur. On lui
» promit le premier emploi honorable qui vaquerait. Alors il
» écarta tous les prétendants à sa maîtresse par une recherche
» absolument publique. Le mariage ne se retardait que par l'attente
» de l'emploi qu'on avait promis à l'auteur des feuilles. Enfin au
» bout de six ans d'attente d'une part, de soins et d'assiduités de
» l'autre, l'emploi parut et l'homme s'enfuit. » (*Ici l'homme fit un
» soupir involontaire, et s'en apercevant lui-même, il en rougit*

» *de confusion ; je remarquais tout sans cesser de parler*).
» L'affaire avait trop éclaté pour qu'on pût en voir le dénoûment
» avec indifférence. Les dames avaient pris une maison capable de
» contenir deux ménages ; les bans étaient publiés. L'outrage indi-
» gnait tous les amis communs qui s'employèrent efficacement à
» venger cette insulte : M. l'ambassadeur de France s'en mêla ;
» mais lorsque cet homme apprit que les françaises employaient
» les protections majeures contre lui, craignant un crédit qui pou-
» vait renverser le sien, et détruire en un moment sa fortune nais-
» sante, il vint se jeter aux pieds de sa maîtresse irritée. A son
» tour il employa tous ses amis pour la ramener, et comme la colère
» d'une femme trahie n'est presque jamais que de l'amour déguisé,
» tout se raccommoda ; les préparatifs d'hymen recommencèrent,
» les bans se publièrent de nouveau, l'on devait s'épouser dans
» trois jours. La réconciliation avait fait autant de bruit que la rup-
» ture. En partant pour Saint-Hildephonse où il allait demander à
» son ministre la permission de se marier : « Mes amis, dit-il, con-
» servez-moi le cœur chancelant de ma maîtresse jusqu'à ce que
» je revienne du *Sitio real*, et disposez toutes choses de façon
» qu'en arrivant je puisse aller au temple avec elle. »

Malgré l'horrible état où mon récit le mettait, incertain encore
si je racontais une histoire étrangère à moi, ce Clavico regardait de
temps en temps mon ami dont le sang-froid ne l'instruisait pas plus
que le mien. Ici je renforçai ma voix en le fixant, et je continuai :

» Il revient en effet de la cour le surlendemain ; mais au lieu
» de conduire sa victime à l'autel, il fait dire à l'infortunée qu'il
» change d'avis une seconde fois, et ne l'épousera point ; les amis
» indignés courent à l'instant chez lui ; l'insolent ne garde plus
» aucun ménagement et les défie tous de lui nuire, en leur disant
» que si les françaises cherchaient à le tourmenter, elles prissent
» garde à leur tour qu'il ne les perdît pour toujours, dans un pays
» où elles étaient sans appui.

» A cette nouvelle, la jeune française tomba dans un état de con-
» vulsions qui fit craindre pour sa vie. Au fort de leur désolation,
» l'aînée écrivit en France l'outrage public qui leur avait été fait ;
» ce récit émut le cœur de leur frère au point, que demandant aus-
» sitôt un congé pour venir éclaircir une affaire aussi embrouillée,
» il n'a fait qu'un saut de Paris à Madrid ; et ce frère, *c'est moi*
» qui ai tout quitté, patrie, devoirs, famille, état, plaisirs, pour
» venir venger en Espagne une sœur innocente et malheureuse ;

» c'est moi qui viens armé du bon droit et de la fermeté, démas-
» quer un traître, écrire en traits de sang son âme sur son visage ;
» et ce traître, *c'est vous.* »

Qu'on se forme le tableau de cet homme étonné, stupéfait de ma harangue, à qui la surprise ouvre la bouche et y fait expirer la parole glacée ; qu'on voie cette physionomie radieuse, épanouie sous mes éloges, se rembrunir par degrés, ses yeux s'éteindre, ses traits s'alonger, son teint se plomber.

Il voulut balbutier quelques justifications.

» Ne m'interrompez pas, Monsieur, vous n'avez rien à me dire
» et beaucoup à entendre de moi. Pour commencer ayez la bonté
» de déclarer devant Monsieur qui est exprès venu de France avec
» moi, si par quelque manque de foi, légèreté, faiblesse, aigreur
» ou quelque autre vice que ce soit, ma sœur a mérité le double
» outrage que vous avez eu la cruauté de lui faire publiquement. —
» *Non, Monsieur, je reconnais Doña Maria votre sœur pour une*
» *demoiselle pleine d'esprit, de grâces et de vertus.* — Vous a-t-elle
» donné quelque sujet de vous plaindre d'elle depuis que vous la
» connaissez ? — *Jamais, jamais.* — Eh pourquoi donc, monstre
» que vous êtes (*lui dis-je en me levant*), avez-vous eu la barbarie
» de la traîner à la mort, uniquement parce que son cœur vous
» préférait à dix autres plus honnêtes et plus riches que vous ? —
» *Ah ! Monsieur, ce sont des instigations, des conseils, si vous*
» *saviez...* — Cela suffit. »

Alors me retournant vers mon ami. « Vous avez entendu la justification de ma sœur, allez la publier. Ce qui me reste à dire à Monsieur n'exige plus de témoins. »

Resté seul en tête à tête avec Clavijo, Beaumarchais lui donne à choisir entre une déclaration publique de ses torts ou un duel derrière *Buen-retiro*. (Il venait justement d'expédier galamment *ad patres* le long du parc de Versailles, un courtisan insolent et avec une correction reconnue au lit de mort par son agresseur.)

Le Clavijo choisit la déclaration. Puis, les jours suivants, il marque un tel repentir, déploie tant de séduction qu'il obtient son pardon, se fait agréer pour fiancé une seconde fois par Marie, et pour ami par le malin Beaumarchais lui-même.

Or ce n'était là qu'une feinte qui lui donnait le temps de préparer une botte secrète. En arrivant, il emploie des amis puissants, et travestit si bien les faits qu'un beau jour Beaumarchais apprend qu'il va être arrêté pour violation de domicile et menaces de mort.

Alors le père de Figaro eut recours à sa parade favorite que j'appellerai, avec votre permission, le coup du mémoire. Le voici. Chaque fois que Beaumarchais a été menacé par les puissances, le parlement Maupeou ou la Convention, hostilités ministérielles ou *vilenies bureaucratiennes*, il a taillé sa plume, et expliquant à chacun de quoi il était question, il a gagné sa cause et sauvé sa caisse ou sa tête.

Ainsi fit-il, dès lors et pour la première fois. Après deux heures de prostration, il rédige fiévreusement un mémoire des faits, réussit à le porter au ministre, puis au roi, le commente avec ce qu'il appelait *l'éloquence du moment* — c'était un improvisateur merveilleux — et le voilà sauvé et Clavijo perdu.

Tout cela est rigoureusement exact : M. de Loménie en avait publié des preuves ; je les ai vérifiées à mon tour et j'y ai même ajouté jadis la publication de curieux échantillons de la correspondance d'alors entre Beaumarchais et son père et ses sœurs restés en France. Les braves gens et comme elle était unie cette maisonnée et comme elle avait des vertus — la solidarité matérielle ainsi que la morale notamment — cette petite bourgeoisie française de l'ancien régime, héritière présomptive des privilégiés, et qui a eu le tort depuis, comme dit le marquis d'Auberive, de vouloir figer le flot qui l'apporta !

Pour achever de vous renseigner sur les héros de l'aventure, je vous apprendrai que Marie Beaumarchais, dotée par son frère, comme ses autres sœurs, épousa un brave homme de Français nommé Durand : que Clavijo rentra en grâce, se fit estimer par une traduction des œuvres de Buffon, et mourut en 1806, vice-directeur du cabinet d'Histoire naturelle de Madrid, dont il faisait très gracieusement les honneurs aux étrangers, sans avoir jamais protesté contre le récit de Beaumarchais ; que celui-ci enfin resta encore un an à Madrid menant de front, comme toujours, les affaires et les plaisirs, en attendant la gloire et l'exportation de Figaro, et que si, après s'y être conduit d'abord en Grandisson, il lui arrivera d'être parfois un peu polisson, ceci ne saurait gâter cela.

Et continuons notre propos. Donc Goethe ayant lu et relu ce que je viens de vous conter, se mit en devoir d'en tirer une pièce. Rien de plus tentant. Cette narration écrite par un homme de théâtre et qui justement alors achevait le *Barbier de Sé-*

ville dont elle est la sœur jumelle, était évidemment toute taillée pour la scène. Il y avait qu'à prendre.

Mais d'autres raisons inspirèrent Gœthe, toutes personnelles, celles-là.

Ce qui le séduisit par-dessus tout, c'est que, dans ce cadre dramatique tout prêt, il vit une occasion de s'encadrer lui-même, et de dire publiquement certaines choses qu'il avait sur le cœur.

Pénétrons dans cette pensée de derrière la tête de Gœthe et nous aurons pénétré fort avant dans le secret de son génie comme de son cœur. Nous ne le pourrons pas sans quelque indiscrétion. Peut-être même vais-je m'attirer les coups de la Sainte-Wehme de Weimar, de cette *Gœthe-Gesellschaft*, cette société d'admiration gœthéenne dont l'intransigeance, et le *snobisme* aussi, s'étalent périodiquement dans une revue spéciale, près de laquelle notre *Moliériste* fut tiède. Mais bah ! Ce ne sera pas la première fois, car déjà un Gœthéen qui prétend que ce faquin Beaumarchais devait se tenir pour très honoré, le *Clavijo* de Gœthe étant « un miracle de transfiguration », me fit sentir le vent de sa massue teutonique. Vous voyez que je ne m'en porte pas plus mal. Au reste la vérité et mon sujet me commandent cette imprudence. J'oserai donc parler du dieu, de *l'Olympien*, comme d'un simple mortel, et pénétrer dans les coulisses de sa vie, *postscenia vitæ*.

Voyons d'abord sa conception de la vie et de

l'art et particulièrement, ce qui est le cœur même de mon sujet, la place qu'il fait dans la vie et dans l'art à la femme.

Grand lecteur de Spinosa il avait médité et fait sien le principe de son philosophe préféré : « La tendance à être et à persévérer dans l'être ». En d'autres termes, et pour dire en français la chose, il aimait l'action. Dès lors son Faust corrigeant le Nouveau Testament où il est écrit : « Au commencement était le Verbe », s'écriait : « Au commencement était l'Action », De là son admiration instinctive et forcenée pour Napoléon. Il est même, je crois le premier cas constaté — chez un intellectuel, chez un professionnel du verbe — de *Napoléonite* aiguë : la sienne résista même à Waterloo.

Mais il n'aimait pas l'action pour l'action seule, et il n'aurait pas dit, comme fit un jour M. Thiers : « La vie n'eut-elle d'autre but que l'action qu'elle vaudrait encore qu'on la vécût. »

Il n'aurait pas dit non plus, dans le même sens que le fait Beaumarchais dans ses mémoires : « Je sais bien que vivre c'est combattre, et je m'en désolerais peut-être, si je ne sentais en revanche que combattre c'est vivre. » Non : l'action tumultuaire n'était pas son fait. Il voulait que l'action eût pour but de faire la vie harmonieuse. Très spinoniste encore en cela, il considérait cette harmonie de la vie personnelle comme une contribution nécessaire à l'harmonie générale du monde, à celle du Tout-Puissant, du *Tout-Aimant*.

Mais on a beau être actif et professer, — comme nos *struggleforlifer*, très gœthéens en cela, avec ou sans Niesztsche —, que l'homme faible seul subit sa destinée, mais que le *superhomme* la fait, encore faut-il trouver autour de soi certains éléments indispensables à cette harmonie dans la vie : la santé d'abord. Celle de Gœthe était excellente. Il était d'ailleurs beau, ayant de grands yeux noirs, au regard magnétique. Il y faut aussi, sinon la fortune, du moins une première mise de fonds : sans quoi que de dissonances menacent l'harmonie rêvée, lesquelles, comme dit Figaro, ne peuvent être préparées et sauvées que par l'accord parfait de l'or. De ce côté aussi il avait plus que le nécessaire, étant né de bons bourgeois, et ayant toujours eu des protections princières.

Ces principaux obstacles étant écartés, et quelques autres, il reste pourtant une chose qui menace formidablement la liberté nécessaire à l'action qui veut faire la vie harmonieuse, cet obstacle c'est la femme, *l'éternel féminin* comme il disait.

Or Gœthe était des plus exposés à ce danger, étant fort inflammable à l'amour, et cela jusqu'au dernier jour, depuis l'énigmatique Marguerite de son adolescence, la première à qui il ait dit le beau vers du *Cyrano* de M. Rostand :

Grâce à vous une robe a passé dans ma vie.

Vous avez entendu, à l'Opéra, Méphitophélès chanter à Faust, en faisant surgir la vision de Marguerite : « La jeunesse t'appelle, ose la regarder !... » Gœthe osa toujours la regarder, même septuagénaire, témoin sa passion pour les dix-huit ans, lui en ayant soixante-quatorze, d'Ulrique de Lewezow et certaine *Elégie de Marienbad.*

Mais il savait sa faiblesse et combien elle mettait sa théorie de la vie harmonieuse en danger. Aussi se surveillait-il de ce côté, avec une vigilance ombrageuse.

Il s'était soumis à un entraînement spécial. De même qu'il avait dompté le vertige, en montant obstinément sur la plateforme terminale de la cathédrale de Strasbourg, de même qu'il avait maté *la fièvre du canon*, en s'exposant de sang-froid à la canonnade de Valmy, de même il s'exerçait à se laisser captiver par l'amour et à s'en évader.

Le résultat de cet entraînement fut merveilleux. Un exemple : fiancé à la belle Lili Schœnemann qu'il aimait éperdûment, il se décide à rompre, soit qu'il eût flairé une coquette ou que son père eût flairé la faillite prochaine. Or tout féru d'amour qu'il fût, il vint plusieurs fois, avant de partir, sous le balcon de la belle, l'entendit par la fenêtre ouverte chanter au clavecin, une romance qu'il avait faite pour elle, et eut la force de ne pas monter, et de partir définitivement pour Weimar. A quelque temps de là, apprenant le matin, au lit, que la belle Lili se marie, il écrit à un ami : « Je lis que

Lili est mariée : je me retourne et m'endors. » Napoléon, qui eût compris cela, lui dira : « Vous êtes un homme monsieur Gœthe ! » Sa devise était celle de son Faust : « Celui-là seul mérite la liberté aussi bien que la vie qui sait la conquérir chaque jour ».

Et vous pouvez constater qu'il la pratiquait énergiquement.

Vous avez vu dans *Amants*, ce jeune fêtard qui craignant de se laisser maîtriser par quelque femme, tient toujours prête une valise où il y a tout ce qu'il faut pour le voyage. Se sent-il pincé, vite la valise, une voiture et par le rapide ! Loin des yeux loin du cœur. Gœthe était pareil : cette valise il l'avait toujours en croupe de son cheval.

Cette tactique n'était pas sans faire bien des victimes. Ses zélotes faisant fléchir la coutumière pudibonderie allemande, — laquelle n'empêche rien, comme vous allez voir — ont disposé en trophée, dans le musée Gœthéen de Weimar, les portraits des femmes aimées, et presque toutes tyrannisées, et toutes lâchées par ce bourreau des cœurs : elles sont là, les pauvrettes dont la robe a passé dans sa vie, avec de troublants froufrous, — depuis Annette Schœnkopf jusqu'à Minna Herzlieb (ah ! par exemple, elles ont pour la plupart des noms à... aimer dehors), en passant par Frédéric Brion et la baronne de Stein etc... — aussi nombreuses que les épouses trépassées dans la chambre secrète de Barbe-Bleue. Il en est une pourtant qui paraît les avoir vengées toutes, et cela sans le faire exprès : cette femme fut, vous le devinez, la sienne.

Avec la conception de la vie et de la femme que j'indique, un pareil homme devait être fort réfractaire au mariage. Cependant un jour il reçut la visite d'une pauvre fille, une fleuriste, qui lui apportait un placet de son père et de son frère, gens de lettres besogneux. Elle s'appelait Christiane Volpius. Ce n'était pas

> Une vierge en or fin d'un livre de légende :

non ! Les doctes amis de Gœthe la comparaient à cette date, pour le teint et l'aimable embonpoint, à un Bacchus jeune. Ce devait donc être une Gretchen, assez haute en couleur et rebondie en forme. A elle échut l'honneur de devenir madame Gœthe, mais pas tout de suite. Dans sa défiance de l'éternel féminin, Gœthe la prit à l'essai, un essai qui dura vingt ans.

Ce fut elle sans doute qui lui inspira certaine réflexion de Méphistophélès dont la traduction honnête serait : « *La femme qui est la meilleure ménagère toute la semaine en devient la plus agréable amante le dimanche.* » Pourtant il y eut des souffrances intimes, du fait de cette mésalliance, même officiellement consommée. Deux témoins de sa vie, Körner et Schiller, ont là-dessus des passages expressifs. Au reste il paraît établi que Christiane Volpius était trop bonne biberonne, — et aussi

M. Auguste Gœthe, leur fils, sur ses traces. — Pourtant Gœthe l'épousa vingt ans après, parce que le soir d'Iéna, elle l'avait sauvé, par son sang-froid, de deux soldats français ivres qui avaient pénétré jusqu'à leur chambre. Il la mena, par reconnaissance, à l'autel, *le dimanche* suivant. C'était son jour, vous voyez. Il la pleura d'ailleurs quand il la perdit, avec de vraies larmes.

En somme, ce bourreau des cœurs expia un peu ; et, grâce à Christiane Volpius, comme grâce à la Thérèse que l'on sait dans la vie de Jean-Jacques, la morale immanente ne perdit pas sa sanction.

La constatation était à faire, pour que vous ne fussiez pas trop indignés de ce qui me reste à dire sur Gœthe et les femmes, et qui tient de si près à la genèse de *Clavijo*.

Parmi les victimes de Gœthe, la plus intéressante fut Frédérique Brion. C'était une jeune alsacienne de Sisenheim, dans la grande banlieue de Strasbourg, fille d'un pasteur, M. Brion, dont la maison était l'exacte image de celle du *Vicaire de Wakefield*. Gœthe, étudiant en droit à Strasbourg, alors dans sa vingt-deuxième année, y fut admis, choyé, s'amouracha de la sœur cadette, lui inspira une passion plus que réciproque, et paraît, d'après certains demi-aveux de ses lettres, avoir poussé son *flirt* au-delà des bienséances, même germaniques, et avoir pris avec elle, comme il est dit par le chaste Racine, dans la préface de *Bérénice*, « les derniers engagements ». Cela ne l'empêcha pas, au bout d'un an révolu, date fixée par sa famille pour le retour à Francfort, de quitter la pauvre fille, sans même s'arrêter à l'idée d'amener au foyer de monsieur son père, le conseiller impérial, la pauvre petite paysanne alsacienne. A l'heure du départ, monsieur Wolfgang, se penchant, pour le dernier adieu, sur l'encolure de son cheval, — du cheval à la valise que je vous ai dit, — vit Frédérique avec les yeux noyés de larmes, daigna humecter les siens, et partit d'un trot relevé, libre une fois de plus de travailler à l'harmonie de sa vie. Quant à la pauvre Frédérique, elle resta fille obstinément, refusant tous les partis et pardonnant à Gœthe, avec ce mot : « Quand on a été aimée de Gœthe, on ne peut appartenir à personne ». Vraiment on les faisait exprès pour lui !

Dans une de ses poésies lyriques, Gœthe conte qu'un dieu descendit un jour sur la terre et se laissa aimer d'une bayadère. Il la traita comme une servante : elle ne l'en aima que mieux. Le dieu mourut, et la bayadère se jeta dans le bûcher qui brûlait le Dieu. Celui-ci alors se releva de ses cendres, et emporta la bayadère au ciel. Ce dieu, c'est Gœthe et toutes les femmes qui se sont jetées au feu d'amour pour lui, il les a remerciées de leur holocauste en les emportant dans l'empyrée de sa poésie.

Quant à lui, il s'arrangeait pour être incombustible : Gœthe, c'est la salamandre de l'amour.

Cette fois là pourtant, il avait été échaudé et

il eut du remords, même un long remords. Son secrétaire a conté que, dans l'extrême vieillesse, quand il lui dicta le passage des mémoires où s'encadre, avec les retouches nécessaires, ce roman de Sisenheim, il s'arrêtait, avec des tremblements dans la voix. C'est surtout à ce remords et à ce besoin de s'en délivrer que nous devons *Clavijo*. Voici comment.

Cela tient à la conception de l'art chez Gœthe. Il prêchait à Schiller — qui en avait bien besoin, et fit trop souvent le contraire, excepté dans *don Carlos* pourtant — et il pratiqua exactement pour son compte, cette maxime que l'art doit toujours partir du réel, historique ou vécu, pour aller à l'idéal ; en d'autres termes que l'idéal ne se peut obtenir que par la projection directe du moi dans l'œuvre, et qu'on ne doit jamais bâtir sur le vide. Par ce procédé, non seulement le *superhomme* fait œuvre d'art, mais il se fait à lui-même une vie harmonieuse, totale, celle d'un être capable, comme Faust, « de sentir dans sa poitrine toute l'œuvre des six jours. »

L'œuvre d'art s'obtient ainsi par une sorte de chimie, de transmutation du moi. Permettez-moi d'employer une comparaison scientifique : avec Gœthe elles sont de mise.

Tout sel est fait de l'union d'une base et d'un acide. Dans cette chimie, la base doit être fournie par les expériences de la vie, qu'on laisse se déposer par couches, par voie de stratification. Puis, sur cette base, le génie qui est un acide, fait la réaction nécessaire, laquelle est accompagnée de cette chaleur et de cette électricité qui sont le rayonnement spécial de l'œuvre d'art. Alors il reste au fond du creuset, de la coupe magique de Faust, cet idéal inaccessible qui est le sel de la vie intellectuelle.

Cette chimie ce fut celle de Gœthe pendant toute sa vie cérébrale. Il y trouva en outre certain bénéfice esthétique qu'il cherchait.

Le cousin Aristote dit que le spectacle tragique agit en nous comme une *purgation* — ce que nous autres gens d'études nous appelons la *catharsis*: — cela veut dire que nous avons, en notre nature sensible, des trésors d'amour et de haine dont la vie vécue ne nous donne pas l'emploi, que ces forces inassouvies nous tourmentent, et que la vie idéale du théâtre leur donne une issue et produit ainsi en notre âme orageuse la sérénité.

Cette sérénité, cet apaisement final, sont la ressource du vulgaire, de nous autres spectateurs. Mais les artistes de génie ont encore un moyen plus efficace de les produire en eux: c'est de faire — et non plus seulement de contempler, — des œuvres avec leur vie. Cela les *purge* eux aussi et, en un certain sens, les acquitte envers l'humanité, s'ils ont pris ses larmes pour pétrir l'argile idéale.

C'est en ce sens que Gœthe disait un jour qu'au fond les agitations des hommes n'ont pour but suprême que de servir à l'art dramatique, c'est-à-dire que le théâtre serait la cause finale des crises générales ou personnelles de la vie de relation. Voilà une sérénité bien hautaine, direz-vous. Rien pourtant ne caractérise mieux à mon sens ce que l'on appelle *l'olympisme* de Gœthe, rien n'indique mieux comment il arriva à jucher la sérénité finale de son moi, au-dessus de la région des orages, sur la cime olympienne de ce qu'il appelle la *pyramide* de ses œuvres.

Redescendons maintenant de cet olympe où pyramide le *Weltgenius*, et il nous sera dès lors facile de voir en quoi la pauvre Frédérique Brion fut « la cause finale » du *Clavijo*.

C'était trois ans après l'abandon de Frédérique. D'autres *flirts* et force dissipations n'avaient pu avoir raison du remords de Gœthe. Il avait eu recours à son remède favori. Il avait écrit son premier drame *Gœtz de Berlichingen*, cette œuvre chaotique mais forte, injouable d'ailleurs, qui inaugure le drame historique, bien avant Dumas père, mais après Shakespeare. Là-dedans il avait placé un épisode, le meilleur d'ailleurs de ceux qui encombrent la pièce, où nous était montrée une certaine Marie, sœur du héros, parée de toutes les grâces et de toutes les vertus, et qui était néanmoins délaissée par son fiancé Weissingen lequel était détourné de son devoir par l'ambition et par l'astuce d'une rivale de la pauvre Marie. Mais l'idéal réalisé était médiocre, la purgation morale inefficace et la cure insuffisante.

La preuve d'ailleurs que ce n'est pas ici de la critique conjecturale, la voici, elle est sans réplique. Je vois dans la correspondance de Gœthe qu'il prie un ami de faire tenir son *Berlichingen* à Frédérique, parce qu'elle sera bien heureuse en voyant que Weissingen, *le lâcheur*, périt au dénoûment. Peut-être Frédérique eût-elle préféré le dénoûment naturel, devant Monsieur le Maire. Enfin !

En même temps Gœthe tente une seconde cure personnelle qui n'est rien moins que le *Faust*.

C'est là un fait curieux et important, que je me risque à affirmer sur la foi de la découverte récente du premier manuscrit du chef-d'œuvre, *lequel fut écrit entre 1771 et 1775*. Or, dans ce premier manuscrit, il y a déjà tout au long, cette partie de *Faust* qui a été popularisée chez nous par la musique de Gounod, et que l'on appelle « la tragédie de Marguerite ». Mais cette tragédie de Marguerite, c'est encore la pauvre fille abandonnée par Faust, comme Frédérique venait de l'être, à la même date par Gœthe : ce qui est démonstratif à souhait. Cette cure dut sans doute être plus efficace pour le remords de Gœthe que celle du *Gœtz de Berlichingen*.

Elle ne suffit pourtant pas. Décidément il nous faudra remercier Gœthe d'avoir brisé le cœur de Frédérique Brion.

C'est en effet, au cours de cette cure difficile, pendant qu'il se débat contre le cadavre récalcitrant de son grand amour, que Gœthe tombe sur le *quatrième mémoire* de Beaumarchais. Mais la pièce à faire, la voilà! la pièce curative, la transposition de sa petite vilenie en idéal !

Du coup son sujet lui saute aux yeux. Il ne le conçoit pas du tout, ainsi que le feront ceux qui l'ont suivi — et qui ne sont pas moins de cinq, y compris MM. Halévy et Legouvé, — comme une apothéose du rôle de Beaumarchais, comme un supplément au *Grandisson* de Richarson, comme un chapitre de la morale en action. Le personnage sympathique pour lui, là-dedans, mais c'est Clavijo, puisque Clavijo c'est lui, Gœthe.

Il faut se porter au secours de Clavijo, il faut défendre le personnage contre la formidable ironie de Beaumarchais. Il y va de l'honneur de Gœthe, à ses propres yeux, de toute sa conception du rôle de l'homme supérieur dans la vie et envers la femme.

Aussitôt il abonde dans son sujet. Par une opération de l'esprit qui lui est familière, il se dédouble lui-même, c'est-à-dire que pour mieux défendre Clavijo il lui donne un double. Ce double sera responsable de tous les calculs d'ambition et d'intérêt qui détacheront Clavijo de sa fiancée.

Au fait ce personnage Gœthe ne dut pas le chercher longtemps. Il l'avait déjà dans sa vie, et c'était son ami Merck, comme on le sait de reste. Il lui avait même déjà soufflé la vie de l'art. N'existait-il pas en effet dans son esquisse déjà faite, — je viens de vous le montrer — de *Faust*, dans cette « tragédie de Marguerite »? Et il s'appelait, vous l'avez déjà nommé en vous-même, il s'appelait Méphistophélès.

De Méphistophélès, au bout de sa vie, Gœthe dira à son confident Eckermann : « Il est le résultat personnifié d'une longue observation du monde ». Il est vrai, et il a commencé par incarner les calculs égoïstes et les ambitions intransigeantes de Gœthe. Tel sera Carlos dans *Clavijo*, et il m'a paru curieux de vous signaler, dans le personnage, comme un premier crayon du satanique Méphistophélès.

Dès lors la pièce était faite. Les trois premiers actes se découpaient, se détachaient tout seuls du récit de Beaumarchais, comme suit : un premier acte où Carlos féliciterait *Clavijo* de s'être affranchi de la femme pour remplir ses hautes destinées, cependant qu'on verrait Beaumarchais arriver chez sa sœur, du fond de la France. Le deuxième acte était tout fait et parfait dans le mémoire, et ce serait précisément l'admirable scène que je vous ai lue en partie, devant laquelle Gœthe eut le mérite de comprendre qu'il n'y avait qu'à traduire littéralement. Découper dans le reste du mémoire la scène de *Clavijo* repentant aux pieds de Marie, et choisir des péparations dans les circonstances ambiantes, n'était qu'un jeu : là encore il n'avait qu'à prendre.

C'est au quatrième acte que Gœthe avait à se donner carrière. C'est pour ce quatrième acte qu'il a écrit la pièce. C'est là qu'il fallait que son porte-parole Carlos amenât un revirement dans l'âme de *Clavijo*, le détachât de Marie et le rendît à sa haute ambition de réaliser la haute vie et la vie harmonieuse.

Il n'y manqua pas et dans les tirades de Carlos au quatrième acte passa toute l'âme de Gœthe, Shakespeare et Racine aidant, car le mouvement et la coupe de cette maîtresse scène sont visiblement calqués sur *Othello*, et surtout sur la scène de *Britannicus* où Narcisse achève de faire naître le monstre naissant.

Grâce à tout ce que je vous ai dit précédemment, vous lirez entre les lignes, et aisément reconnaîtrez là le thème fondamental de Gœthe sur la subordination de l'amour à l'action par la liberté vers l'harmonie.

C'est le plaidoyer intérieur que Wolfgang se faisait contre le remords d'avoir quitté Frédérique, et après lequel il dut se renvoyer lui-même absous, et aristotéliquement purgé. Il dut même croire que Frédérique lui pardonnait sans réserve. Ecoutez en effet ce langage des deux abandonnées de *Stella* (une pièce à noter aussi où, dans un premier dénoûment, Gœthe faisait l'apologie du ménage à trois, c'est-à-dire avec deux femmes, ce qu'on appelle en Allemagne, mariage morganatique, lequel y est à l'usage des princes) : « Je pardonne volontiers à mon père de nous avoir abandonnées, — c'est la fille qui parle et la mère approuve, — *car est-il rien qui vaille mieux pour un homme que sa liberté ?* »

Restait le dénoûment. Gœthe le fit très noir. Marie mourait de douleur de se voir trahie ; et *Clavijo* venait se faire tuer en duel sur le cercueil de sa fiancée, par Beaumarchais qui prenait la fuite après ce bel exploit.

Ce dénoûment, imité d'une ballade anglaise, au dire des hypercritiques d'outre-Rhin, mais qui est tout simplement calqué, trait pour trait, sur le duel d'Hamlet et du frère d'Ophélie, ou sur celui de Roméo et du cousin de Juliette, au choix, n'est pas bon. Cette mort de Marie un peu bien brusque et invraisemblable, et toute cette tuerie sont bien postiches.

Il y a des excuses. Peut-être Gœthe a-t-il poussé au noir, pour faire amende honorable sur le dos de son Sosie théâtral, — une amende formidable, mais pour ce qu'elle lui coûtait ! — Et puis il était sous l'influence de Shakespeare que Herder lui avait inoculé à haute dose et qui, mal digérée, engendrera toutes ces tueries théâtrales qu'on appelle là-bas *Mordenspektakel*, et que Schlegel lui-même a blâmées. Enfin il écrivait à la même date *Werther*, pour se *purger* d'une autre indélicatesse, celle avec la trop véritable Charlotte. Il avait gagné lui-même cette fièvre de mélancolie, qui était un produit de notre exportation, l'imitation du Saint-Preux de Jean-Jacques, nous retrouverons chez nous, en René et que Oberman, que son Werther inocula à toute l'Allemagne, — à cette heure de crise qui s'est appelée la période de trouble et d'assaut, *Sturm und Drangck*, dont j'ai eu l'occasion de vous entretenir l'an dernier, à propos du *don Carlos* de Schiller, — enfin à ce mal, puisqu'il faut l'appeler par son nom, qui est classé outre-Rhin sous le nom de *Wertherei*, la *Werthérite* aiguë.

Au total, le *Clavijo* est la plus scénique des pièces de Gœthe, lequel n'était pas un *homme de théâtre*, — quoiqu'il aimât le théâtre passionnément mais cela ne suffit pas. — Au reste il l'entendait singulièrement comme on le vit bien, quand il dirigea celui de Weimar.

Il était pour le théâtre didactique oubliant que tous les genres sont bons, hors le genre ennuyeux. Imbu des théories de Diderot, il était pour le théâtre prêchant l'art et au besoin la morale. Et défense au parterre de manifester ! cela arrivait-il aux étudiants d'Iéna, venus là d'à côté, il se levait, et de sa place, les menaçant de la police, imposait son *Quos ego*... Au reste il poussait si loin la thèse du théâtre utile et des acteurs officiers de morale que, pendant les représentations, il mettait des sentinelles, à la porte des actrices. Mais, me direz-vous, ne fit-il pas faillite ? Non, parce que c'était le duc d'en face, le duc de Weimar qui payait, maigrement d'ailleurs. Au reste Gœthe finit par démissionner.

Bref ce poète lyrique, médiocre dramaturge,

a fait, cette fois-là, Beaumarchais aidant, une pièce à peu près jouable.

Elle vous le paraîtra plus encore qu'elle ne l'est, grâce aux retouches de M. Gaston Scheffer. Avec des remaniements adroits et dont le détail serait fastidieux, — il vous suffira de jouir de leur résultat, — il a supprimé les injouables changements de lieux dans la pièce de Gœthe, et il l'a renforcée, du côté de l'action, en infusant à l'œuvre allemande, une plus haute dose de Beaumarchais, habilement puisée dans ses *Mémoires* et dans son drame d'*Eugénie* qui avait été une première transposition de l'aventure de *Clavijo*.

Beaumarchais eût approuvé, je crois, ces remaniements de l'œuvre allemande. Au fait que pensait-il de la pièce de Gœthe? Elle fut imprimée et jouée, lui vivant. La connut-il? La vit-il à la scène? Qu'en dit-il? Ces questions ne sont pas dépourvues d'intérêt, et vous vous les êtes déjà posées sans doute.

Grâce à un peu d'inédit de Beaumarchais (je vous prie de constater que je n'en ai pas abusé, comme c'était à craindre), je puis là-dessus satisfaire votre curiosité, pour finir.

Avant de s'être vu jouer par Gœthe, Beaumarchais s'était vu jouer par un certain Marsollier, dans une pièce que nous avons et qui a pour titre *Beaumarchais à Madrid*. Il n'était pas homme à avoir peur de la chose, au contraire, et voici ce qu'il en écrit à une amie :

« A mon départ de Paris, j'ai eu le plus touchant spectacle! Un homme a fait une pièce de théâtre de toute mon aventure d'Espagne. C'est mon mémoire tout pur : cela a été tellement applaudi, *et toute l'assemblée se tournant vers moi*, m'a fait un tel accueil, qu'avec *l'émotion que les situations de l'ouvrage ont ranimée en moi,* j'ai senti mes larmes couler avec abondance. Réellement, Madame, j'éprouve partout que le courage et l'élévation de l'âme ont des droits très puissants sur le cœur de tous les hommes ».

Puis il lut le *Clavijo*. Je le vois, en 1781, dans une lettre au censeur qui lui avait demandé son avis, en autoriser une traduction à condition que l'on y changerait Clavijo en *Ronac*, anagramme de son nom de Caron, et celui de son beau-père Guilbert en *Ilberto*.

Enfin, il vit jouer le *Clavijo* de Gœthe et voici son appréciation dans une lettre qui est au *British Museum* et date de la dernière année de sa vie.

« Autrefois quand M. le prince de Conti, au jour que je partais pour l'Angleterre, me força de rester douze heures de plus à Paris pour lui dire, m'ajouta-t-il, mon sentiment sur la pièce d'un jeune homme que l'on donnait ce jour-là même sur le théâtre de la cour du Temple, je me fis bien tirer l'oreille pour aller voir une comédie bourgeoise où l'auteur et tous les acteurs doivent être, disais-je, très au-dessous du médiocre. « *Non*, me dit en riant le Prince, il s'agit d'un jeune homme dont je veux juger le talent à venir sur ce que vous m'en apprendrez ». Je cédai. Mais après avoir été vivement ému de revoir ma propre aventure d'Espagne représentée avec fidélité, je me souviens, que je fondis en larmes à l'adieu de Médée, que vous m'y fites faire par Clavico qu'on arrêtait. Je dis au Prince: *c'est un trait de génie dans le jeune auteur que d'avoir recueilli tous les malheurs qui me sont arrivés depuis mon retour de Madrid, pour me les faire prédire par un méchant, justement puni, dans une pièce dont l'époque remontait à dix ans du jour où il la composait. Le reste est bien*, disais-je: *mais ce morceau-là est superbe, ce jeune homme aura du talent et d'un genre très estimable.* »

« Je n'ai jamais revu ce premier essai de votre génie dramatique, quoique, passant à Augsbourg en Souabe, je me sois vu jouer une seconde fois, moi vivant, mais joué sous mon nom, ce qui n'était je crois arrivé à nul autre. Mais l'Allemand avait gâté l'anecdote de mon mémoire en la surchargeant d'un combat et d'un enterrement, additions qui montraient plus de vide de tête que de talent. Et vous, vous l'aviez embellie. »

Ne trouvez pas Beaumarchais trop sévère. Il avait ses raisons pour n'être pas content du rôle de meurtrier et de fuyard que lui faisait jouer Gœthe. Pauvre Beaumarchais, toujours calomnié ! heureux Gœthe, toujours amnistié !

Mais de quoi me plaindrais-je maintenant ? Beaumarchais n'a-t-il pas enfin sa statue dans son Paris, dans son quartier ? Et ne vous ai-je pas dit à propos de Gœthe ce que j'avais sur le cœur ? J'ai fait moi aussi ma petite *Catharsis*.

Pour vous, mesdames et messieurs, vous n'avez pas les mêmes raisons que Beaumarchais de bouder le dénoûment de Gœthe, fort court d'ailleurs. Vous savez, en outre, ce qu'il ignorait, c'est-à-dire que le rôle de Clavijo est un plaidoyer de Gœthe pour lui-même, et ce n'est pas là un petit surcroît d'intérêt.

Vous voilà donc au point voulu pour vous intéresser, autant que possible, à une œuvre qui est le produit fortuit, de la collaboration de deux hommes de génie, le prince de l'esprit français et le roi du génie allemand, le génie *mondial*, (le *Weltgenius*) et qui est, fait sans précédent dans l'histoire des lettres, frappée à l'effigie de chacun d'eux. A vous de décider lequel des deux est le personnage sympathique, de l'Allemand ou du Français.

LES DEUX GENDRES [1]

Etienne et son œuvre. — Une querelle littéraire. —
Les Deux Gendres et le monde de l'Empire.

Mesdames, Messieurs,

A la première proposition qui me fut faite de la comédie des *Deux Gendres*, comme sujet de ma conférence pour cette saison, je ne vous cacherai pas que je fis un peu la grimace. Les *Deux Gendres*, à ce moment là, qu'était-ce pour moi ? Le souvenir confus d'une de ces innombrables lectures moroses que l'on fait par devoir professionnel. Les *Deux Gendres* d'Etienne ! l'accouplement banal d'un titre et d'un nom, une de ces inscriptions traditionnelles dont on charge la mémoire des écoliers et qui se lisent sur ces cénotaphes dont sont pavés l'entre-deux des « grands siècles » et les catacombes de l'histoire littéraire : ainsi les *Templiers* de Raynouard, les *Etourdis*

[1]. Odéon, 6 février 1896.

d'Andrieux, l'*Optimiste* de Collin d'Harleville, l'*Agamemnon* de Népomucène Lemercier, le *Manlius* de Lafosse, le *Siège de Calais* de Du Belloy, etc., etc... Donc je fis la grimace, et vous-mêmes, mesdames et messieurs, en venant aujourd'hui, en rangs serrés, écouter la pièce et du même coup le conférencier, vous avez agi peut-être par pure fidélité à l'affiche.

Eh bien ! j'avais tort ; et c'est l'auteur du programme de cette année, M. Larroumet, je crois, qui avait raison ; et votre fidélité à l'affiche doit être récompensée, dès la conférence, ou ce sera ma faute.

En effet, mon sujet, vu de près, offre un intérêt historique et dramatique très perceptible, par la personne de l'auteur des *Deux Gendres*, par la nature de la querelle littéraire qui accompagna sa représentation, enfin et surtout par le tableau des mœurs qu'il met en scène.

L'auteur est la physionomie littéraire la plus typique de la période impériale.

La querelle littéraire, dont sa pièce fut le sujet, est la plus considérable qu'aient enregistrée les annales du théâtre, entre la querelle du *Cid* et la bataille d'*Hernani*.

Enfin sa pièce elle-même est le chef-d'œuvre de la littérature dramatique sous l'Empire, une de ses deux grandes dates, — l'autre, la moindre, étant celle des *Templiers* de Raynouard — : et, comme comédie de mœurs, elle est un petit chef-d'œuvre, peut-être même faudrait-il pousser jusqu'au *Gendre de M. Poirier* ou au *Demi-Monde* pour en trouver l'équivalent.

Nous envisagerons donc la personne de l'auteur, l'histoire de sa pièce et son projet lui-même ; et nous pénétrerons ainsi dans les mœurs littéraires et privées de cette période impériale, si mal connue, sous ce double point de vue.

En effet, l'éclat du décor militaire éclipse si bien la littérature de ce temps-là qu'elle en paraît d'une pâleur lunaire, et l'impérieux attrait du spectacle épique qui occupe la scène ne laisse guère pénétrer dans les coulisses de la vie de tout ce monde officiel, si raidi dans les chamarrures de ses uniformes. Les *Mémoires* de Mme de Rémusat eux-mêmes sont loin, vous le savez, de satisfaire notre légitime curiosité là-dessus. Or *les Deux Gendres* vont nous être une occasion de jeter sous cette surface brillante et uniforme un de ces coups de sonde historiques, dont M. Taine a fait la théorie et donné l'exemple. A la suite d'Etienne et de sa pièce, nous allons faire une petite, mais suggestive promenade dans les coulisses du décor impérial.

Etienne fut un homme heureux et qui a une histoire : la sienne fut d'abord parallèle à celle de l'Empire jusqu'au déclin exclusivement; car il n'eut pas son Waterloo, tout au plus sa retraite de Russie, et en bon ordre encore. C'était un bel homme, ce qui ne nuit jamais aux succès les plus honnêtes. Vous pourrez contempler son buste, dans les couloirs de l'orchestre du Théâtre-Français. La structure de la tête est un peu massive et les traits accentuées ; mais la physionomie respire en somme la bonhomie et la distinction ; les caricatures dont il fut l'objet confirment cette impression ; un sourire très fin, mais un peu oblique, les yeux grands et clairs ; le front haut, mais étroit et fuyant, et ce dernier trait est bien caractéristique, car les contemporains le signalent et les caricaturistes en font une exagération plaisante.

Il fut heureux, vous dis-je, mais il mérita suffisamment tous ses bonheurs. Ainsi, dès son premier acte d'homme, il fit un calcul qui est le meilleur de tous, quand il réussit : il épousa, n'ayant lui-même que dix-huit ans et pas le sou, une jeune fille sans fortune. Ce calcul lui réussit : il eut un foyer paisible où se reposer des batailles pour la vie, et il pourra déclarer, le jour où il perdit sa compagne : « Nous avons vécu cinquante ans, la main dans la main. »

Il était d'ailleurs de bonne famille, fils et petit-fils de maîtres de forges du pays de Meuse, mais ruinés. Un oncle, prêtre, lui fit faire des études classiques qui furent brillantes. Pour vivre il se mit petit employé chez un ami de sa famille. Entre temps, il s'essayait au théâtre, et se faisait jouer sur les petites scènes, *Louvois*, *Favart*, etc... Sa première œuvre, le *Rêve*, qu'il écrivit à vingt ans, spirituelle, agréablement menée et dialoguée, soutient encore la lecture et décelait un homme de théâtre. D'autres suivirent, mais qui n'étaient guère alimentaires. C'était le temps où un directeur de théâtre offrait couramment dix pistoles d'un ou voire de deux actes, et une pistole par soirée, au mépris de ces droits d'auteur dont Beaumarchais avait si laborieusement fait établir un tarif.

Pour nourrir femme et enfant, Etienne entra, grâce à un compatriote, dans l'administration des vivres. C'était une meilleure place que la première, mais elle l'obligeait à quitter Paris. Il partit, la mort dans l'âme. Or, c'est justement dans ce crochet de sa carrière qu'il allait rencontrer la fortune, la capricieuse fortune.

Il était au camp de Boulogne, de Bruges plus exactement. Pour fêter l'amiral hollandais Verhuell, qui venait d'opérer sa jonction avec nous, Davoust s'avise de donner une fête : on lui apprend qu'il y a dans le camp un commis aux vivres qui est vaudevilliste ; Davoust demande au petit commis une pièce de circonstance : elle réussit. A quelque temps de là, l'empereur étant venu au camp, deuxième pièce de circonstance : elle va aux nues, et certains couplets sur les petits bateaux qui vont couler les gros Anglais deviennent populaires ; — l'amiral Werhuell les fredonnera encore à Etienne, à l'Académie, où ils seront collègues, durant certaines séances ennuyeuses. — L'Empereur mande Etienne, et le dialogue que voici s'engage : « Que puis-je faire pour vous ? — Sire, tout ce que vous voudrez. » Napoléon se tourne vers Maret, et lui dit, comme Henri IV au duc de Bellegarde, quand on lui présenta Malherbe : « Monsieur, je vous charge de ce jeune homme. » Mais Maret, qui savait faire sa cour, valait mieux, comme protecteur, que Bellegarde. Il fait d'Etienne son secrétaire, et, deux ans après, l'auteur d'une *Journée au camp de Boulogne* était nommé directeur des *Débats*, puis censeur et commissaire surveillant de la presse et aussi du théâtre. C'était un poste formidable.

Aux *Débats* notamment, d'où l'on venait d'évincer les Bertin et qui étaient baptisés *Journal de l'Empire*, il fallait exercer sur les plumes libérales de la maison une surveillance de tous les instants. C'était l'heure où Napoléon appliquait aux idées-forces, à l'idéologie, comme il disait, le système du blocus continental. Voici un échantillon de ses doctrines, en matière de presse. A Fiévée, le prédécesseur d'Etienne aux *Débats*, il envoyait un communiqué ainsi conçu ou à peu près : « les nouvelles mauvaises pour le gouvernement ne doivent être publiées que quand elles sont absolument sûres, et, quand elles sont si sûres que cela, elles sont connues de tout le monde et ce n'est donc plus la peine de les publier. » C'est encore à cette même date de 1807, où Etienne devenait directeur des *Débats*, que Napoléon, à la suite d'un article courageux de Chateaubriand, paru dans la *Minerve*, s'écriait : « Je le ferai sabrer sur les marches des Tuileries. »

Etienne exerça cette formidable douane des idées, avec une légèreté de main bien notable, car, dans la bagarre littéraire où il allait être jeté, ce furent ses sous-ordres des *Débats*, des critiques comme Hoffmann et Geoffroy, qui prirent sa défense et avec une chaleur de cœur et d'esprit telle qu'elle ne pouvait être de commande.

Venons-en donc à cette fameuse querelle des *Deux Gendres*. On arrivait à l'apogée de l'Empire, à ce 1811, où Napoléon

> Comme un aigle arrivé sur une haute cime,
> S'écriait tout joyeux, avec un air sublime :
> L'avenir, l'avenir, l'avenir est à moi !

La littérature faisait chorus, et avec quel ensemble ! On ne s'en doute guère, tant cette littérature impériale est éclipsée par l'éclat du reste. Un exemple : en l'année 1811, celle de la naissance du roi de Rome, le sujet proposé au concours, avec cinquante prix à distribuer, de l'*Heureuse grossesse* de Marie-Louise, mit en mouvement les plumes de plus de 1200 poètes, parmi lesquels je relève le nom de Béranger, de Viennet, etc... Vous savez qui mérita le prix : c'est Victor Hugo, dans ce *1811*, que lui inspira sans doute le souvenir de cet homérique concours. Etienne, lui, fit sa cour en donnant la comédie des *Deux Gendres*.

Jouée le 11 août 1810, elle alla aux nues et,

quelques mois après, menait son auteur tout droit au Capitole, c'est-à-dire à l'Académie. Mais la Roche Tarpéienne était tout près : l'envie guettait. Elle avait de quoi s'exercer contre un académicien de 33 ans, maréchal officiel de la littérature, et qui réussissait d'emblée dans ce genre épineux de la comédie en cinq actes et en vers, où venait justement d'échouer Picard, avec les *Capitulations de conscience*.

Or une fausse manœuvre d'Etienne, la seule, je crois, que ce malin ait commise, donna barres sur lui à toute la bande des gens de lettres qui vinrent immédiatement grossir les opposants à l'Empire, heureux de dauber le maître sur le dos d'un de ses favoris.

Dès le soir de la première des *Deux Gendres*, dans les couloirs, un bruit sourd courait que la pièce avait eu un modèle clandestin. Peu à peu la rumeur légère avait grossi, cheminant à travers les cénacles et cafés littéraires, de l'*Athénée* à *Tortoni*; un beau jour, elle éclata sous la forme d'une accusation de plagiat.

En face d'une accusation de cette nature, un auteur a le choix entre trois attitudes. D'abord, étaler les pièces du procès *illico*, et ce fut la tactique de l'auteur du *Cid* : elle est bonne. Ou bien dédaigner toute discussion de fond et laisser parler son œuvre ; et ce fut la tactique de la plupart, depuis l'auteur de *Phèdre* jusqu'à celui des *Pommes du voisin*, en passant par Regnard : elle est scabreuse, mais, avec les applaudissements du public, elle en vaut bien une autre. Ou bien enfin faire flèche de son esprit et mettre les rieurs de son côté, en répondant comme Molière : « Je prends mon bien où je le trouve », ou comme l'auteur du *Barbier de Séville*, accusé d'avoir pillé : *On ne s'avise jamais de tout*, de Sedaine : « Vous avez raison ; ma pièce est *On ne s'avise jamais de tout* même, et la preuve c'est qu'on ne s'était pas encore avisé de ma pièce. » Cette tactique est peut-être la meilleure, et Etienne avait assez d'esprit pour la suivre, témoin ce joli billet que lui envoya Arnault, le jour de son élection à l'Académie et qui ne contenait que ce verset biblique : « *Et elegerunt Stephanum virum plenum Spiritu* (Et ils nommèrent Etienne, homme plein d'esprit). »

Mais il choisit la pire des défenses, celle des demi-aveux, quand il y avait matière à un franc et simple aveu, lequel eût mis son originalité hors de cause, comme nous verrons tout à l'heure. Il donna prise à la meute, il fut acculé à cette Roche Tarpéienne dont je parlais tout à l'heure dans le style des pamphlétaires d'alors, et il eût fait le saut, si les poignes solides d'Hoffmann et de Geoffroy ne l'eussent retenu. Toute une mitraille de brochures et de caricatures fondit sur lui. La lecture en est aujourd'hui un peu froide, comme bien vous pensez : pourtant il est curieux d'y voir comment fut tournée et retournée alors, sous toutes ses faces, l'éternelle question du plagiat, en matière de théâtre, avec les plus illustres et les moindres exemples à l'appui.

J'ai retrouvé et lu pour vous plusieurs douzaines de ces libelles, mais je vous en fais grâce, n'est-ce pas? et je vous prie de m'en croire sur parole dès maintenant, tant sur la physionomie que sur le fond du débat que je vais vous résumer très succinctement. J'avertis seulement les curieux que l'un et l'autre ont été légèrement altérés, dans un sens défavorable à Etienne, par Sainte-Beuve.

Voici, en gros, mais exactement, ce qui s'était passé. Un grimaud de lettres, nommé Lebrun-Tossa, avait apporté un jour à Etienne le manuscrit d'une comédie, intitulée les *Gendres dupés*, et qu'il prétendait avoir sauvée du feu auquel il était chargé de livrer un tas de vieux papiers, dans le ministère où il était employé. Parcourant ce manuscrit, Etienne y avait vite démêlé une idée de théâtre et avait proposé à Lebrun-Tossa une collaboration que celui-ci avait acceptée d'abord, puis bientôt désertée. Etienne avait continué seul la besogne et, s'aidant des *Gendres dupés*, puis des *Fils ingrats* de Piron, qui lui offraient un scénario tout pareil à celui de son manuscrit, il avait abouti aux *Deux Gendres*. Quand l'accusation de plagiat éclata, Etienne ne parla que des *Fils ingrats* et ne souffla mot de son manuscrit, auquel d'ailleurs il devait beaucoup moins, en fait, qu'aux

Fils ingrats. Et puis il était bien tranquille, ayant sous clé le manuscrit de Lebrun.

Pour son malheur, ses ennemis découvrirent à la Bibliothèque nationale, dans la fameuse collection La Vallière, bien connue des gens de théâtre, le manuscrit d'une pièce intitulée *Conaxa*. Elle offrait avec les *Deux Gendres* d'innombrables analogies de scénario. La cabale s'en empare, la porte ici, à l'Odéon, dont, nous dit un contemporain, elle peuple aussitôt la Thébaïde. Les étudiants et cette jeunesse libérale, dont Lamartine nous a dit les généreuses impatiences sous le sabre de Bonaparte, sous les « hommes géomètres », ne pouvaient laisser échapper une si belle occasion de protester.

On eut l'immense joie de saisir au passage une douzaine de vers ou d'hémistiches fort insignifiants d'ailleurs, — tels que

> Dans le calendrier, lisez-vous quelquefois ?
> .... Venez chez moi
> Vous trouverez bon feu, bon lit et bonne table,
> Bon visage surtout, compagnie agréable ;

ou encore cette saillie d'un valet poltron à un autre qui le berne :

> Morbleu ! si les duels n'étaient pas défendus !

vers qui, par parenthèse, avait appartenu à Hauteroche avant d'être copié par l'auteur de *Conaxa*, — la cabale eut, dis-je, l'immense joie de saisir au vol huit ou neuf vers de suture qui étaient à la fois dans *Conaxa* et dans les *Deux Gendres*, et qu'Etienne avait plus ou moins distraitement (il était d'une distraction proverbiale) reproduits. Ils étaient insignifiants, mais ils permettaient de prendre l'académicien la main dans le sac. Un jour même Etienne fut hué dans la rue, au sortir du théâtre, par la jeunesse des écoles ; et quelle grêle de pamphlets et de caricatures ! L'une le représente portant la main à sa joue, avec ces vers des *Plaideurs* :

> Monsieur, tâtez plutôt,
> Le soufflet sur ma joue est encore tout chaud.

Une autre le figurait mis sous presse et crachant la douzaine de vers ou d'hémistiches de *Conaxa*. Leur thème fondamental était la réclamation du jésuite anonyme, auteur de ce fameux *Conaxa*, qu'il avait fait jouer dans le collège de Rennes, quelque cent ans auparavant. On voyait notamment Etienne passant le pont des Arts, et entrant triomphalement à l'Institut porté sur le dos de jésuite qui n'en pouvait mais. Geoffroy fit remarquer spirituellement qu'Etienne avait hérité du jésuite qu'il avait tué, car en littérature on ne doit pas se demander, comme dans *Rhadamiste* :

> Ah ! doit-on hériter de ceux qu'on assassine ?

puisqu'on n'hérite que de ceux qu'on tue. Enfin Etienne finit par où il aurait dû commencer, et fit imprimer à ses frais *Conaxa*, ce qui réduisit peu à peu la calomnie à *quia*.

Au fond ce beau désordre, qui avait duré plus

d'un an, était un effet de l'art, de l'art de la police impériale et du fameux Lemontey qui savait plus d'un tour. On a publié notamment une lettre établissant qu'une partie du public démêlait que la littérature n'était là qu'un prétexte à masquer autre chose. Mais quoi ? — je le trouve dans un biographe d'Etienne : — il ne se serait agi de rien moins que de dépister la curiosité publique et de lui cacher les préparatifs de l'expédition de Russie. Je retrouve cette opinion, et bien motivée, chez l'habile et exact auteur de l'*Histoire de la Censure sous l'empire*, M. Welschinger. Je livre le fait aux admirateurs de Napoléon. Quel homme ! Faire entrer dans les calculs de sa stratégie jusqu'à la vanité des gens de lettres, jusqu'aux croassements des grenouilles du Parnasse, comme on disait alors, c'est très fort et c'est une recette qui n'est d'ailleurs pas perdue.

Avant de prendre congé d'Etienne, deux mots sur le reste de sa carrière. L'orage passé, après 14 mois d'interruption, dont la source et le prétexte furent une maladie de l'acteur Fleury, la pièce retrouva son succès des premiers jours. Elle resta au répertoire jusqu'en 1841, et fut jouée de 1825 à 1841, deux fois par an en moyenne. C'est fort honorable.

Entre temps, Etienne se mit en devoir de donner cette preuve sans réplique de son originalité que lui demandaient ses amis eux-mêmes, et il fit jouer l'*Intrigante*. On y voyait une intrigante qui se mêlait de faire des mariages forcés entre la vieille noblesse besogneuse et les parvenus. La pièce, jouée à Saint-Cloud, déplut à César qui y vit des allusions possibles à sa politique de mariages forcés en effet, et elle fut interdite. Elle avait échoué d'ailleurs à Paris, sans être aussi médiocre que le prétend Saint-Beuve. Cet Etienne était si heureux que les interdictions mêmes lui profitaient. Quand l'Empire tomba, l'interdiction fut levée, mais, né malin, Etienne n'eut garde d'en profiter.

D'ailleurs il avait d'autres cordes à son arc et se révéla journaliste émérite, sinon député éloquent. Il se jeta dans l'opposition avec une fidélité à l'Empire que Sainte-Beuve, qui exagère fort son opportunisme, aurait été fort embarrassé de persifler en 1870, comme il le faisait en 1851. Il fit la fortune du *Constitutionnel*, y accueillit Thiers, pauvre et inconnu, et passe pour avoir tenu la plume dans la rédaction de la fameuse *Adresse* des 221.

C'était un maître homme et un prud'homme. Une caricature d'alors le représente dans une attitude significative, haut sur son faux-col à la Royer-Collard, le *Constitutionnel* déployé devant lui, l'air méditatif et aigu, un doigt au menton. Ce devait être son attitude quand il rédigea sa centaine de *Lettres sur Paris*, qui sont une date dans l'histoire de la puissance de la presse, un succès comparable à celui des *Lettres de Junius*, jadis, de l'autre côté du détroit.

Enfin il se retira dans ses terres, y pratiquant réellement cette philanthropie dont son Dervière, dans les *Deux Gendres*, avait été le tartuffe. Sa maison avait une telle réputation d'hospitalité, que, pour en donner l'idée, un journaliste écrivit que ce classique intransigeant et militant (il reprochait aux romantiques de ne pas écrire en français et il en avait le droit) eût ouvert sa porte même à un romantique, s'il se fût présenté en voyageur.

Il eût bien fait, car sa destinée voulut qu'un romantique lui succédât à l'Académie et eût à prononcer son éloge. Mais, il se trouva que ce romantique était un homme de génie et que son discours fut pour l'auteur des *Deux Gendres* une garantie de plus contre l'oubli : car il s'appelait Alfred de Vigny. — Heureux Etienne et jusqu'au bout. — Mais les *Deux Gendres* y eussent suffi, comme on va voir.

Le sujet des *Deux Gendres* était déjà un peu partout et à tout le monde, avant qu'Etienne le fît sien. Depuis les contes et fabliaux du haut moyen âge, y compris les contes populaires des frères Grimm jusqu'aux recueils de morale en action, se retrouve ce thème des enfants ingrats, plus ou moins punis et repentants envers un père qui s'est dépouillé pour eux. Il apparaît notamment, avec la péripétie qui le rend dramatique, chez deux conteurs du dix-septième siècle, dont l'un est le fameux P. Garasse. Avec l'aide d'un ami qui lui prête de l'argent, on y voit le beau-père simuler un retour de fortune : par cupidité et en vue de l'héritage, ses filles et gendres se repentent et en viennent aux petits soins à son endroit, ce qui est plaisant, car dans le coffre qui recèle le prétendu trésor du beau-père, ils ne trouveront, après sa mort, qu'une massue destinée à « assommer les enfants ingrats ».

C'est cette version que suivit de fort près le jésuite de Rennes, pour ses *Gendres dupés*, l'ayant puisée sans doute chez son confrère, le P. Garasse. De cette même version, bientôt après, et peut-être même d'après la pièce du jésuite de Rennes, Piron tira ses *Fils ingrats*. Enfin Etienne vint : le manuscrit de Lebrun-Tossa, qui n'était autre qu'une copie de la pièce du jésuite de Rennes légèrement remaniée, — car elle avait circulé dans les collèges de jésuites, — sollicita sa verve en quête de sujets. A travers cette plaisanterie de collège, où l'on ne songe qu'à faire rire aux dépens des gendres trompeurs et trompés, il aperçut un cadre tout prêt pour une comédie de mœurs. Il lut par là-dessus et surtout les *Fils ingrats* de Piron, auxquels il fit, pour la conduite de son action, beaucoup plus d'emprunts qu'à celle du jésuite ; et il vit la pièce à faire.

Piron aussi l'avait vue, mais il n'avait pas osé la risquer. Le fait commande toute notre attention car en lui est toute la vraie genèse des *Deux Gendres*. Dans la préface des *Fils ingrats*, Piron confesse qu'il avait songé tout d'abord à étaler crûment sur la scène le spectacle de l'ingratitude des enfants ; que c'était même ce dessein qui l'avait porté à traiter ce sujet. Puis il avait reculé devant l'amertume de la situation et biaisé là-dessus, se bornant à faire larmoyer. Or, ayant vu depuis le succès de la scène du *Glorieux* où un fils renie son père, il s'était mordu les doigts, comprenant qu'il avait raté la scène à faire. Et il l'avouait, en homme d'esprit qu'il était. Etienne, qui en était un autre et qui dut méditer la préface de Piron, comprit qu'il y avait lieu de jouer de nouveau la partie, et de transformer la comédie larmoyante de Piron en une comédie à la *Turcaret*, ou, comme nous disons aujourd'hui, en une comédie *rosse*, très *rosse*. Et c'est ce qu'il fit, comme vous allez voir.

Nous sommes chez un haut fonctionnaire de l'Empire, M. Dalainville, un des « deux gendres ». La société qui y fréquente est assez bigarrée et, à cette aurore de siècle, ressemble terriblement à celle de notre fin de siècle. Mais sur l'exactitude des mœurs dans toute la pièce, nous avons pour garant l'unanimité des suffrages des contemporains, y compris les critiques.

Donc on y donne la comédie et le bal, et surtout de grands dîners. Qui les orne ? D'abord des gens en place et en faveur naturellement, dont le suffrage est à ménager. Puis, derrière cet état-major, cette façade obligée des grandes réceptions, toute la bande connue des interlopes :

> Quelques seigneurs venus des pays étrangers.
> Et s'efforçant en vain de paraître légers,

dont plus d'un *rasta*, sans doute ; des pique-assiette, plaisantins de profession ; d'auteurs professionnels moins plaisants, ceux du scandale et de la calomnie, doublures de fêtards,

> Hommes perdus d'honneur, avides, mercenaires,
> Qui tour à tour, agents de plaisirs et d'affaires,
> Par leur impertinence indignent tout Paris,
> Et se sont fait un nom à force de mépris.

Croyez-en Étienne : il était un peu de la police et, en tous cas, en fort bonne posture d'observateur. Notons encore un de ses croquis, celui d'une dame que la maîtresse de maison voudrait bien ne pas recevoir, et dont le seul nom lui fait faire le haut-le-corps, tant sa réputation est déplorable ; mais le maître de la maison l'impose, car elle a du crédit, et d'ailleurs elle est bel et bien mariée à un époux invisible.

> Elle l'a fait placer dans un département.

Ah ! grand Dieu ! quelles mœurs ! se récrie le beau-père. Quel naïf ! Saluons bas. Nous la reverrons dans toutes les antichambres et même dans tous les salons officiels, sous tous les régimes, n'est-ce pas, la dame au crédit visible et à l'époux invisible ? Et le moyen de se passer de ces espèces, en politique ?

D'ailleurs aucune illusion chez les maîtres de la maison sur les gens qu'ils reçoivent à leur table. Ainsi, après une scène de ménage qui éclate entre eux, juste quelques minutes avant un grand dîner, — moment éminemment favorable à l'explosion de ces bourrasques de ménage, vu l'énervement inévitable des amphitryons, — Madame a fondu en larmes : Monsieur lui commande de les essuyer au plus vite, avec cette raison sans réplique et qui passa aussitôt en proverbe :

> Ceux qui dînent chez moi ne sont pas mes amis.

Voilà le milieu : il n'est pas propice pour la culture des sentiments de famille. Aussi Madame Dalainville oublie-t-elle, par exemple, totalement, d'aller chez son père le jour de sa fête, et est fort excusable :

> Madame à son hôtel, avait spectacle et bal :
> Le soir elle jouait dans *l'Amour filial*.

Et pourtant tout ce faste est l'ouvrage du beau-père, Dupré. C'est lui qui a partagé toute sa fortune entre ses *Deux Gendres*. C'était un placement de père de famille : Dalainville ne déclarait-il pas que si on lui fournissait les moyens de soutenir l'éclat de son poste important dans l'Etat, il y monterait au premier rang ? Ce brave Dupré a donné son argent, il eût donné son sang.

> Je ferais le bonheur de toute ma famille,

s'écriait le premier des gendres, et le second faisait autant de protestations analogues.

Justement l'occasion se présente pour les deux

gendres de tenir aisément leur promesse. Leur beau-père, Dupré, s'intéresse à un neveu, Charles, très brave garçon, adoré de sa petite-fille et à laquelle il le destine. Mais le pauvre garçon a perdu sa place et son petit saint-frusquin, du fait d'un banquier banqueroutier. Cet épisode nous vaut un croquis caractéristique des mœurs financières du temps, qui est à noter, et nous est un aspect de cette question d'argent qui gronde partout sous la comédie des *Deux Gendres*, comme l'a senti et indiqué A. de Vigny, dans son éloge d'Etienne.

En décapitant les fermiers généraux, la Révolution croyait avoir coupé la tête de l'hydre de la ploutocratie, pour parler le style de l'époque. La *ploutocratie*, comme dira le marquis d'Auberive, allait renaître au cœur même de la Révolution, grâce à l'agio, et recommencer sa lutte, déjà deux fois séculaire, contre l'esprit et toutes les noblesses. Pour qui sait les choses, les voleries dans les bureaux des ministères révolutionnaires, notamment dans celui de la guerre, n'avaient rien à envier à celles du temps où les Pâris-Duverney étaient les munitionnaires des armées de Louis XV. Outre les grands armements, les crises financières de la Révolution et les assignats avaient provoqué un agio effréné, comparable à celui du temps de Law. On en trouvera la preuve, au théâtre, dans le *Duhautcours* de Picard, qui est de 1801, et met en scène *les faiseurs d'affaires*, un mot qui est du temps et servira de sous titre à Mercadet, en attendant *les Actionnaires* de Scribe, où je rencontre déjà le mot sur *les affaires qui sont l'argent des autres*, auquel Dumas fera faire fortune. Dès lors le Duhautcourt de Picard proclamait : « Ne fait pas banqueroute qui veut, il faut du crédit. »

C'est aussi l'avis des *faiseurs* esquissés par Etienne, et notamment du banquier chez qui l'infortuné Charles était en place et avait mis ses économies. Il annonce sa banqueroute, son malheur, à son pauvre diable d'employé, en sollicitant la pitié d'autrui, car il n'a pas un asile, et sur ces mots, il s'élance dans un char élégant,

> En ajoutant d'un ton qui m'a pénétré l'âme :
> Je vais m'ensevelir au château de ma femme.

Encore un vers qui courut tout Paris et vengea bien des dupes.

Mais pour Charles, qu'à cela ne tienne ! Il a besoin d'une place et d'argent ? Eh bien ! Dupré a sous la main ses deux gendres : Dalainville donnera la place, et Dervière, l'autre gendre, l'argent. Les scènes qui sortent de cette démarche de Dupré sont excellentes et peignent au vif les caractères des deux gendres, en même temps que les mœurs du temps.

Dalainville, l'homme en place, éconduit protecteur et protégé avec une désinvolture, une science du découragement arrosé d'eau bénite de cour, que je vous recommande et qui fut un des clous de la pièce.

Un jeune homme sans protecteurs! Se déranger pour un si mince objet et risquer gratuitement une part de son crédit! C'est indécent! Quels titres a-t-il d'ailleurs? Qu'il fasse un mémoire! Et le mémoire va au laquais la Fleur, le Gil Blas de notre gros seigneur.

Reste Dervière, le philanthrope, celui qui

> S'est fait bienfaisant pour être quelque chose;

qui envoie aux journaux des articles, faits sur lui, avec la liste de ses bienfaits:

> La charité jadis s'exerçait sans éclat,
> A Paris maintenant on s'en fait un état.

Qu'il l'exerce donc pour ce proche parent! Mais la requête tombe mal:

> Mes épargnes d'un an viennent d'être données.
> A des incendiés des Basses-Pyrénées.....

Et ailleurs:

> Mais lisez mes écrits, vous connaîtrez mon cœur...

Du coup, le bon Dupré se fâche:

> L'humanité pourtant respire en vos écrits:
> Vous y plaignez le sort des nègres de l'Afrique,
> Et vous ne pouvez pas garder un domestique!

Au reste, ce pauvre Dupré est un si piètre protecteur qu'il ne réussit pas à se protéger lui-même.

En abandonnant tous ses biens à ses gendres, il était convenu qu'il serait hébergé et défrayé six mois chez l'un et six mois chez l'autre. Or nous sommes au jour où il quitte Dervière pour emménager chez Dalainville ; mais il tombe mal. Dalainville a un grand dîner, où le beau-père ferait tache, et il fait prier Dervière de le garder encore un jour. Dervière, pour faire pièce à Dalainville, dont il jalouse la haute situation, style ses domestiques et Dupré trouve porte de bois. Le voilà logé sur le pavé, ou peu s'en faut. Heureusement survient un vieil ami, Frémont, mandé par lui, qui lui doit sa fortune, lui offre argent et conseils, et s'arrange pour qu'il puisse se passer de ses deux gendres ; et la péripétie commence. Mais, pour l'amener, Etienne a inventé un ressort qui n'est pas sa moindre originalité.

Dans la pièce du jésuite, comme dans celle de Piron, c'est la cupidité des gendres et des fils, croyant le beau-père enrichi, qui amène leur bassesse et provoque la restitution. Etienne a changé ce mobile en un autre qui est un trait de mœurs de plus.

En journaliste qu'il était et censeur de la presse, ce prochain quatrième pouvoir, il avait été à même de mesurer mieux que personne la puissance de l'opinion. Il s'arrangea donc pour mettre les deux gendres à la merci de cette puissance. Dalainville est à la veille d'obtenir un ministère, et Dervière accepterait bien, lui, la direction des finances, malgré sa modestie, comme il l'avoue, dans une scène d'un patelinage exquis. Tandis que nos deux compères font leur pot-au-lait, survient un billet du beau-père qui, outré de leur conduite, déclare qu'il va la faire paraître au grand jour. Patatras ! S'il tient parole, tout est perdu, car le premier ministre, de qui tout dépend, ne plaisantera pas sur l'article. L'opinion est sa règle de conduite ; il ne veut autour de lui que des hommes que les censures n'ont jamais effleurés.

Voilà qui est pris au cœur des mœurs d'alors. La hiérarchie impériale est ici sensible, comme partout dans la pièce. Etienne ne s'en cachait pas, et, dans son discours de réception à l'Académie française, il indiquait parmi les voies nouvelles de la comédie, en dehors de celle dont Figaro avait été le héros, celle-ci : mettre en scène, « après les hommes tourmentés du désir de quitter leur place, les hommes forcés de reprendre leur rang ». Le maître d'alors dut approuver.

La scène qui suit le billet du beau-père et où l'ambitieux et le tartuffe de charité voient fuir leurs rêves, est du meilleur comique et alla aux nues. Vous y verrez les deux compères mettre bas les masques, et, sans quitter le ton de leur monde, avec une rage froide, acide, laver leur linge sale, entre *mufles*, comme on dit aujourd'hui.

Je vous recommande encore, comme du même acabit, et selon la recette indiquée par le père de Célimène et d'Arsinoé, et renforcée par celui de *Turcaret*, la scène du cinquième acte, où l'un des deux gendres, caché dans un cabinet, entend l'autre, pour les besoins de sa cause, *rosser sur lui*, comme il est dit dans *Viveurs*.

Bref, nos deux gendres, la pression ministérielle aidant, font assaut de gentillesses et de bassesses envers le beau-père et son compère, le rusé Frémont, pour obtenir qu'il fasse cesser les méchants bruits qui courent sur eux et obtenir de lui qu'il les démente, en se montrant avec Dalainville à une réception de gala. Le beau-père consent, non sans avoir accepté la restitution intégrale des 400.000 écus dont il avait imprudemment fait donation et que ses gendres lui offrent à l'envi. Il y a là, dans les deux derniers actes, une série de scènes d'un comique doux qui alternent avec la *rosserie* des autres et nous détendent un peu les nerfs : c'est du Térence.

Telle fut l'originalité d'Etienne. Il écrivit une comédie de mœurs qui est aussi, par endroits, une comédie de caractère ; et l'un de ses défenseurs fut bien inspiré, au fort de la querelle des *Deux Gendres*, quand il s'écria que sa pièce était si loin de ses modèles qu'elle pourrait s'intituler : l'*Ambitieux et le Tartuffe de philanthropie*.

Sa comédie a même une portée plus grande, un au delà que Vigny entrevit dans son discours académique, quand il succéda à Etienne.

J'entends, disait-il, gronder la question sociale de l'héritage sous la comédie. Sans doute, dire d'une jeune fille à marier, en regardant les cheveux blancs de son père : *elle a des espérances*, n'est-ce pas « entr'ouvrir une bière » ? Et le poète ajoutait lyriquement, songeant toujours à la question sociale : que « tel est le privilège de l'art qu'il suffisait à la barque légère de la comédie d'effleurer la mer pour amener à sa surface les monstres qui vivent dans ses profondeurs ». C'est ce que nous appelons aujourd'hui sans métaphore, écrire des comédies rosses, et vraiment, s'il est dans cette salle des personnes ayant assisté, cette saison, au *Cuivre* ou à *Entre mufles*, elles vont se trouver, en écoutant les *Deux Gendres*, en pays de connaissance. Je vois dans Geoffroy que la laideur morale des deux gendres est à peu près le seul défaut de la pièce et ce qui refroidit çà et là le succès ; ce pourrait bien être aujourd'hui la principale qualité de la pièce et de quoi la rajeunir. Encore une fois quel homme heureux que cet Etienne ! Voici maintenant que le Théâtre libre lui a préparé un public, à quatre-vingts ans de distance.

Dans son discours de réception, passant en revue les principales comédies du xviiie siècle, — et se trouvant tracer par avance le programme des conférences de l'Odéon depuis huit ans, — il prétendait qu'à défaut de tous autres documents, ces comédies suffiraient pour documenter l'histoire des mœurs de tout un siècle ; et il concluait par ce mot heureux : « Les comédies sont les portraits de famille d'une nation. » Dans cette galerie, il a accroché un tableautin d'après nature : c'est une action pour l'immortalité. Les *Deux Gendres* sont la date la plus mémorable de l'histoire de la comédie de mœurs entre le *Mariage de Figaro* et la *Camaraderie* de Scribe.

Aux environs de 1850, Sainte-Beuve parlant des lectures populaires du soir, avec commentaires, — qui étaient alors à la mode et dont ces conférences ont recueilli l'héritage direct, — et notant les succès obtenus, écrivait malicieusement : « Le docteur Lemaout fait sentir et *presque* applaudir la comédie des *Deux Gendres*. » *Presque* est réfrigérant ; et pourtant que le sort du Docteur Lemaout, puisque Lemaout, il y a eu, — ah ! vanité des lectures et des conférences ! — que son sort me paraît, à cette heure, digne d'envie ! A son succès relatif, même sans aucun Sainte-Beuve dans la salle, pour noter le fait, j'ai borné aujourd'hui mon devoir et mon ambition. Je compte d'ailleurs par-dessus tout sur l'intelligente vaillance de la troupe de l'Odéon pour seconder mon effort et achever de tenir mes promesses du début, pour votre plaisir et votre profit.

TABLE DES MATIÈRES

	Pages.
Avertissement....................................	VII-XII
Les petits secrets de la parole publique : Conférences et conférenciers d'après nature ; la cuisine d'une conférence..	1
Au Théâtre antique d'Orange......................	53
Shylock ou le marchand de Venise : Shakespeare et le public français....................................	65
Le Cid : Corneille et le théâtre espagnol...............	92
Athalie et l'évolution du sentiment religieux au théâtre jusqu'à nos jours.....................................	115
Le Chevalier à la mode premier chef-d'œuvre de la comédie de mœurs : étude sur le théâtre et les mœurs après Molière...	140
Le Prince Travesti : La formule de Marivaux et la comédie héroïque : la comédie italienne et l'évolution du rôle d'Arlequin jusqu'à nos jours : **Les Sincères** et Marivaux sérieux...	190
Mérope...	222
L'Écossaise : Voltaire et le vrai Fréron; **l'Écossaise** première formule du drame populaire....................	249

La première du **Barbier de Séville** en cinq actes : le Barbier, première manière, et son acte inédit.................... 288

Don Carlos : La genèse et la formule du théâtre social.... 316

Clavijo : Sa genèse : la conception de la vie, de la femme et de l'art chez Gœthe.................................. 343

Les Deux Gendres : Etienne et ses œuvres : Une querelle littéraire : les **Deux Gendres** et le monde de l'Empire... 373

CHATEAUROUX. — Imprimerie A. MAJESTÉ ET L. BOUCHARDEAU.

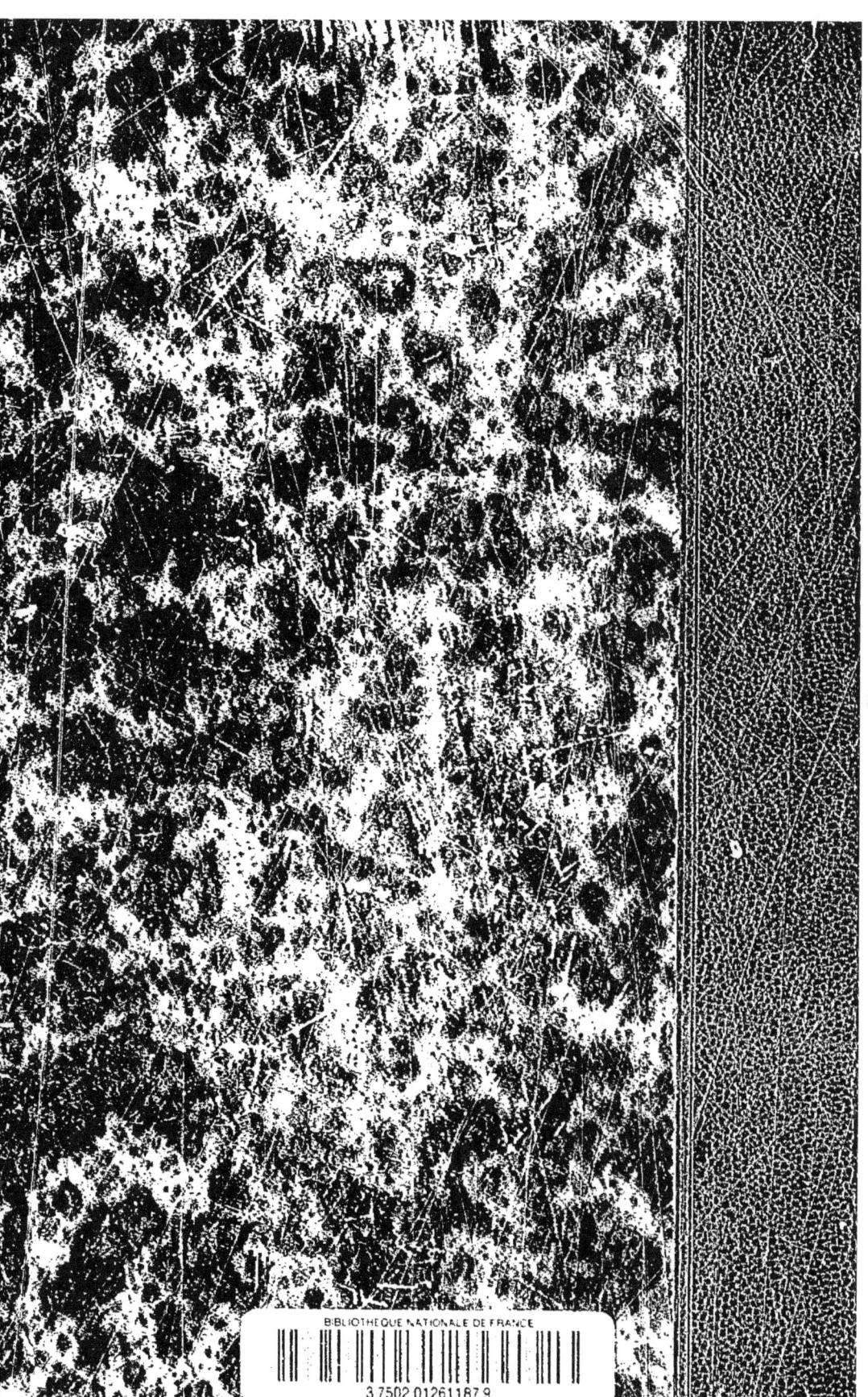

www.ingramcontent.com/pod-product-compliance
Lightning Source LLC
Chambersburg PA
CBHW050919230426
43666CB00010B/2240